Impressum

Verleger, Herausgeber: Carina Verlag
Inh. Carina Klemmer, Lichtensteingasse 15, A-8753 Fohnsdorf
Tel.: +43 660 34 90 127, carinaverlag@gmail.com, www.carinaverlag.com

Erschienen in Fohnsdorf, 2013

ISBN: 978-3-9503429-0-1

Erstauflage, alle Rechte vorbehalten.

Druck: Holzhausen Druck GmbH

Gefördert vom Land Steiermark

Hinweise zum Inhalt

Alle kursiv geschriebenen Texte sind Einfügungen zum besseren Verständnis, die nicht im Originaltext vorhanden waren. Die verwendeten Bilder stammen, wenn nicht anders angegeben, aus dem Privatarchiv von Herrn Franz Pachleitner und Dr. Leopold Guggenberger. Im Folgenden wird die alte deutsche Rechtschreibung verwendet, da das Tagebuch in dieser verfasst wurde. Die Schreibweise entspricht der von Leopold Guggenbergers persönlichen Eintragungen. Orte, die mit z. B. „P 123" angegeben werden sind strategische Punkte auf den damals verwendeten Karten. Die grauen Geviert-Striche im Text stellen Absätze im Originaltext dar. Diese wurden durch ebendiese Striche ersetzt, um den Lesefluss zu erhalten. Da die Fotos teilweise nur auf Papier vorhanden waren, mindert die darin enthaltene Struktur die Qualität erheblich. Der Inhalt des Buches ist Urheberrechtlich geschützt. Änderungen, Irrtümer, Satz- und Druckfehler vorbehalten.

Danksagung

In Hochachtung
Leopold Guggenberger – Auftraggeber und Initiator, sowie geistiger Vater dieses Buches
Carina Klemmer – Autorin und Verlegerin
Dr. Hans Petschar – Direktor Bildarchiv der Österreichischen Nationalbibliothek (onb)
Wolfgang Klemmer – verantwortlich für Text und Bild

Weiters danken wir
unserem Freund **Mag. Dieter Bacher** für seine Hinweise und Ideen
Mag. Hermut Lantzberg – empfindsamer und vorsichtiger Lektor
Philipp Gruber – Bilderfassung und -bearbeitung, Layout

Zum Himmel ich marschiere!

gewidmet Fr. Franadia

herzlichst

[Unterschrift]

29. März 2016

Inhalt

Tagebuch I	1. April 1915 bis 15. Oktober 1915	Ostfront bis Karnische Alpen bis Isonzo	8
Kartenmaterial			56
Tagebuch II	18. Oktober 1915 bis 31. März 1916	Isonzofront	60
Tagebuch III	1. April 1916 bis 13. Juli 1916	Isonzofront – Ausbildung zum Fliegerfotografen	114
Tagebuch IV	16. Juli 1917 bis 18. April 1918	Isonzofront – Abschuß	144
Der Absturz			182
Ortsverzeichnis			184

Beginnen wir die Zeitreise

1974

Im Büro des Klagenfurter Bürgermeisters Leopold Guggenberger:

Ein kleiner unscheinbarer Mann betritt das Büro, der Bürgermeister denkt sofort daran ihn zu verweisen, jedoch seine Worte lassen ihn innehalten: „Ja, sie sind es, der Sohn von unserem Oberleutnant Leopold Guggenberger!" Dies war 1974 im Büro vom damaligen gleichnamigen Klagenfurter Bürgermeister. Eine Freundschaft wird neu belebt, begonnen hatte diese aber damals vor 60 Jahren, im Feldzug gegen Rußland.

2010

Die Enkelin von Franz Pachleitner hat nach fast 30 Jahren den wohl größten Wunsch ihres mittlerweile seit über 30 Jahren verstorbenen Großvaters erfüllt:

Mit „Kaiser, Krieg & Kamera" hat sie ein Buch über seine Erlebnisse vom Ersten Weltkrieg publiziert, und somit das Versprechen, welches Carina Klemmer ihrem sterbenden Großvater abnahm, erfüllt. Bei der Präsentation des Buches war natürlich auch Klagenfurts Altbürgermeister: Dr. Leopold Guggenberger dabei. Kind und Enkelkind von den beiden verstorbenen Kriegshelden beschlossen gemeinsam dieses Buchprojekt! Die Idee von: „Zum Himmel ich marschiere" war geboren.

1915

Im März, in einem dieser Zelte vor Kaschau treffen sich Leopold Guggenberger und Franz Pachleitner, wobei dieser, dem wohl besten Kanonier, seine bis zu diesem Tage gemachte Fotogeschichte des Krieges zeigte. Der große und kräftig gebaute Kämpfer, Leopold Guggenberger, war von den Aufnahmen des kleinen drahtigen Fotografen begeistert und zutiefst beeindruckt. Zu diesem Zeitpunkt beschloß er ein ausführliches Tagebuch über die Kämpfe und die schwierigen Lebensumstände während der Kriegswirren zu schreiben.

Tauchen sie mit mir ein in den wohl grausamsten Zeitpunkt der Geschichte unserer Menschheit.

Mit Hochachtung übergeben wir, die Verantwortlichen dieser Publikation:
Leopold Guggenberger und Carina Klemmer das Wort dem wahren Autor dieses Buches:

Hofrat i. R. Dr. Leopold Guggenberger

Dr. Leopold Guggenberger

27. 11. 1889 – 18. 4. 1918

Z.3590 1918.

Seine Majestät Der Kaiser von Oesterreich König von Böhmen u. s. w. und Apostolische König von Ungarn

haben mit Allerhöchster Entschließung

vom 1. September 1918

dem vor dem Feinde gefallenen Oberleutnant in der Reserve
des Gebirgsartillerieregiments Nr. 3,

Leopold Guggenberger

bei der Fliegerkompagnie Nr. 50,

in Anerkennung tapferen und erfolgreichen Verhaltens als Flieger vor dem Feinde,

taxfrei

den Oesterreichisch-Kaiserlichen

Orden der Eisernen Krone dritter Klasse
mit der Kriegsdekoration, mit Schwertern

Allergnädigst zu verleihen geruht.

Was hiermit beurkundet wird.

Wien, am 13. September 1918.

Von Seiner k. u. k. Apostolischen Majestät
Obersthofmeisteramt:

links: Leopold und „Mizzi" Guggenberger
oben: Urkunde – Ordensverleihung
rechts: Oberleutnant Dr. Leopold Guggenberger

Tagebuch I
aus dem russischen und italienischen Kriege 1915

Russische Gefangene

1. April 1915 – 7 Uhr früh: Ankunft in Homenau nach nächtlicher Fahrt auf Strecke von Kaschau. Großer Gefangenentransport. — Kleidung sehr strapaziert, aber Aussehen gesund und gut genährt, vielen sieht man die Freude über ihr Geschick vom Gesicht an. In einer Baracke große Küche für Offiziere, gute Nahrung mit Kaffee, Tee und Schinken. Bekanntschaft mit mehreren deutschen Offizieren, durchwegs sehr nett, aber etwas zurückhaltend.

11 Uhr: Abfahrt nach Koškovce, eine Station weiter. Dort große Trainkolonnen, das Bild des Krieges bietet sich nun erstmals in größerer Deutlichkeit dar: zerstampfte, zerfahrene Felder, die infolge des Grundwassers ein eignes Vormeer bilden. Der erste Verwundetentransport frisch aus der Front. — Ein schwer verwundeter Russe macht einen erbarmungswürdigen Eindruck. Gestalten aus den Schützengräben, verdreckt, zerlumpt, abgestumpft.

Verwundetensammelstelle

Verurteilte Spione

Koškovce, 3 Uhr: Abfahrt im Lastenzug nach Isbugya-Radvany, Divisionskommando, großes Kolonnenlager, Dreck und Verwüstung. — Kommando hauste im Pfarrhaus sofort Bewirtung mit Wurstzeug und Wein. Abends gemütliches Essen aller Offiziere, großer Plausch. — Nachtlager auf Trümmerboden, schlief jedoch infolge der Ermüdung sehr gut. — Die Höhen, auf welchen gekämpft wird, schon zu sehen, schweres Artilleriefeuer mahnt uns an die Nähe der Kämpfe.

Insbesondere gegen 9 Uhr Schnellfeuer der Haubitzen, wahrscheinlich wieder ein russischer Sturm. Der Klang macht doch ein wenig das Herz schneller schlagen beim Gedanken, daß so und so viele Menschenleben jede Minute aufhören. Doch es geschieht fürs Vaterland, für unsere Lieben!

2. April — Am Bahnhof schöner deutscher Lazarettzug. Eine unschöne Szene: Ein armer verschmutzter kranker Teufel aus der Front wird von den Leuten des deutschen Lazarettzugs ob seines Zustandes verlacht. Ja, im Zuge schläft sichs gut und rein. Der Arme schleppte sich schon drei Tage herum, niemand kümmerte sich, bis sich ein schneidiger Frontoffizier energisch um ihn annahm, dann gings. — Dieser Offizier erzählte Wunder von der Schneid der Bosniaken, aber auch vom schmachvollen Übergang vieler Tschechen eines liegenden Regiments. Innerhalb kurzer Zeit sollen 1500 Mann übergegangen sein, was sagen sie dazu, Graf Thun? — Todes-Urteile des Hauptmannes Anditors und das fast täglich.

Um 1 Uhr Ritt zum Divisionskommando auf dem Bahndamm gegen Hegidüsfalva. Über Kote 358 strömt Infanterie zurück, da Front gegen Papina und Virava eingedrückt. Von Haltestelle Hegidüsfalva über Kote 256 auf 480. Finden dort in Nähe eine Batterie marschierbereit. — Meldung in schöner Erdhütte bei Herrn Oberleutnant Stemzel. War zuerst ziemlich kurz angebunden und seine Begrüßung: „Habe keine Beschäftigung und Pferde auch nicht", klang nicht aufmunternd. — Leutnant Fisterer und Fähnrich Bisthart waren die nächsten Bekannten. — Kurz danach wurde Geschützfeuer kommandiert, dessen Wirkungen wir beim Beobachtungsstand in Augenschein nahmen. Dabei um säuselten uns zum ersten Male Infanteriegeschoße, deren Pfeifen ich anfangs als Vogelgezwitscher anhörte. — Durchs Batteriefernrohr beobachteten wir das Vorschwärmen der Russen gegen Kote 358. Schweres Artilleriefeuer. — Fanden bei der Batterie auch die einjährigen Steiger, Peschkl, Libischer, Brüsmaner. — Den südlichen Hang hinunter fast ein ganzes Dorf an Hütten und Unterständen der Batterie, das Leuchten des Kanonenfeuers hat etwas Romantisches. — Der Marschbefehl bleibt mir für die Marine-Landungsgeschützabteilung, für die Batterie wird befohlen, nun Kampf zu meiden. — Die Offiziershütte war überraschend gemütlich eingerichtet. Eine Pritsche mit Hanfwolle, ein Ofen, Tisch und Bank und Kisten als Stühle, was willst du noch mehr? Sogar ein wirkliches Fenster hatten sie, das bei Stellungswechseln wohlverpackt mitgenommen wird. — Die Offiziere scheinen ganz gemütlich zu sein. — Als Abendessen gab es Sardinen, Käse und – Bier!!! — Die Nacht mußten wir im verlassenen Unterstande der Landungsgeschütze zubringen. — Kalt wars, da meine Füße frei waren und uns nur der Mantel zur Verfügung stand.

Gegen 12 Uhr weckt mich heftiges Infanteriefeuer. Es klang mir ungewohnt und aufregend, infolge der Nacht und Neuheit dieser Situation, Nervenzittern. Um halb 1 kam der Marschbefehl, und bis 4 Uhr früh hatten wir den Höhenweg über Kote 480 Sverzova Rücken 8 Sattel östlicher Kote 463 zurückgelegt, aber wie! Kot bis über die Köchel den ganzen Weg. Finsternis, Dickicht und dabei zu Fuß in Ermangelung eines Pferdes. Die neue Stellung unserer 21. Division war: Bahndamm Hegidüsfalva – Kote 363 – Kote 402 nördlich vorbei auf Kote 428.

Geschütz, Kaliber 30,5 cm – Foto: onb

3. April – Karsamstag: Nach Unterkunft in der neuen Stellung sofort als Beobachter auf Kote 463. — In der Freude über den Auftrag erstieg ich einen Baum, gurtete mich dort fest und wartete neugierig auf die kommenden Dinge. Infanterie legte sich unweit von mir fest. Ich glaubte natürlich, das Gefecht würde sofort wieder beginnen, täuschte mich aber darin. Aber ich sah Neues: Schwere eigene Artillerie beschoß unaufhörlich Hegidüsfalva, wo Häuser in Brand gerieten. Ihr Feuer bestrich auch Kote 358 und nach mehreren herrlichen Volltreffern mit Minen-Granaten hetzten die Russen wie Läuse übers Feld, unser Abschnitt blieb ruhig, Infanterie grub sich ein.

Mittag wurde ich abgelöst. Nachmittag grüßten die ersten Schrapnelle gegen Kote 463. Für 4 Uhr 30 war allgemeiner Angriff befohlen worden, da die Deutsch-Division am rechten Flügel wieder vorgerückt war. Dort schweres Artilleriefeuer als Vorbereitung.

5 Uhr: Beginn der Vorrückung, unsere Batterie wirkt heftig gegen Kote 468. Feindliche Schrappziele wirken rasend gegen die Division 7. Schrapnell und eine Minengranate etwa 150–200 Schritte vor mir. Russen schossen mit Dum-Dum-Geschoßen. Regiment. 7 Flüchtet wieder zurück, damit Angriff zum Stillstand gebracht.

4. April – Ostersonntag: Herrlicher wolkenloser Himmel ab 7 Uhr 30, Beobachtung auf Kote 463 bis 8 Uhr 30 ab. Ununterbrochen Artillerievorbereitung gegen Kote 468 und für Regiment 7 große Verluste durch Infanteriefeuer und Dum-Dum-Geschoße der Russen. Stürmten zuerst unter „Hurra" die Höhen, mußten aber bald zurück, von 1300 Mann nur mehr gegen 600!

Nachmittag schweres russisches Artilleriefeuer gegen Stellungen der Deutschen, Kote 358, südlich Hegidüsfalva, wo sie sich in den verlassenen russischen Gräben und Deckungen festgesetzt hatten. — Auf 5 Volltreffer hin stürmen sie zurück. Bald darauf beginnt ein tosendes Feuer gegen russische Batterie, die sich auf Hang westlich Hegidüsfalva festgesetzt hatte und die unsrigen gefährlich beschoß. — Ein Geschütz unserer Batterie wurde zertrümmert.

5. April – Ostermontag: Regiment 88 rückt gegen 256 vor. Regiment 7 gegen Kote 468 Artilleriefeuer gegen Sattel und rückwärtige Hänge. Zwei deutsche Batterien nehmen unsere Stellung auf. 2 Kompanien des Regiments 88 gefangen. Abends Einladung der Herren in unsere Hütte, vorzüglichen Abend bei Wein, Kaffee und Schnaps, sie hatten eine Geburtstagstorte mitgebracht, die hervorragend mundete. An diesem Abend zum ersten Mal gewaschen. — Ein sehr lieber Brief Mizzies so aus dem Herzen geschrieben war mir die schönste Freude.

6. April: Ununterbrochene Kämpfe auf den Hängen 256–Sattel 268. Vorrücken am rechten Flügel, jedoch infolge heftigen flankierenden Feuers wieder zurück. Unsere Batterie ganz nach vorne in Schwenklinie auf

Kote 468 gezogen, schießt auf 500 m. Nachmittag werden am rechten Flügel ein neues hessisches Bataillon und eine neue Batterie eingesetzt. Russischer Stützpunkt hinter 256. — Ein bestürzter Oberst meldet dem deutschen General und will ihn zum Zurückgehen infolge der furchtbaren Verluste bewegen. Der General stand ganz ruhig und mit einer Bewegung, die besagte, ich weiß was ich sage, befahl er: „Morgen früh ist die Höhe unser". Wir Aufklärer verloren die Verbindung zur Batterie, fanden die 2 Uhr-Linie infolge der Dunkelheit auch nicht, daher Hygiana-Tabletten, ein Pfeifchen Tabak und Biwak. Etwas starre Glieder nach dem Erwachen.

7. April — 5 Uhr 30 wieder Beobachtung auf 263, 6 Uhr 15 Meldung: Russischer Stützpunkt durch Regiment 6 und deutsche Batterien unter 60 % Verlusten genommen. — Regiment 6 hat 79 Tote 500 Verwundete und 90 Vermißte. Von Regiment 28 sollen nur 50 Mann und ein Offizier vorhanden sein. — Die restlichen Truppen der 21. Division wurden dem Kommando der 4. deutschen Division der Süd-Armee unterstellt. Gegen Nachmittag waren die deutschen Regimenter auf 480 knapp an die russischen Stellungen herangekommen, gruben sich dort ein. Nachts Angriff der Russen am linken Flügel abgewiesen.

Nächtlicher Ritt zur Batterie bis 10 Uhr. Der Herr Oberleutnant schien sehr umgänglich und sagte etwas von „dienstlicher Austragung." — Abends kam Befehl für die 21. Division, in Kontaminierung abzuwarten. Es ging Nachmittag das Gerücht um, daß sämtliche Batteriekommandanten fürs Eiserne vorgemerkt seien. Auch ein Herr Leutnant Puck, Ordonanzoffizier der Brigade, soll vorgemerkt sein. Ich wußte nicht, daß man sich eine solche Auszeichnung auch durch die Hände verdienen kann, denn eine andere Tätigkeit konnte ich an diesen Herren wirklich nicht erkennen. Angestrengt hat er sich, das muß man Ihm lassen.

8. April: Zur Befehlsübermittlung zwischen deutschem Truppenkommando und und Batterie auf Kote 463 befohlen.

1. Meldung: Eigene deutsche Artillerie aus westlicher Richtung schießt auf Kote 462 auf 400 m zu kurz auf eigene Infanterie. — Der Befehl bezüglich Abganges in Kantonierung wurde für unser Geschütz und die restlichen schweren Feldhaubitzen zurückgezogen, blieb nur für Infanterie-Feldkanonen und Landungsgeschütz. — Die eigene Schwarmlinie

Erstürmung eines russischen Stützpunktes um jeden Preis

zieht sich westlich von unserem Geschütz auf gleiche Höhe, Nachtlager im Zelt mit wenigen Überlebenden, erzählen mir vieles von den vergangenen Kämpfen unserer Batterie.

9. April — 5 Uhr wieder in Stellung auf 463, Regenwetter sehr kalt, Zelt aufschlagen, den Tag über einiges Artilleriefeuer, sonst Ruhe. Die deutschen Feldbatterien vollführen erstaunliche Stellungswechsel auf den Höhen, die unseren Feldkommandos unerreichbar schienen. Trotz des grundlosen Weges bezieht eine auf 463, eine weitere auf 468 Stellung. Das nennt man deutsche Energie. Übrigens wurde unseren Haubitzen dadurch ausgespart. Ähnliches zu versuchen und wir brachten es auch zustande, in unsere alte Stellung aufzufahren. Den Tag über las ich die Ostersonntags-Zeremonie des Reiches. Dem Ostersonntag muß der Karfreitag, der Freude das Leid vorangehen. Der Erfolg dem scheinbaren Mißerfolg. — Was doch der Krieg Gutes bringt. — Das Regiment 7 soll allgemein das Kreuz auf der Mütze tragen, an seinem Generalstabshaupt, und nun sah ich es selbst. Schon bei der Division in Ischungy entdeckte ich diese Zeichen an mehreren Offizierskappen.

10. April — Gleicher Dienst auf 463, bauten uns einen gemütlichen schrapnellsicheren Unterstand. In längeren Pausen einige Artilleriefeuer, sonst Ruhe. Ihre Batterie wurde beschossen jedoch keine Verluste. — In Abständen Artilleriefeuer, sonst Ruhe, da die westlich anstoßende Division nicht vorrücken konnte.

Übergelaufene Russen – Foto: onb

11. April – Sonntag sehr kalter Regentag, mein Pferd lahmt, daher zu Fuß durch Kot und Gebüsch. An einigen Stellen flackert der Kampf wieder auf. Man vermutete einen allgemeinen Angriff der Russen, jedoch wurden die einzelnen Stürme leicht abgewiesen. Die Deutschen machten 200 Gefangene, bei unserer Stellung liefen 60 über. Doch scheint die Anzahl noch größer zu sein. — Ein typischer Fall: Russen stürmen unter Hurra, warfen kurz vor unseren Stellungen ihre Waffen weg und liefen mit erhobenen Händen über! — Heftige Artilleriefeuer gegen Russen westlich Kote 419. — Eine deutsche 21 cm-Mörser-Batterie angekommen.

Abends ein Bild: 2 Deutsche ein Österreicher und ein Russe tragen gemeinsam einen verwundeten Russen zum Hilfsplatz. Nachts Gewehrfeuer.

12. April – Schnee und Regenwetter. Artilleriefeuer. Eine unserer Batterien brachte zwei russische Batterien beim Kloster zum Schweigen. — Ein Beispiel des praktischen Sinnes der Deutschen: Als Wegemarkierung der Waldwege benutzten sie leere Konservenschachteln, als Wegweiser auf Bäumen.

13. April – Morgens wolkenloser Himmel, allmählich aber Änderung zum Schlechten. 3 Feldpost-Pakete von Zelger aus Innsbruck, wo Schwager Ludwig wieder einige Zeit auf Erholung ist. Das ist doch nett von den Leuten, da sie mich ja beinahe nicht kennen. Unsere Feldpost mit jener der deutschen 25. Reserve-Division verbunden. Seit einigen Wochen schon keine Zeitung mehr gekommen. — Hatte schon das Erscheinen der „Reichspost" an meine Adresse einige Überraschung bereitet, so scheint gestern eine Bemerkung von Vereinsarbeit im Felde, wie ich das Verteilen der Zeitung an die Mannschaft nenne, eine gewiße Reserve mir gegenüber veranlaßt zu haben. — Peinlich ist die Zensur der Briefe, insbesondere bei solchen, wo mehr das Gefühl spricht. Und noch dazu ist jetzt der junge Sorgen Zensor.

Eine Szene muß ich festhalten: Wir saßen in unserer Deckung bei Kote 462, meine „Reichspost" lag auf dem Tisch, als Leutnant Maxa vom Landungsgeschütz eintrat und das Blatt sah er: „Na, wie liest sich dieses Blatt?", fragte er mit gewißer Betonung. „Ich", antwortete ich mit einiger Gereiztheit. „Na, wer denn sonst als Guggenberger", meinte der Herr Oberleutnant, hätte ich gewußt, daß Maxas Lektüre die „Neue Freie Presse" ist, hätte ich wohl eine bessere und treffendere Antwort gewußt. Heute brachte ich einen schönen Charakterzug unserer Herren in Erfahrung: Ein Zugsführer der Batterie liegt schon einige Monate im Spital. Von Haus aus sehr arm, mangelte es ihm am notwendigen Taschengeld. Da veranstalteten unsere Herren eine Sammlung, Leutnant Fiska und Fähnrich Sorger haben selbst jeder 50 Kronen gegeben und so konnten den armen 120 Kronen geschenkt werden. Wacker, das heiß ich Kameradschaftsgeist!

In der letzten Nacht griffen die Russen mit einer ganzen Division – vielleicht auch Korps von Krakau an, meist am rechten Flügel beim Landwehrregiment, dann am linken Flügel. — Der Feind kam ganz lautlos bis an die Gräben. Die Patrouillen meldeten zurück, und die unseren Preußen ließen sie ganz nahe bis an die Maschinengewehre herankommen, eröffneten dann aber einen Feuerüberfall. Gefangene wurden wenig gemacht, jedoch sollen ganze Berge von Leichen etwa 20–30 m vor den Gräben liegen.

Der Angriff wurde abgeschlagen. Für heute Nacht erhöhte Vorsicht. Nach verschiedenen Aussagen kam von vielen Kompanien überhaupt niemand zurück, die stärkste hatte noch 11 Mann und das Verwunderlichste am Ganzen, die Preußen hatten keinen einzigen Mann Verlust, auch nicht verwundet.

14. April – Mittwoch, kalter Regentag. Da starker Nebel lag, konnten wir auf Kote 463 auch Feuer anzünden. Es war ganz gemütlich, keine Arbeit, da nur einzelnes Artilleriefeuer gegeben wurde. Las den Roman „An den Ufern der Prima". — Infanterie meldete durch, daß ein allgemeiner russischer Angriff im Zuge sei. Doch blieb alles ruhig, nur nachts wurde in unserer Stellung lange gekämpft. Keine Post.

Absuchen der Schützengräben nach Toten und Verletzten

15. April – Nachts von links Geschützdonner. Hatte geschneit. Das war ein schöner Ritt mit meinem neuen Schimmel von Leutnant Fister. Der Schnee war durch das ganze Holz den ganzen Weg hindurch tief hereingeflogen, so daß ich ein nasses weißes Schnee-Mandl war. Durch unsere Deckung tropft das Schneewasser unaufhörlich durch und machte uns zu durchnäßten, zusammengekauerten Figuren. — Die deutschen Offizierszigarren, die wir faßten, waren das einzig tröstliche. Die Russen platzierten gerade merkhaft einige Doppel-Schüsse einer streifte unsere Offiziersdeckung ohne Schaden. Hegidüsfalva wurde auch bedacht und ein Objekt in Brand geschossen. — Ich ließ mir den Tag über im Walde eine neue bessere Hütte bauen, in der wir wenigstens anstandslos feiern können; neue Post!

16. April – Freitag, schöner sonniger Morgen. Wie bisher so auch heute auf Kote 463. Deutsche Offiziere sagen mir, daß das Deutsche Reich jetzt wieder eine neue Armee von 600 000 Mann aufstelle, in der aber noch kein Rekrut des 1915er Jahrganges steht. Nein, ein solches Volk ist nicht zu besiegen! — Die Artillerie-Offiziere der neuen Batterien hier sind sehr kameradschaftlich und liebenswürdig. Lauter fesche, frische, schlanke Gestalten. Gar nichts vom hier herrschenden Schlendrian. — Die Mannschaft besteht durchwegs aus intelligenten, sicher auftretenden Leuten, die auch auf ihr Äußeres etwas halten. Sie machen einen sauberen Eindruck. Der Infanterie jedoch kennt man das Schützengrabenheben auch schon an. Was mir auch als Hauptgrund der Unverbrauchtheit der deutschen Truppen scheint, ist die regelmäßige Ablösung nach 3–4 Tagen. Das fehlt bei den unseren anscheinend, und dabei werden die Leute mürbe und verlieren an der Energie, am Elan, an der Ruhe.

Der Abend am Freitag verging unter den Erzählungen über Erlebnisse der Batterie fast zu rasch. — Nachts heftiges Erbrechen mit Durchfall, kaltes Fieber und Kopfweh, anscheinend eine Vergiftung.

17. April – Kein Schuß, keine Post.

18. April – Sonntag, wieder gesund auf 463, nichts Grundlegendes ereignet.

19. April – Heller sonniger Frühlingstag. Unsere Batterie wurde dem Hauptmann Gräber unterstellt. Das 10. Korps wurde abgezogen. Wir blieben jedoch

---

Ein ungereimtes Gedicht

Auf waldumsäumter lichter Höh, wo mit im Tale die Laborec wellt, führt mich mein Schimmel früh und spät, an einem Kreuzelein vorbei.

Nicht Meisterhand hat es gefügt, zwei Balken nur aus weißem Holz hat einer rasch zusammen gesteckt, den Toten hier zu letzter Ehr.

Und jedes Mal grüß ich ihn stumm mit einem Stillgebet zum Herrn, und schaue hinauf aufs öde Grab, immer mit bewegten Sinn.

Woher er kam? Wer mag er sein? Ob Freund, ob Feind, ist einerlei! Der Tod macht ihn zum Kamerad, er starb als Held für seine Pflicht.

Vielleicht weint sich dein Mütterlein das halb erloschene Auge blind. Vielleicht zehrt sich die Liebste dein am Grab um dich zu frühem Tod.

Du ruhest hier in Ferne zwar, doch nimmermehr in fremdem Grund, schläfst ja im großen Vaterland, in unsrem lieben Österreich.

Schmückt dir auch keine Hand das Grab. Der Frühling gibt ihm bessere Zier.

Glimmt auch kein Licht am Seelentag, die Sterne haben schöneren Glanz.

Gehab dich wohl, wie bald vielleicht wird mir das gleiche Los zuteil. Auf waldumsäumter Höh in den Tiefen der Karpatenlandschaft.

weiter unter der Division 4. — Hauptmann Gräber erzählte, daß der Großfürst Nikolai vom Kommandanten der vorrückenden Armee durch einen Schuß in den Bauch verwundet worden sei. Daher also das durch die Zeitungen gemeldete Leberleiden!!! An unserer Front fast vollständige Ruhe. Ein ungereimtes Gefühl.

20. April – Dienstag, herrlicher Tag, die Wege trocknen zusehends. Zu Fuß auf 463. Plötzlich Abmarschbefehl. Marsch nach Isbugya-Radvany. — Herzlicher Abschied von den Deutschen. Der Herr Oberleutnant schien von diesem Befehl unangenehm berührt, nach meinem Erachten war seine stille Hoffnung auf das „Eiserne" gerichtet. Nun ja, Hoffnungen sieht niemand gerne schwinden. Das ist menschlich. Folge war etwas üble Laune. — Marsch führte über Sverzova Brücken auf 463 vorbei an neuangelegtem schönem Höhenweg über 420 nach Isbugya-Radvany. Ich selbst habe Sicht auf Ebene.

In Isbugya-Radvany Fähnrich-Rapport, zur Erklärung Folgendes: Herr Oberleutnant hatte Pichler um das dienstliche Benehmen und um den Grad ihrer Ambition etc. gefragt. Da ich den Eindruck hatte, daß ein privates Gespräch geführt wurde, gab ich mich ungezwungen leger und bestritt den Charakter des damals verhängten Arrestes als Kasernarrest.

Beim Rapport Folgendes zu hören: Meldung beim Eintreffen sei wenig militärisch gewesen. Die 14tägige Beobachtung sei von ungünstigem Resultat, nicht nur bei Ersatz-Kader Strammheit auch im Felde. Ein solches Sprechen im Dienste wie im früher erwähnten Falle sei ein für allemal verboten. Dienst und Privatverkehr möge ja unterschieden werden. Da hatte ich mir was Schönes eingebrockt, ich Ahnungsloser. Meldete mich hernach und gab unter Bedauern über mein Mißverständnis Aufklärung. Herr Oberleutnant reichte mir die Hand, damit war die peinliche Angelegenheit erledigt. Abends mal eine lustige Kneiperei mit Gesang. Ich in langem politischem und sozialem Plausch mit Herrn Oberleutnant bis 3 Uhr früh.

21. April – 1. Zugskommando mir zugesprochen Sorger ist 1. Offizier.

8 Uhr: Abmarsch nicht weit hinter Isbugya-Radvany grüne Felder, ackernde Bauern, fleißige Weiber bei der Feldarbeit – ein wohltuendes Bild der Ruhe und des Friedens. Die Straße schön breit, trocken. — Deutsche Kameraden zweimal von deutschen Offizieren fotografiert. — Homonna: Viele in Brand geschossene Häuser, insbesondere im Zentrum. — In beinah jedem Haus ein jüdisches Geschäft. Inder, Inder und immer wieder Inder mit und ohne Kaftan. Prachtvolles Schloß des Grafen Andrazyi. Mittags Rast am Eingang von Felsüberhang von 1–3 Uhr. Menage aus Feldküche. Weiter über Homenau nach Mislina, wo das Bataillon Freilager bezieht, obwohl Kantonierung möglich, famoser Schlaf auf Strohbett.

22. April – Donnerstag Abmarsch um 7 Uhr von Rast in Tavarna. Von 12–2 Uhr Divisionsquartier, großes Munitionslager. Fliegende Feldbahn bis Varanno. — Große Ruine, schönes Mausoleum. Lebendiges Bild einer Pferdeschwemme im Flusse. — Menage und Umsatteln. — Weiter nach Varanno von Etappe wird Stadionsquartier zugewiesen. Sehr langsames Marschtempo, Mannschaft hat wunde Füße. Freilager der Division nicht mehr in Varanno. Telegraf. — Anfrage um weitere Befehle: Antwort: Batterie hat Rehabilitierung in Kuczin zurückbleiben. — Verpflegung und Einquartierung im Gutshause eines Pachtgutes des Grafen Hardigg.

23. April – Rasttag, Oberleutnant Rudolf übernimmt die Anforderungen der Batterie und teilt mit, daß bereits 4 neue Rohre in Hrabocz und Lafetten auf dem Wege. Fassung aus dem Reparatur-Part in Varanno. — Das noch Fehlende angesprochen. — Quartiermachen und einquartieren, alles unter Dach und Fach. — Erster Dienst als Offizier. Erster Befehl: Verhalten während der Etablierung. — Erbitterte Lausjagd an einem Bäckerlein, Erfolg, jedoch kein Brot zum Essen.

Auf dem Weg nach Homonna

24. April – Samstag, Materialreinigung. 11 Uhr nun meine erste offizielle Vorführung des Proporz und der Batterie 9. — War bemüht, stramm militärisch aufzutreten, und es scheint mir gelungen zu sein, des Oberstleutnants Zufriedenheit zu erwecken. — Nachmittag in Varanno, beinahe alle Geschäfte geschlossen, Juden in Gebetstracht.

25. April – Sonntag, Gottesdienste verschlafen, ansonsten großes Faulenzen.

26. April – Montag, 9 Uhr Material-Visite nicht zur vollen Zufriedenheit ausgefallen. Bei meinem Zug ein kleiner Ausstand wegen einer übersehenen Ungereimtheit.

27. April – Rapport und Befehl. Inhalt Ergebnis der Visite: Haftbarmachung der gesamten Führung für verlorene Stücke. 9–12 Uhr Ausritt in Umgebung, flotter Galopp. Neuer Ansitz eines Herrn von Steibler. Entzückendes Schlößchen. Nachmittag mit Diethard im Bad von Varanno Entlausung.

Abend: Einladung bei F/K Batterie 2/30 Große Küche, gutes Getränk und lustige Unterhaltung. Schluß Kneiperei. Sorgers erster Unfall. Mir kurierte ich durch den Schnaps ein herannahendes Fieber weg. — Auch eine gute Seite dieses Abends bis 2 Uhr 30

28. April – Mizzis Geburtstag, alles Beste, mein liebster Schatz!

9–12 Uhr: Ausritt in bester Verfassung durch Wiese und hellgrünen Wald. Hirsche, Rehe und Frühling, blühender Frühling.

29. April – Gegen Einladung der F. K. Batterie wiederum gemütlich, aber etwas gestritten.

Vier neue Geschütze für uns angekommen.

1. Mai – Samstag, Ritt zum Jagdschloß Opal-Hegy *[Opal-Graben]*. Durch Kastellen Zutritt ins Innere. Gediegenheit und Vornehmheit und Geschmack überall. Eigentümer dieses Paradieses Freiherr Emil von Scheibler im Halle. — Sorger und Pichler auf Pferdefassung, leider keine Reitpferde bekommen.

4. Mai – Herr Oberleutnant Stempel brachte zu Mittag aus Varanno die Nachricht vom siegreichen Durchbruch bei Jasło. 3000 Gefangene, 23 Geschütze und viele Maschinengewehre. Wir alle waren wie Kinder fast närrisch. Denn die Folgen dieses Sieges konnten kaum ausgedacht werden. Es ging auch das Gerücht, Hindenburg habe den Durchbruch geleitet, jedoch stellte sich nachträglich dies als falsch heraus. Von Hötzendorf entwarf den strategischen Plan, Generaloberst von Mackensau führte ihn mit gemischten Truppen durch. — Der moralische Erfolg muß ungemein groß sein, die Ehre der westlichen Armee ist wieder einmal ins rechte Licht gerückt. Der Herr war mit uns, ihm gebührt der Dank, helfe er uns weiter.

5. Mai – Mittwoch, 10 Pferde für uns angekommen.

6. Mai – Ausrückung der Batterie unter Kommando des Herrn Fister Gefechtsübung. Leutnant Schmutz aus Krakau zurück. Zwei Hemden und eine Hose für mich eingekauft, 18 Kronen. Plausch mit Herrn Oberleutnant bis 1 Uhr 30 früh.

7. Mai – Ausrückung der Batterie unter Kommando des Herrn Fister Gefechtsübung ich als Batterie Kommandant eingeteilt. Nachricht vom Tode des Bruders von Frau Leiser, Hugo Fidweit.

8. Mai – Fassung von Rüstungsmaterial. Von Mizzi Feldpost mit Bischofsbrot erhalten.

12. Mai – 6 Uhr früh Abfahrt zu Wagen mit Hauptmann Sorger nach Kaschau, um beim Stabspferdedepot vier Reitpferde zu fassen. Eine herrliche Fahrt über mäßig waldreiche Berge auf schöner Straße. Diese erinnert in ihrer Gepflegtheit an die Dolomitenstraßen. Sie führt an Feldern vorbei, auf denen reiche Saat angebaut ist, schlängelt sich durch Mulden, steigt in Windungen durch hochstämmige reine Buchen und Eichenwälder, durch junges Laub und Föhren Gehölz, fällt wiederum in einige Quertäler ab und gewinnt auf welligem Talboden endlich freien Lauf wieder. — Der Wald steht in junger sattgrüner Laubpracht und rauscht dem Wanderer Lebensfreude, Lebenslust, ins pochende Herz, daß es lauter und lauter schlägt. Blauer Himmel lacht hernieder. Die Sonne malt helle frische Streifen in das feine Landgewebe und spielt auf den jungem Rasen. — Schöpferhand, wie sah ich deiner Werke Pracht und Schönheit so klar, seit ich mein Leben in deine Hand gelegt. — Vor mir steht eine Zukunft, die mir mein Liebstes zu Eigen geben soll. Mein Liebstes! Nicht in plumper Erotik sage ich dies, die nur den jungen, blühenden Leib sieht, nein, du bist mir mehr, du bist mir die Ergänzung meines ganzen Seins, meines tief innersten Wesens meiner Seele. — Dein Bild liegt

mir behütet als ein kleines Heiligtum in den Gedanken. — Es ist kein Mensch um mich, den ich deine Zartheit schauen lassen könnte. Man würde mich nicht verstehen, denn ich sah in dir nicht das Weib, als ich dich lieben lernte, ich sah in dir den Engel, der mich mit blinder Hand aus seelischen Niederungen emporführen konnte. Sprudelnde Kindlichkeit und bald erwachsene Weiblichkeit, das über deinem Wesen lag, war mir wie Frühlingssonnenschein auf der Seele und ließ sie narben und gesunden. — Und was dein Wesen mir in jener Zeit versprach, das wuchs in Stetigkeit aus ihm hervor: eine starke gottesfürchtige Seele, ein weiches hingebendes und dennoch starkes Frauengemüt, ein allerliebstes sorgendes Hausmütterchen, voll Empfänglichkeit für Gutes und Schönes. — Das ist Mizzi und die lieb ich von Herzen.

Weit sind meine Gedanken abgeschweift. Kaschau, um 12 Uhr kamen wir in diese schöne oberungarische Stadt. Zunächst suchten wir im Pferdedepot die Pferde aus, hernach beschauten wir das Leben und Treiben in den Gassen und Straßen. Da kommt eine hübsche Ungarin des Weges, schaut mir so sonderbar in die Augen, und ehe ich mich versah, tritt sie mir unter einem fremden, nur im Gefühl verstandenen Gemurmel in die Wadl. Als ich mich aus meiner Überraschung erholt hatte und umsah, lachten mir zwei fröhliche Augen und blinkende Zähne und ein lustiges Kichern entgegen. — Soll man da bös sein? Nein, ich lachte herzlich und Sorger konnte sich auch nicht halten. Jugend!

Abends besuchten wir das Kino, dessen reizender Barocksaal von hübschen Ungarinnen und eleganten Offizieren reich besetzt war. Nachher nahm uns das Café Andrazy auf, und sein reicher Keller gab uns hervorragenden Muskateller und Möselblümchen. Die fidelen Zigeuner merkten wohl an der Marke, daß bei zwei jungen Offizieren das Geld wohl etwas locker in der Tasche sitzt, und nach ihrer alten Manier kam einer nach dem anderen an unseren Tisch und alsbald spielte die ganze Kapelle nur mehr für uns Wiener Walzer. Lachende, jauchzende, schmeichelnde Wiener Musik mußten sie spielen, dazu wurde uns das Herz warm. Wir verstanden uns plötzlich so gut, kein Wunder, sind wir doch beide aus einem Land, aus unserem Kärntnerland. In wundervoller Stimmung kehrten wie ins „Bristol" zurück.

13. Mai – Christi Himmelfahrt, Vormittag Einkäufe: Hemd, Tabak, Handschuhe, Spiele, Zigarrentasche, Sandalen, Reservebatterien und sonstige Kleinigkeiten. Großer eleganter Korso. Wir kamen uns etwas schmierig vor und dem eleganten Leben entwöhnt. — Eine Beobachtung machte ich, die ich nicht vergessen will. Das sind die überaus elegant, ja manchmal schon geisterhaft auftretenden Geistlichen. Tadellos gebügelte gestreifte Modehose, Halbschuhe und durchbrochene Seidenstrümpfe. Am Korso und im Café sah ich sie mit großer Selbstverständlichkeit sich bewegen. Beim Frühstück traf ich zufällig einen E. V. von der Austria Innsbruck, den ich nur am Bierzipf erkannt hatte. — Um 2 Uhr Abfahrt und Ankunft in Csaklyo um 10 Uhr.

15. Mai – Samstagmittag: Batterie marschierbereit.

Einwaggonierung in Varanno

16. Mai – Sonntag, Transport von 20 Mann vom Ersatzkader eingelangt.

17. Mai – Montagmittag, Marschbefehl eingelangt. Nachmittag Einwaggonierung in Varanno.

18. Mai – Kaschau-Underberg, Bahn läuft in einem schmalen, engen Tal, dessen Reiz die zarten Birkenwälder sind. Wenig Anbau, dafür Bergbau. Ein schönes Bild bietet das auftauchende Igló mit der Tatra im Hintergrund, die Stadt ist freundlich und ähnelt fast ein wenig Villach. Die Bewohner dieser Gegend sind überaus freundlich. Wir umfahren die schneebedeckte Tatra. Große Nadelwälder und wechselnde Bodenwellen und einige verstreute Dörfer säumen den Weg. Die Dörfer sind groß und schön und aus den ansehnlichen, geräumigen Häusern läßt sich auf Wohlstand und höhere Kultur der Bewohner schließen. An den Kirchen zeigen sich verschiedene Silhouetten. Türme mit abgeschnittenen Kuppeln, beinahe italienisch. Alles Feld ist angebaut. Die

Flößer in ihrer Landestracht – Foto: onb

Waldungen ließen eine große Holzindustrie entwickeln. — Von ferne Fenyöhaza, große Papier- und Textilfabriken mit tausenden von Arbeitern. — Die Waag ist hier bereits flößbar. Ein malerisches Bild boten die Flößer in ihrer bunten Landestracht. Runder, breiter Schlapphut, offene gestrickte oder Pelzweste, weiße Hemden mit gestricktem Kragen, anliegende weiße Hose. Tracht der Frauen ändert sich: weiße Filzstiefel, ärmelloses Mieder, darüber über Brust gepflegtes weißes Tuch, das rückwärts zusammengebunden ist, Hemd mit Pluderärmel. — Der Weg verengt sich dann wieder und gleicht fast dem Kanal-Tal. Dörfer und mit Häuser gleichem Grundschnitt wie im Osten.

19. Mai – Morgen im Observierpunkt, ebene Gegend von Laubbaumgruppen und Alleen vielfach durchzogen, und auf den Feldern bereits hochstehendes Getreide, das muß in drei bis vier Wochen geerntet werden. — Häuser: Holzstreifen überrückt, Grundriß wie bei Slowaken. Vorbereitete Stellungen, ganze Festungsbauten. Leere Transportzüge kehren von der Front zurück. — Steinindustrie: Bausteine, Schotter, Kiesel, Zement, Ziegelfabriken. Großangelegte Baumschlägereien. — Fabrikant Trzebinia Petroleum-Raffinerie. Raffinerie der Grafen Potobyteri. — Der Großgrundbesitz auf der einen Seite und ärmliche Holzhütten als Gegenstände. — Westlich Krakau starke ausgebaute Stellungen. Czarna, eine Station östl. Tarnow, um halb zehn nachts auswaggoniert und Freilager.

20. Mai – 6 Uhr früh: Abmarsch über Pilzno–Debica–Sendziszow. Freilager auf Waldwiese. — Debica vielfach niedergebrannt und zerstört, Häuser als Ställe benutzt. Läden ausgeraubt. — Fahr und Eisenbahnbrücken über Dunajec, Wysloka gesprengt, alle von unseren Pionieren schon ersetzt. Flüchtlinge vor ihren Häuserruinen dumpf und resignierend. — Tarnower Bahnhof zeigt arge Verwüstungen. Ein Volltreffer unserer 42. in Drehscheibe. — Gefangene russische Offiziere und unzählige Mannschaft. — Die Brückenköpfe zu Dunajec voll Spuren des vergangenen Kampfes. Die Blockhäuser an der Bahnlinie zerschossen. Felder jedoch überall bestellt und geschont.

Behausungen von Einheimischen – Foto: onb

21 cm-Mörser mit Drehscheibe – Foto: onb

Train nach Mielec

21. Mai – 5 Uhr: Marsch Ropczyce Sendziszow Jägerhaus Cierpisz ab 12 Uhr mittags große Rast abseits der Straße im Wald. Gerade vorm Abmarsch-Befehl zum Warten, da es leicht möglich wäre, daß die Batterie nach dem Süden verschoben wurden. Herr Oberst vom Kommando zurück, Nächtigung am Platze, Freilager. Auf Marsch erreicht uns Gerücht einer Kriegserklärung Italiens.

22. Mai – Pfingstsamstag, 5 Uhr: Abmarsch Kolbuszow, östlich nach Dzikowiec und nordöstlich nach Bojanow. — Die Straße war von Granatlöchern auf Schritt und Tritt ziemlich hergerichtet. Große Arbeiterkolonien waren mit der Ausbesserung beschäftigt. Teilweise mußten Prügel gelegt werden. Eine Mannschaft war stecken geblieben. — Vor Bojanow war von einer Straße überhaupt nicht mehr zu reden, ein flüssiges, tiefes Sandmeer, in dem man bis über die Knöchel versank, nannte sich dort Weg. In Bojanow Freilager.

23. Mai – Pfingstsonntag, Marsch in der Division von Bojanow nach Westen, nun nach Buda, wo das Divisionskommandeur in einem schönen Jagdhaus eingezogen war. Der Marsch ging durch endlose Wälder. Herr Oberleutnant war mit dem Stabe bereits vorausgeritten und hatte schon eine Stellung ermittelt. Durch Feuerwerker Berger übersandte er den Befehl, sofort in dieselbe einzurücken. Als die Batterie vor dem Hause des Divisionskommandos vorbeimarschierte, gab er den Befehl, die Batterie sofort zu halten und Lager beziehen zu lassen, da sie zurückgeschoben werde. Ich rief nach vorne zum ersten Offizier Fister, und Feuerwerker Berger und ich meldeten ganz gleichzeitig die Befehle. — Freudige Aufregung ergreift die ganze Batterie, sollte es doch nach Süden, gegen den Welschen und vielleicht sogar nach Kärnten gehen? Sofort bezogen wir Freilager, und um den Freudentag zu feiern, stachen wir Tokajer an. Herr Oberst erhielt von der Division das schmeichelhafte Lob über die Batterie. Wir saßen alle bis gegen 2 Uhr zusammen und ich muß gestehen, der Tokajer hatte bei mir seine Wirkung nicht verfehlt.

24. Mai – Pfingstmontag, um 4 Uhr Tagwache. — Um 5 Uhr Ansprache des Herrn Oberleutnant und Dekorierung der Zugsführer Barthofer und Leschanz mit der kleinen Silbernen. Zugsführer Veith, Korporal. Laferl und Zink mit der Bronzenen Tapferkeitsmedaille. — Abmarsch über Maydan in südlicher Richtung nach Mielec. Auf dem Marsche wurde mir gegen Abend derart übel, daß ich auf dem Train fahren mußte. — Schwäche, heftige Kopfschmerzen, Schmerzen im Ober- und Unterschenkelknochen und unaufhörlicher Schüttelfrost. Nächtigung in Mielec in einem Freilager.

25. Mai – Um 2 Uhr Abmarsch befehl nach Debica da in Mielec keine Rampe war. — Um 9 Uhr Ankunft, sofort Einwaggonierung auf der von den Russen erbauten großen Rampe. Auch einen großen Wasserturm hatten sie dort hingesetzt. — Um 11 Uhr 30 Abfahrt.

26. Mai – Fahrt über Krakau–Oderberg bis Jablonka-Paß.

27. Mai – Fahrt über Kremnitz–Losoncs–Miskolcz. Frauentracht in der Gegend von Pribócz: faltiger Rock, mehrfarbiges Unterleibchen, darüber großes über die Brust geschwungenes Halstuch. Darüber eine Art offenes Leibchen mit Knöpfen, weiße Zopfbänder, Blausch-Ärmel, Kopftücher. — Bei Pribócz Azaleenwälder, deren Duft das ganze Tal erfüllte. Ankunft in Miskolcz um 8 Uhr 30. Herr Oberst hatte schon bei der Division den Befehl bekommen, in Wien neue Geschütze M 15 zu übernehmen, und war von Oldenburg dorthin abgereist in Begleitung von Fähnrich Sorger. In Miskolcz Freilager.

28. Mai – Marsch nach der zugewiesenen Kantonierungsposition. Also Zsolcza, wo wir im Schloße des Herrn Baron quartiert waren. Die Batterie war im Schuppen untergebracht, wie in einer Kaserne. Also Zsolcza ist ein Dorf mit etwa 1 800 Einwohnern, liegt 10 km östlich Miskolcz versteckt zwischen Akazien. Die Häuser auch hier mit der Schmalseite der Straße zugekehrt, meist sehr saubergehalten. Eine kalvinische Kirche steht inmitten, da der Großteil der Dorfbewohner kalvinisch.

Das Schloß des Herrn Baron steht am Ende des Dorfes und ist ebenfalls ebenerdig. Der Grundriß zeigt quadratische Anlage, mit einem Flügel gegen Osten als Fortsetzung. Hier befinden sich die Gesellschafts- und Privaträume des Hausherrn. Ein herrlicher Gang mit Portraitbildern geschmückt führt uns in das große, gediegene Raucherzimmer. Ledermöbel in verschiedenen Ausführungen. Portraits, Bärenfelle sowie ein Wolfsfell bilden einen vornehmen Schmuck. Das Speisezimmer war mit reich geschmückten, in die Wand eingelassenen Glasschränken und herrlichem Porzellan geschmückt. Unsere zwei Fremdenzimmer waren nach einfachem Geschmack eingerichtet und hatten Aussicht auf den Hof. An diesem schließt sich der Ziergarten an, angelegt und bepflanzt hauptsächlich vom Schloßherrn selbst, und endlich der Wildpark mit Damwild, in diesem steht auch eine 1000jährige Eiche.

Der Herr Baron war eine große, starke Erscheinung und durfte im 60. bis 65. Jahre stehen. Sehr vornehm und sehr liebenswürdig. Er soll einer der größten Jäger Ungarns sein, ehemals Obergespan und ein erklärter Liebling seiner Majestät. Nach seiner politischen Anschauung selbstverständlich erklärter selbstbewußter Ungar, aber sehr königstreu. Er scheint der G7-Partei anzugehören, wenn man bei ihm von Parteiangehörigkeit überhaupt sprechen kann. Die meisten Gespräche drehten sich um die Kriegsereignisse. Für die Deutschen zeigte er tiefe, überzeugte Begeisterung. Über Rueger war er freilich nicht gut zu sprechen. Für Regiment XIII hegte er große Bewunderung, während er für die Bedeutung Pius XI. für die Kirche als Kalviner keinen Sinn hatte. Für seine Beurteilung war nur das politische Auftreten maßgebend. Über Benedikt XV. war sein Urteil ebenso wenig günstig, er ist ihm zu schwach. Nach seiner Anschauung hätte er noch kräftiger für den Frieden eintreten und dadurch Italien zurückhalten können. Er ist in mancher Hinsicht ein Sonderling. So etwa ein ausgesprochener Weiberfeind. Aus welcher Ursache hat er nie erklärt. An seinen Bauern

Frauentracht in der Gegend von Pribócz – Foto: onb

hängt er sehr, auch ihr Vertrauen ist rührend. Minister Pascherviz ist sein Schwager, ein zweiter Schwager ist trotz seiner 60 Jahre als Infanterist freiwillig eingerückt und liegt in Serbien. Ein politisches Urteil scheint mir interessant. Wir sprachen über die Hoffnung einer nationalen Erhebung Ägyptens. Dieser Vermutung widersprach er überzeugend. Er sagte, der jetzigen Generation geht es den jetzigen Umständen nach viel besser als unter den Türken und darum würden sie ruhig bleiben. Erst neue Generationen, die den Zustand unter der Türkenherrschaft nicht mehr kennen, werden derlei Inspirationen zugänglich sein. Das scheint mir einleuchtend und bisher durch die Ereignisse bestätigt. Bei ihm lernten wie auch Baron Pflanzer, einen Vetter des Armeeführers kennen.

Um 3 Uhr erfuhren wir durch den Herrn Baron den Fall Premysls. Gott segnet unsere Waffen! — In Zsoleza sah ich zum ersten Mal Büffel. — Das Wetter war durchaus trocken, die Ernte daher mittelmäßig, Tabakbau. — Eine Geschichte dem Baron von einem Husarenrittmeister erzählt: Dieser hatte in seiner Schwadron einen Zigeuner mit einer wundervollen Stimme und oftmals mußte er dem Oberst vorsingen. Ein Lied war des Rittmeisters Lieblingslied. Der Zigeuner beging ein Verbrechen an einem Mädchen und wurde zum Tode verurteilt. Als letzten Wunsch erklärte er, selbst das Urteil vollziehen zu können. Er stieg auf die Leiter, legte selbst die Schnur um den Hals und begann das Lieblingslied des Rittmeisters, als der letzte Ton herausgesungen war, gab er mit dem Fuße der Leiter einen Stoß und ging.

Miskolcz: Lebhafte Handelsstadt, aber mit einem Pflaster wie im letzten Dorfe und voll Schmutz. Schöne Kaffeehäuser, belebter Korso, viel Militär, viel Juden.

Geistliches Spital in dem mehrere Fürstinnen als Pflegerinnen Dienst taten. — Die Umwandlung in eine M 15-Batterie machte viel Arbeit. Pferde und Wagen abgegeben, neu aussprechen usw.

10. Juni – Um 11 Uhr kamen die neuen Geschütze und Rüstungsarten an, hernach oftmalige Umrüstung mit den Zügen. Den 1. Zug behielt ich, den 2. bekam Kadett Geiger, die 2. Linie Fähnrich v. Bichler. — Die Kolonie wurde der Batterie unterstellt. — Visitieren durch Major Baron Klingborn. — Wurde als Lesachtaler vorgestellt und fragte nach meinem Onkel Hubert: „Dem Herzog von Lesachtal."

12. Juni – Abmarschbefehl, einwaggoniert nach Wien, die Freude war groß, ich sollte Mitzerl wieder sehen.

In Zsolcza die Batterien 3/3 unter Hauptmann Reisennauer, dann M. Glantschnigg und Fähnrich Dornheim. Den zufriedensten Eindruck machten die beiden nicht, wenngleich sie sich über ihr Verhältnis sehr zurückhaltend ausdrückten. Auch die 1/3 unter Herrn Hauptmann Baron Binder kam dorthin. Herr Hauptmann Binder fast nicht zu erkennen wegen des Vollbartes. — Vor uns das deutsche Spital einwaggoniert. — Unter Gesang kam die Sanität und Wachmannschaft anmarschiert, auch die Pflegerinnen im gleichen Schritt und Tritt. Lustig war die Fahrt. Abwechselnd wieder Dienst wie immer.

13. Juni – Insbesondere die Strecke Budapest–Graz–Wien erfreute durch ihre herrlichen Bilder, die in ihrem bunten Wechsel dem Rheine nicht nachsteht. Herrliche Kuppen und Spitzen dazwischen und im ruhigen Fluß die liebe Donau. Dörfer am knappen Ufer, schelmisch hervorgrüßende Weinberge, Burgen und Schlößer. Gran, die Krönungsstadt mit ihrem stolzen tausendjährigen Besitzer, zieht an uns vorüber. Das große, weite, gesegnete Marchfeld nimmt uns auf. Möge deine Ernte gesegnet sein.

14. Juni – Der Bisamberg, der Kahlenberg, der Leopoldsberg! Wie jauchzt das Herz. Und dort muß Tulbing liegen. — Wann werde ich wieder frohgemut im Zivilgewand über die Felder wandern? Ich frage „Wann" und sollte fragen „Ob?" — Und nun taucht der Steffel auf, der alte Steffel und Wien, das mir mein Liebstes bringen soll. — Ostbahnhof, Sorger den ich beauftragt hatte zu Ethinger zu gehen und Mitzi von Ankunft und Abfahrzeit zu benachrichtigen, muß leider melden, daß er nichts ausrichten konnte, da er die Anschrift verloren hatte. Herr Oberleutnant gibt mir Erlaubnis auszusteigen, jedoch mit der Verpflichtung, um 11 Uhr wieder am Bahnhof zu sein. Ich stürme davon, ein Auto bringt mich im Fluge zur Himmelpfortgasse. Und dann das Wiedersehen! Die Aufregung war größer, als ich sie jemals verspürte. Herr Etlinger stark zusammengegangen, Paula bleibt Großstadtblume, Frau Etlinger unverändert, freundliche Dame und meine Mizzel, die alte, liebe Gretl.

Nach der ersten Freude des Wiedersehens mußten wir leider schon daran denken, zum Bahnhof zu kommen, zu kurz war die Zeit. Wir irrten auf den Meidlinger Bahnhof und als wir endlich unseren Zug fanden, wollte man Mizzi nicht zur Labe-Station gehen lassen. Da kam mir die Liebenswürdigkeit der Leiterin der Labe-Station zu Hilfe, die kurz entschloßen einen zugeteilten Herren Mizzi als ihre Nichte herüberführen ließ und so waren wiederum einige Minuten gerettet. — Zum Schluße lud noch Herr Oberleutnant Mizzi ein, eine Strecke mitzufahren, und so entführte ich Mizzi im Militärtransportwagen bis Wiener Neustadt. — Die diskrete Entfernung der Herren gab uns kurze, schöne Augenblicke. Herr Leutnant nahm außerdem noch ein Bild von uns auf.

In Neustadt gings ans Abschiednehmen. „Ich bring Ihn schon wieder zurück", sprach der Herr Oberleutnant noch aus dem fahrenden Zug. Das „Ja," das sie sich herauspreßte, sagte mir alles. Auf Wiedersehn, du mein Herzensschatz!!! — Diese Jubelfahrt über den Semmering, Rosen und Rosen, die Huldigung der Leute.

15. Juni – Durchs steirische Oberland und dann mit einem Ruck ins Kärntnerland. Ein Jauchzen und hinein, der ganze Tag in eitel Freude und Wonne. Um 10 Uhr an St. Veit vorbei, nun am Ossiachersee, um 12 Uhr gegen Villach. Die Augen glänzen, der Jubel nicht zu schildern und da ein freudiges Erkennen: Das dritte Regiment Heil, Heil!!! — Villach,

Kötschach, 1915 – Foto: onb

2 Stunden Aufenthalt, Mittagessen. — Nur strenge Wachsamkeit konnte die Mannschaft zusammenhalten. Durchs Drautal, 5 Uhr Ankunft in Oberdrauburg. Die Batterie bezieht zuerst neben Bahnhof Lagerplatz unter Kommando des Herrn Leutnant Schmubi. Gefangene Italiener. Die Wut kocht im Inneren, am liebsten würde man jeden peitschen. Finstere Gesichter, kleine lässige, Gestalten. Ein Offizier dabei, der gleich behandelt wird. „An der Post" gibt's herrliche Erdäpfelknödel. Herr Oberleutnant war mit Stab nach Kötschach geritten.

Der 1. Zug geht mit ihm und Fähnrich Sorger und mir ins Wolayertal, der 2. Zug unter Leutnant Fiska und Fähnrich Geiger auf den Plöckenpaß. Bataillon Ist Erzherzog Josef unterstellt. Bei einem guten Tropfen wird die Zukunft gefeiert, 2 Uhr nachts ins Heu.

16. Juni – Abmarsch 5 Uhr früh über Kötschach, dort Rosa überrascht. An Wegbegrenzung Abschied und unter meinem Kommando ins Lesachtal. Ankunft Jakob, Rast, treffe dort Weghofer von Nostra und Jakoberwirt, große Freude. — Nach kurzem Trunk weiter nach Birnbaum. Weghofer, erzählt mir vom Lesachtal. Zuerst alles vom Gendarmen vertrieben, die Habe eingegraben.

Um 12 Uhr Ankunft in Birnbaum. Onkel große Freude. Man sah ihm den Stolz leicht an, lernte dort auch jenen Hauptmann der freiwilligen Schützen kennen, der auf den offiziellen Karten zu sehen ist. — Ein Bataillon solcher Schützen wurde aus der Front zurückgezogen und ist nach Spital zur weiteren Ausbildung geschickt worden. — Onkel hielt eine dramatische Ansprache und auch ich mußte sprechen, und wie mir schien, hatte ich den richtigen Ton getroffen.

Um 4 Uhr Abmarsch nach Nostra. Auch meinen Leuten mußte ich sagen, wie mir ums Herz war. In Nostra Nächtigung bei Weghofer. Traf dort auch den Leutnant der freiwilligen Schützen Pierbauer Kletas, ein ruhiger Mensch, der nach meiner Ansicht gut dorthin paßt.

17. Juni – Der Zug geht bis zur unteren Wolayeralm, und erhält vom selbständigen Gruppen Kommandant Hauptmann Papajek, Infanterie Regiment 57, dem er unterstellt war, den Befehl im Raume zwischen Wadecken und Kreuzleithöhe, Säbelspitze, Stellung zu beziehen.

Um 4 Uhr versuchte der Zug den Aufstieg auf dem Steige zur Füranzwachhütte, allein die Tragtiere

Panorama Wolayeralm – Foto: onb

stürzten auf den engen Serpentinen nach der Reihe, sodaß ich Befehl geben mußte, die Geschützteile seien von der Mannschaft zu tragen. Brav greift sie ein. Doch da der Stab bei seinem Anstieg durch den offenen Raum sofort bemerkt worden war, kam der Befehl, im Tale zu warten und nachts aufzusteigen.

Um 7 Uhr versuchte ich es zum zweiten Mal, ließ den Weg stellenweise ausbessern und trachtete vorwärts zu kommen. Auf halber Höhe kam der Befehl, bis ins Tal zurückzugehen, da Aufstieg in letzter Höhe mit Tragtieren vollständig unmöglich ist. Sorger werde neuen Weg auskundschaften. — Die Geschützteile wurden auf Stämmen ins Tal geschleift, wo schon Fähnrich Sorger wartete. Er hatte bereits einen anderen viel besseren Weg ca. 1000 m vor der Wadenerhütte ausgekundschaftet, der vollständig gegen Sicht gedeckt war. Trotz meiner Vorstellungen wollte er noch nachts den Anstieg durchführen, kam aber davon ab, als gleich anfangs zwei Träger stürzten. So wurde in der Talsohle Freilager bezogen.

Eine Episode: Als das erste Geschütztragtier an einer steilen Stelle gestürzt war und in den Abgrund zu fallen drohte, zogen unsere drei Mann am Widerhaltstück der Tragseile und jammerten: Fritzi, Fritzi, die Angst um ein Menschenleben könnte nicht größer sein.

18. Juni – Um 4 Uhr früh Aufstieg. Die Mannschaft trug die Geschützteile ca. 500 m hinauf. 2 Tragtiere beinahe abgestürzt. Jedes schwere Stück mußte geschleppt werden. Die Hälfte nur konnte aufgepackt bleiben. Um 10 Uhr waren die Geschütze nach großer Mühe in Stellung auf dem südlichen Hang des Stallonkopfes. Höhe 1850 m. Die Batteriestation wurde auf der Kreuzleithöhe, der Beobachtungsstand auf der Kreuzen bzw. Wadecken eingerichtet. 2 Uhr Linie in Talsohle. Wir richteten uns in einer Hütte wo wir ausgestreckt gerade Platz hatten, ein.

19. Juni – Zug nahm ein Gebirgsgeschütz zwischen Wolayerkogel und Sasso Nero wirksam unter Feuer.

20. Juni – Feldinfanterie auf 2050 m unter Feuer genommen, ihre fortgesetzten Bemühungen, die eingeschossenen Steindeckungen auszubessern, wurden dauernd verhindert.

21. Juni – Infanterie teilweise zum Verlassen der Deckungen gezwungen. Wirksames Streufeuer zum Verlassen der Deckungen fortgesetzt.

Schwieriges Gelände für Tragtiere – Foto: onb

22. Juni – Wegen dichten Nebels nur geringe Tätigkeit gegen Infanterie auf Navagiust. — Hütte für Stab auf Kreuzleithöhe gebaut. — Schwieriges Gelände für Tragtiere. — Bretter vom Tal auf die Höhe getragen. Reservemannschaft für Verbesserung des Weges verwendet. Zwei Tragtiere abgestürzt und tot.

23. Juni – Wiederum Gebirgsgeschütze unter Feuer genommen, mehrere Volltreffer durch Granaten. Hüttenbau vollendet. Ich taufte meine Hütte „Movidele Huber". — Fall Lembergs durch 20 Schuß um 3 Uhr früh.

24. Juni – Gebirgsgeschütz auf Navagiust unter Feuer. — Lemberg unser! Gott ist mit uns, wer könnte es noch leugnen! — Befehl von 33. Brigade in Liesing, sobald Ablösung durch einen Zug der Batterie 1/7 erfolgt sei, ins Frohntal abzugehen. — Das 1. Geschütz wurde noch abends von der Mannschaft ins Tal gebracht. Ich hatte Erlaubnis nach Birnbaum vorauszugehen. Dort Plausch mit Onkel bis 11 Uhr. War sehr gekränkt das Leutnant Schurli nicht bei ihm wohnte.

25. Juni – Abtransport des 2. Geschützes, Marsch über Nostra–Birnbaum–Liesing–St. Lorenzen nach Frohn. Stab voraus, ich führte Zug nach. Große Schwierigkeiten wegen des engen Weges, da vielfach Stockungen. Arbeiterkolonien bessern den Weg ab Birnbaum aus und verbreitern ihn. In Liesing Salcher selbst und alle Söhne eingerückt, und zwar freiwillig zu den Schützen. Kein Bier, kein Wein, alles ausgetrunken. — Schwierigkeiten auf Fröhneweg, da Tiere nicht mehr ziehen wollen.

9 Uhr: Eintreffen in Frohn. Einquartieren bei mehreren Hexen, großes Erstaunen über mein Erscheinen. Ein Mädel sagte mir, daß sie Bretter und Milch bis zum Schützengraben trugen. Sie hätte auch geschossen wenn sie nur ein Mandl gesehen hätte. Gute Polenta gabs zum Nachtmahl.

Brennerhütte – Foto: onb

26. Juni – Zug unterstellt Hauptmann Kürner bis zum Infanterieregiment 7.

10 Uhr: Abmarsch von Brennerhütte, 12 Uhr Aufstieg auf Hochalpe, Ankunft 3 Uhr. — Lob des Herrn Oberst, daß ich die Batterie sehr schön nachgeführt habe. Höhe 2300 m, Tragtiere in Talsohle.

Beobachtungsstandplatz – Foto: onb

Um 9 Uhr als wir gerade zur Deckung der Offensive des Regiments gekommen, Befehl sofort nach Kötschach abzumarschieren, da womöglich Vorstellung durch Bataillons Kommando erhoben. — Schlafen in Deckung der Infanterie zwei lustige Offiziere, der eine davon in Zivil, Künstler, der bereits König von Sachsen spielt.

27. Juni – 5 Uhr Abstieg, fortgesetzter Marsch nach St. Lorenzen im Lesachtal, 30 Minuten Rast in Birnbaum, dann bis Wetzmann — Onkel sagt mir vom Verdacht der Spionage über X. Schon vor Jahren habe ihn eine Person aufmerksam gemacht, daß jener über seine Verhältnisse lebe und häufig nach Udine fahre, wo er mit italienischen Offizieren in den Kaffeehäusern verkehre.

Ankunft Wetzmann um 5 Uhr 30, Herr Oberleutnant brachte Nachricht das ein Geschütz auf Maschinengewehr in Plöcken, komme um Artillerie auf Piz Marinelli wiederzuerkämpfen. — Bestimmte mich dazu, meine Freude war ungeheuer, doch es wurde nichts daraus, denn kein Befehl, der Zug habe Stellung auf keinen Fall zu beziehen.

28. Juni – Gründlich ausgeschlafen. Vormittag Ritt nach Kötschach, wo ich bei Engel CV-Bruder Bündinger von Trauter Bavaria traf. — Zug unterstellt 59. Gebirgs-Brigade Oberleutnant Mostböck. — Abmarsch 4 Uhr nun bis zu den alten Landwehrbaraken, von dort erst um 8 Uhr, da Plöckenmulde unter schwerem feindlichem Feuer. Tragtiere im Tal. Ankunft in Stellung um 11 Uhr Vormittag während der ganzen Nacht hat Bedienung in den Felsenboden gesamte Stände gegraben und bis 4 Uhr früh gebaut. — Euer Blut war westliche Rettung, möchte auch euer Glück dem Erstrittenen Dauer geben.

29. Juni – Zug nimmt feindliche Geschütze auf Monte Christis wirksam unter Feuer, wird jedoch selbst mit 10 Schuß bedacht, die allerdings keinen Schaden ausrichten. Ein Aufschlag von 2 Geschützen, zwei hinter Küche, die anderen zu hoch, kurz oder weit. Ein Schuß in die südliche Wand löste Steine.

30. Juni – Ruhe, Verpflegung und Munition darf nun nachgeschoben werden.

1. Juli – Das 1. Geschütz begann um 9 Uhr 30 von Rifugio Marinelli zu beschießen und erzielte mehrere Volltreffer, so daß man mit freiem Auge die Gegner daraus flüchten sah. Von 3–4 Uhr Feuer weiter geführt, Kreuzung mit neuer Munition, kein sicheres Schießen möglich. Abends heftiger Wind und Nebel. Jede Art von Tätigkeit ausgeschlossen. 9 Uhr plötzlich Fernüberfall von Seite des Gegners und erhöhte Infanterietätigkeit. Auf Großen Pal eine vorgeschobene Stellung verloren gegangen. Nachts kommt Sturmwind auf.

2. Juli – Sturmwind hält an, empfindlich kalt. — Auf Promos gegnerische Batterie in Stellung, die empfindliche Flankenverluste gegen Infanterie auf Großem Pal erreichte. — Befehl Geschütz auf dorthin einzurichten, einschießen mit Leutnant Rotschütz, Aufklärung auf Großem Pal. — Wieder kosteten die neuen Stände viel Arbeit. — Hütte für Bedienung gebaut. Für mich schon gestern solche fertiggestellt und auf meine Mizzi hin mit „Randendelein" getauft. — Für Nacht strenge Bereitschaft. 11 Uhr 45 bis 12 Uhr Feuer auf Pronsoner Batterie Auf Monte Crostis seit unserer Beschießung nichts mehr bemerkbar.

3. Juli – Ruhe, abgesehen vom peinlich regelmäßigen aber wirkungslosen Feuer der italienischen Schützen auf den Plöckenkessel. Kalter, windreicher Tag. Verbindungswege mit Sonnenweg hergestellt.

3 Uhr bis 5 Uhr: Einschießen mit Granaten auf Promos. Für Nacht strenge Bereitschaft. Es war nämlich bemerkt worden, daß die Italiener Bedienung plötzlich aus den Deckungen zu den Geschützen läuft, einige Schüsse abgibt und sofort wieder verschwindet. Dieses Spiel sollte ihnen durch schärfste Wachsamkeit verdorben werden. Ich erreichte auch, daß bereits 2 Sekunden nach der Detonation die Schüsse krachten. — Feuer von 8 Uhr 45 bis 9 Uhr und 11 Uhr 30 bis 12 Uhr 10 nachts.

4. Juli – Befehl von Hauptmann Kron, Zug auf Großen Pal. Möslalm, Timau für bevorstehende größere Aktion einzuschießen, sämtlichen Batterien Räume zugewiesen. — Wiederum mußten neue Stände ausgehoben und das Vorfeld durch Fällen und Putzen von Bäumen schußfrei gemacht werden. Sorger

Posten, Karnische Alpen – Foto: onb

bezog auf *[Gailtaler]* Polinik Beobachtungsstand und schoß Zug von 5 Uhr 45 bis 8 Uhr 30 ein. — Nachts Ruhe

5. Juli – Es bestand der Plan, nach kräftigster Art Vorbereitung einen allgemeinen Angriff zu vollführen, um gewiße wichtige Punkte in unsere Gewalt zu bekommen, um durch eine Offensive in den Karnischen Alpen die gegnerischen Flanken am Isonzo zu bedrohen.

30,5 cm-Mörser – Foto: onb

Schlag 4 Uhr setzte lebhaftes Artilleriefeuer aller Batterien ein und die Italiener begannen ganz nervös eine wüste Kavallerie. Die Infanterie-Geschütze sausten oberhalb in die Wände, gleich einem Maschinengewehr. Auch die Artillerie begann bald weich zu werden. Unser Feuer dauerte bis gegen 5 Uhr unvermindert an. Von 5 bis 9 Uhr ließ unser Feuer nach, um 9 Uhr begann endlich der neu angekommene 30,5 cm-Mörser zu sprechen und erzielte im Laufe von 29 Schuß 12 Volltreffer. Die anderen Batterien unterstützten seine Wirkung mit Schrapnellfeuer. — Der Zug nahm abwechselnd alle befohlenen Ziele unter Feuer und erzielte gute Wirkung. Um 11 Uhr wurde die 1221 von unserer Infanterie genommen. — Auch auf den Promos stieg sie an, mußte jedoch wieder in die alten Stellungen zurück, da der Gegner Verstärkung erhalten hatte.

12 bis 2 Uhr: Feuerpause. Um 2 Uhr Feuer gegen Möslalm, da der Munitionsstand auf 40 Schuß gesunken war mußte gespart werden. Um 5 Uhr 30 bestrich der „Zornige Kundl" wieder den Rand der südlichen Wand. Dieser Name deshalb, weil diese Batterie tagtäglich fast auf die Viertelstunde genau mit italienischer Lebhaftigkeit 8–12 nutzlose Schrapnells in rascher Folge herüberläßt. — Die Situation wurde etwas kritischer, als 15 Haubitzen auf dem Hang oberhalb der Stellung Aufschläge erzielten, da Sprengstücke und Steine dieselbe bedrohen. Zwei Schuß lagen sehr gut am Rande der Wand, jedoch kein Schaden.

6. Juli – Der Gegner unternahm, unterstützt durch Promoser Batterie einen Angriff auf Pal, worauf sofort um 9 Uhr auf Promos lebhaftes Feuer eröffnet wurde. Neuer Gruppenkommandant Hauptmann Hübel. 1 bis 4 Uhr Feuerpause, ab 4 Uhr nur mehr 2. Geschütz auf das selbe Ziel bis 6 Uhr. Diese Teufel sind nicht zu erreichen, so gut sind sie untergebracht. Um 6 Uhr 45 setzte plötzlich ein Feuerüberfall von 15 Haubitzen ein, und belegte uns mit 10 Treffern. — Der Sternkegel ging direkt auf uns nieder und das Aufschlagen der Sprengstücke war ein Prasseln gleich einer Steinlawine. 2 Kugeln durchschlugen Deckung. In höchster Eile wollten alle bessere Deckung suchen, doch da krachte schon der zweite Schuß. Ich hörte Schmerzenslaute und auf meine Frage nach Verwundeten sah ich die Verletzen und bekam die Meldung auch von anderen. Ich sprang hinunter. Da kam der dritte Schuß, vor dem ich gerade noch „Decken" schreien konnte, und dann noch einer. — Ruhe war mein erster Gedanke gewesen und die Pause zwischen den zwei Schüssen hatte mir gerade Zeit daran gelassen. Nun schien Ruhe einzutreffen. Schnell ließ ich die Leute in bessere Deckung tragen, während man unter einem Zelt den toten Spieß hervorzog. Noch sechs Schüsse kamen und ich zitterte lange um das Leben der anderen Braven. — Doch Gott sei Dank und Lob, der Verluste waren genug gewesen.

Tot: Kommandant Cyperon, Spieß Feldlein – Herzschuß. — Schwer verletzt: Innerda aus Leoben, durch die rechte Hinterhand in den Unterleib. — Leicht verletzt: Wehrmann Gürtler, Wehrmann Pürzel — Tot: ein Tragtier — Mit Tränen in den Augen erstattete ich die telefonische Meldung. — Dem toten Spieß ließ ich seinen Rosenkranz um die Hand wickeln. Seine wenigen Habseligkeiten nahm ich zu mir. Das waren lange Minuten und ich habe eigentlich hier das erste Mal das Gefühl des Schwebens zwischen Leben und Tod verspürt. — Nicht dem Kampfe, sondern wehrlos solchem Feuer ausgesetzt zu sein, das deprimiert.

Mit Einbruch der Dunkelheit werden die Verwundeten abtransportiert, nachdem ich sie durch Wein und Zuspruch ein wenig aufgeheitert hatte. Nur für den armen Lunernda war aller Trost vergebens. Mir schien er nicht zu retten! Familienvater! Mit wehem Gefühl legte ich mich hin und betete einen Rosenkranz für den Toten, der bei der Kirche lag. — Sofort mußten die Leute schrapnellsichere Deckungen graben. Gegen 2 Uhr morgens kam der Herr Oberst herunter und sprach mit etwas Pathos von „seinen Kindern". — Zu meinem inneren Schmerz mußte ich merken, daß er nicht nüchtern war. Er ordnete die Überführung der Leiche nach Mauthen an. Dort sollte ein solches Begräbnis unter Beteiligung des Trains stattfinden, wenn es auch 100 Kronen koste. Herr Leutnant Schurli soll sofort zur näheren Befehlsentgegennahme heraufkommen usw. Er bliebe bei der Batterie ich solle hinauf usw. — Über die Tiefe des Gefühls muß ich schmerzlich klar werden. Als ich ihm etwas über den Tod sagen wollte, unterbrach er mich: „Du verzeihst, aber momentan ist mir der Tod wurst, ich muß die Karte von meiner Braut lesen!", und kurz vorher hatte er geweint.

Es wurde langsam Morgen und gegen 5 Uhr waren die Deckungen fertig. Oberleutnant legte sich schlafen ich wachte und am Vormittag wußte er von den meisten Anmerkungen nichts mehr und meinen Gefühl nach hielt ihn nur meine Entgegnung, daß er es ja angeordnet hatte, vor einer Rücknahme zurück. Ich wußte schon längst, was ich von ihm zu halten habe, aber diese Nacht offenbarte mir mehr, als ich gewünscht hatte. Du bist nicht der Mann, der uns begeistert, fortreißen kann, dazu fehlt dir jede festgegründete Persönlichkeit. Eine Alltagsfigur. Stellung wird weiter gehalten.

7. Juli – Ruhe, Hauptmann Hübel und Sorger schießen Zug neuerlich auf Promos ein. Kamerad Spieß nach Mauthen gebracht. Ordnete selbstständig eine Seelenmesse an.

8 Uhr wieder Feuer, kein Schaden. 10 Uhr, Oberst Sorger wieder auf Beobachtungsstand Kleiner Pal.

8. Juli – 4 Uhr 30 Frontwechsel gegen Südhang des Kollinkofels, um Nachschub und Aufsteigen feindlichen Verstärkungen zu stören, da Gegner Kleine Spitze des Kollinkofels besetzt hält. — Nebel bis 9 Uhr Vormittag, um diese Zeit versuchte unsere Infanterie Besetzung der grünen Schneide zwischen Großen und Kleinen Spitze.

Ab 9 Uhr lebhaftes Feuer bis 6 Uhr, um 8 Uhr 15 neuerlich 10 Schuß der Schweren, kein Schaden obwohl tadellos sitzend.

9. Juli – 8 Uhr bis 8 Uhr 15 Einschießen mit Granaten. 4 Uhr Befehl, wieder Richtung auf Promos zu nehmen. Den ganzen Tag über heftiger Regen.

11 Uhr nachts heftiges Infanteriefeuer von Grenzsperre und Kollinkofel herüber, kein Schaden, blieb ruhig im Bett liegen, da ich mir dachte, wenns mir bestimmt, dann trifft's mich draußen auch. — Vor einigen Tagen von Schwester Anna ein Gebetbüchlein erhalten, das mir sehr zuspricht. — Kurz vor den Schüssen hatte ich einen schweren Traum: Ein dürres schwarzes Wesen umhüllt mit wallendem schwarzem Tuch, legte sich schwer auf mich, in höchster Erregung umkrallte ich seine Arme und stieß es von mir und erwachte.

10. Juli – Ruhe, Regen und Naß. Durch meine Deckung tropft es trotz Pappe in Bächen! Was machts!

Um 5 Uhr 30 wieder feindliches Feuer, kein Verlust. Abends bekomme ich die erschütternde Kunde, daß mein Kamerad aus der Schule Korporal Riedel vom zweiten Zug, an seinen Verletzungen verstorben sei. Ein Schrapnellsprengstück riß ihm den Bauch auf. Vor Schmerzen bat der Arme ihn zu erschießen. Seine qualvollen Schmerzen schienen mir eine Mahnung Gottes gewesen zu sein. Er war Freimaurer. Sein Wesen war freundlich und liebenswürdig. Die Kreuzwegandacht gilt ihm.

Ruhe vor dem Gefecht – Foto: onb

11. Juli – Vollkommene Ruhe, verbringe den ganzen Tag mit Briefschreiben. Abends wieder Feuer. Wir fanden Sprengstücke, die unbedingt von einem 18 cm herrühren müssen. Abends wieder Schüsse, die mich aber aus meinem gesunden Schlaf nicht weckten.

12. Juli – Ruhe, Putzen des Geschützes, und sämtlicher Requisiten. Einige Karten geschrieben. Franz teilt mit, daß er zum Kadett Aspirant im 3. Infanterieregiment ernannt und nach Budapest transferiert wurde. Ist unter 300 als der Beste aus der Schule hervorgegangen. Habe große Freude, ob Vater Freude hätte mit uns? — Nach Gerüchten soll das 3. Korps in unseren Raum kommen. Mir macht es den Ein-

Weg zum Kleinen Pal – Foto: onb

druck, als wollte man darauf warten, um dann von hier aus vorzustoßen und so die Isonzolinie zu entlasten. Nur so kann ich mir den jetzigen Stillstand hier erklären. Wenn das gelänge, dann sind die Folgen für die feindlichen Kräfte nicht abzusehen. Und mit dem 3. Korps muß es gelingen. „Vorwärts", das ist ein klangfrohes Wort für Soldatenohren. — Hohenwarter bringt die Kunde, Smirda sei seinen Verletzungen erlegen. Die armen fünf Kinder. — Es mußte nach Gottes Ratschluß wohl so kommen. Denn gerade an diesem Tag kam die Fassung viel früher als gewöhnlich und mit ihr Smirda. Wären sie zur anbefohlenen Zeit eingetroffen, wäre ihm dies nicht passiert, da er zur siebten Linie gehörte. — Nun seit drei Wochen drei Tote und vier Verwundete und früher während 10 Monaten, 3 Tote und 26 Verwundete. — Nebel und teilweise Regen. Post: Karte von Mizzi aus Gänsehäufel.

13. Juli – Regen und Kälte den ganzen Tag. Ruh sogar von Schweren, dafür ein gebratenes Täuberl, mmmh! — Lasse unter der Wand neue Deckungen graben, konnten jedoch infolge Mangels an Brettern und Nägeln nicht fertig gebaut werden. Um 11 Uhr nachts starker Gefechtslärm. — Meine Hütte zieht an, erhalte Besuch fast jeden Tag, da sie krapp am Wege auf den Kleinen Pal liegt, sprechen Offiziere vor. Heute ein Leutnant i. d. R. vom 61. Regiment der vom Isonzo kam. — Er erzählte von der Schlacht gegen die vier Korps und sagt von der Artillerie-Vorbereitung, daß zuerst jede Minute zuerst 4–5 Schuß und endlich jede Sekunde sogar viele Schüsse gekommen seien. An die 2000 Schuß müßten nach Berechnung verschossen worden sein.

Die italienische Bataillone seien unter peinlichster Ausnützung der Geländedeckung herangekommen und als auf das Aviso unserer Infanterie die Artillerie ihr Feuer in solche Mulden gerichtet hatte, schleunigst auseinandergeschnoben. — Erst nachdem sie überzeugt gewesen waren, es könnte unmöglich noch ein lebender Österreicher in den Deckungen sein, seien sie zum Sturme vorgegangen, und haben so die grausame Überraschung erlebt, von der die Zeitungen schrieben: Sieg am Isonzo! Gott gebe noch viele solcher Siege! Keine Post.

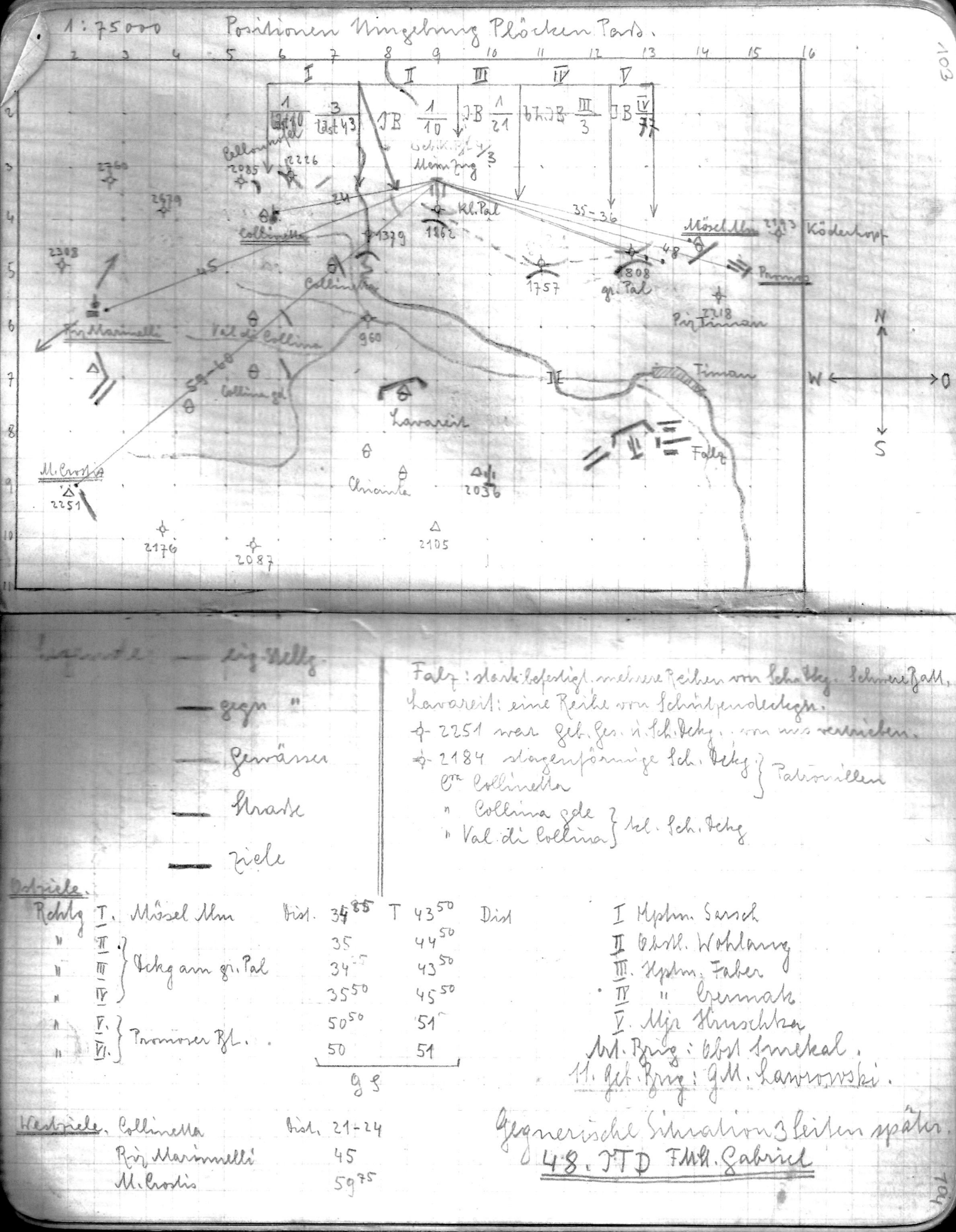

Bataillonskommando, Seilbahn, Im Hintergrund der Cellonkofel, rechts der gedeckte Laufgraben – Foto: onb

14. Juli – Hagel und dauernd Regen. Das Dach läßt an vielen Stellen bereits Wasser durch, sodaß ich durch einen Kanal den angesammelten See ableiten mußte. — Danzers Armee-Zeitung (Feldausgabe) brachte einen guten Artikel über unsere Presse und nahm die Neue Freie Presse, Die Zeit, Journal, Montags-Zeitung, und den Morgen sowie Arbeiterzeitung und Vaterland, Perspektive unter die Lupe. Ja, was der Pius-Verein schon so lange predigt, das scheint jetzt endlich auch in weiten Kreisen zur Überzeugung zu werden. Gestern hat keine Vaterländische Presse, der freisinnige Pressefrust ist mir der Söldling einiger Interessenskreise, so sagt sie. — Da lob ich mir meine Reichspost. Wenn auch Parteiblatt, aber das Blatt einer braven vaterländischen Partei. Ihr Programm ist ja das Wohl des Vaterlandes, aufgebaut auf der ewig und einzig sicheren Grundlage des Christentums. — Sagt mir: Was anderes erhält unser Heer und unsere Reiche so stark als die religiöse Gesinnung, der feste Glaube und die Hoffnung auf Gottes Hilfe? — Vier Großmächte und zwei Kleinstaaten gegen uns drei. Die Religion gibt uns die Kraft. Nehmt den Völkern diese und wir sind in zwei Monaten zu Boden geworfen.

Wie dumm doch manche Leute sind. Lese ich da, daß ein Heer zum Protestantismus überläuft, weil der Papst österreichfeindlich sei! Da hört sich doch alles auf. — Der römische Pöbel möchte am liebsten den Vatikan stürmen, einen Geistlichen nach dem anderen verhaftet man oder steckt sie als Infanteristen ins Heer, ein Bischof wirft dem Heiligen Vater vor, er sei am Abfalle so vieler italienischer Geistlicher schuld. In Frankreich ist man wütend und dies einzig, weil man den Peitschenhieb verspürt, der das Zwiegespräch vorstellt, und da sagt so ein Krauskopf, der Papst ist westfeindlich. Ja, ja die Krankheit unserer Zeit: Kritiklosigkeit, Denkfaulheit.

Um 10 Uhr 30 nachts großes Infanterie- und Artilleriefeuer. Italiener schicken schwere 15 cm-Granaten über uns hinweg zum Talboden. Der Boden zitterte jedes Mal beim Aufschlag ganz erheblich. Wenn es Schrapnelle gewesen wären, hätten sie uns getroffen, die Granaten jedoch pfiffen darüber hinweg. Eine Füllkugel traf meine Hütte.

15. Juli – Ruhiger Tag, auch Sonnenschein. Von 7 Uhr 30 an kurzes Feuer auf Promos 5 Schuß. — Las

„Berlin–Bagdad" und Ergänzungsschrift. Große politische Gedanken aus ehrlichem Herzen mit tiefen politischem Verständnis geschrieben. Möchte die Zukunft sich so schön und fest gestalten, als der Verfasser sie hier überzeugend als Ziel des Weltkampfes aufzeigt. — Neue Unterstände, Munitionslager gebaut und meine neu getaufte „Moiaele Hütte" mit Erde bedeckt. Batterie- und Gruppen-Kommando Major Marno unterstellt. — Nachts Regen. Post: Karte von Bernsteiner und Zeitung.

16. Juli – Nebel, die Zeitung vom 12. bringt eine offizielle Meldung, daß nunmehr nach der Lembergschlacht eine Pause eintrete. Der Feind sei vertrieben und man wolle nunmehr die erfochtene Stellung halten und nur in kleineren Kämpfen noch vorteilhaftere Positionen, wo solche nötig sind erstreiten. — Will man nicht mehr weiter? Warum? Sind starke russische Kräfte aufgetaucht? Man spricht von 30 000 neuen Reserven. Oder will man sich für Warschau besser vorbereiten? Oder einen Abschnitt der Westfront vollziehen, um dort Entscheidung zu suchen, da selbst englische Blätter sagen, an eine neue russische Offensive sei vor kommendem Frühjahr nicht zu rechnen. — Nachmittag Kartenskizze angefertigt.

Karte an: Prech, Angela, Mizzi, neue Feldpostnummer 302. — Abends: 10–10 Uhr 30 heftiges Infanteriefeuer. Hierauf Einsehen aller eigenen Batterien, 449 abgegeben. — Keine Post — Nach Pressekommunique hat sich Infanterieregiment 7 an Dnjestr wieder sehr ausgezeichnet.

17. Juli – Dichter Nebel den ganzen Tag hindurch. Ziemlich allgemeine Ruhe. Habe mir bereits seit gestern die redliche Mühe gegeben, „Miriam" ein romantisches Lebensbild von Ernest Bernet, hinunterzuwürgen. Schauerlicher Blödsinn.

7 Uhr 45 plötzlich aus neuer Richtung, Schüsse, ein Aufschlag bei Deckung des Taferl, ein Kurzzünder oder bohrte sich bei meiner Hütte 40–50 cm in die Erde, 2 m links und ein Unglück ist fertig, da gerade unser drei in der Hütte waren. Keine Post.

18. Juli – Unaufhörlicher Regen, Ruhe. Zum ersten Mal mußte ich einen Kameraden anbinden lassen. Es war dies ein Mann, der trotz Befehles, einen ordentlichen Stand herzurichten, heute nach zwei Tagen das arme Tier noch im Schmutz stehen ließ. — Erfuhr, daß Rumpler und Peschka bei Bataillone 5 in unserer Nähe sind.

Um 5 Uhr 15 kurzes Feuer auf Promos 15 Schuß. — Brief an Mizzi und Brief von ihr.

19. Juli – Klare, sehr kalte Nacht und schöner Tag. Viel Arbeit mit Meldungen und Befehlen. Seit 15. Juli der 11. Gebirgsbrigade unter Ritt. Lawronskie unterstellt. Heute kam der Befehl laut Majestät, daß allen Truppen die Möglichkeit des Besuches eines vormittäglichen Gottesdienstes zu erteilen ist und die Kommandanten Ihre Truppen hierzu anzuhalten haben. Das ist ein Befehl, der 1000 Kanonen aufwiegt.

20. Juli – Schöner wundervoller klarer Tag. Leutnant Schurli auf Besuch. Machten wieder gelungene Aufnahme von unserer Hütte: Er mit alten Schirm, ich mit Ziehharmonika und Pfeife. — Leider auch heute wieder keine Arbeit, die Geschichte wird schon langsam fad. — Las wieder ein Büchl aus dem Schwarzbuche eines Polizeibeamten Josef Erler. — Laut Meldung hat eines unserer U-Boote wiederum den italienischen Kreuzer Giuseppe Garibaldi versenkt. — Hurra, Tegetthofs Geist geht um.

21. Juli – Bewölkt, ging Mittag auf kleinen Pal und wurde dort von Sorger genau orientiert. — Auf großer Spitze die unseren, auf kleiner die Italiener. — Vielleicht Tausende von Sandsäcken geben Deckung gegen den Gegner, und deutlich sah man die Schießscharten, stellenweise liegen die Deckungen nur 40 bis 50 cm auseinander. — Ich sah die Batterie auf M. Terzo (Gebirgsbatterie) und M. Floriz (15 cm-Haubitze), mir macht es den Eindruck, als ob die italienische Artillerie noch wenig Kriegserfahrung habe, denn sie stellt sich ganz am Kamm der Höhen auf, sodaß man sie sofort sehen kann.

Die Führer-Batterie ist ganz gemütlich in einer freien Wiese eingegraben und läßt ihre Rohre ohne jede Maskierung der Einsicht frei. — Die Infanterie ist oft keck bei der Hütte vom Lazarett und zwei Schützengräben. Sorger erzählte mir, daß dort die Italiener bei einem Tisch ganz ungeniert Karten spielen. — Abends machten wir einen Tarock und spielten bis 12 Uhr. — Ich legte mich schlafen, die Herren spielten bis 3 Uhr.

22. Juli – Um 9 Uhr auf Beobachtungsstand. Bessere Aussicht Falz, M. Terzo, Promos, wo die Italiener auch ein Scheingeschütz aufgestellt haben. Vor den italienischen Stellungen auf dem Kleinen Pal noch ein Toter aus den Kämpfen vom 5. Juli. Der Brave wäre mit wenigen Sprüngen in den italienischen Deckungen gewesen, und knapp vor dem

Ziele mußte er sterben. Just noch 2 Tote. — Am Hang der Reserve-Stellung ein kleiner Friedhof, so schön als nur möglich mit Rasenziegeln und Kreuzen geschmückt. — Das Beobachten interessierte mich riesig und ich glaubte, ich könnte mit größtem Vergnügen überall herumzuschnüffeln. — Eine Batterie, 15 cm, muß unten im Tal auf der Straße stehen. Sorger war schon weit hinunter vor die eigene Schwarmlinie gestiegen, hatte aber trotzdem nichts entdecken können. Der Brave, wie ich ihn beneide! Das prickelt und kitzelt, so ein Wagnis zu unternehmen. Ich wäre gegangen, allein Herr Oberleutnant befahl mir zur Batterie einzurücken.

Um 11 Uhr verabschiedete ich mich und wanderte die tadellos gebauten Wege hinunter. Schon in halber Höhe hörte ich plötzlich unsere Batterie schießen, da gab's kein Halten mehr, im Laufschritt gerade hinunter. Auf M. Crostis war wiederum eine Gebirgsbatterie aufgefahren, 22 Schuß und weg war sie wieder. Dies geschah von 11 Uhr 30 bis 11 Uhr 45

Um 3 Uhr 30 wieder zwei Schuß, da bemerkt wurde, daß sie Stellungen ausheben, zwei Schuß und Ruhe war wieder. Nur zwei Schritte links, sonst wären es Volltreffer gewesen. Verschossen: 24 Geschoße, 2 Granaten.

23. Juli – Ruhe, ich ließ nun die Mannschaft die Wege herrichten. Ein neuer wurde vom Geschütz Laferl zur „Moidele Hütte" hergestellt. — Am Nachmittag besuchte mich Sorger, da infolge des Nebels jede Beobachtung ausgeschlossen war. — Die Fassung brachte uns Wein, Bier und einige Süßigkeiten aus Villach, wohin Bernodth zum Weinkauf gefahren war.

24. Juli – Nachts heftiger Regen, die Reserve-Mannschaft wurde zum Bau einer neuen Hütte, auf dem Kleinen Pal befohlen. Die Bedienung ließ ich Schotter klopfen um die Wege zu pflastern und allmählich eine gewiße Nettigkeit und Reinlichkeit in unsere 40 m „Heimat" zu bekommen. Auch eine schöne Stiege wurde gebaut. Meine Hütte ist gegen Osten durch Lärchenholz, das Dach durch Stahlplatten gesichert worden. Für die Mannschaft sind zwei größere und 3 kleinere Unterstände unter der Wand, für den edlen Gaulerich ein Stall, für die Munition ein gedecktes Lager geschaffen worden. Zur Reinlichkeit befahl ich jede Woche Wäschewechsel, da während der Woche Zeit genug ist, um die schmutzige zu waschen. Nicht um zu prahlen aber doch, weil es mich freut, möchte ich hier eine Äußerung des Zugführers Lafer wiedergeben: „So gut wie jetzt ist es uns noch nie gegangen, wie jetzt unter dem Herrn Fähnrich." Das Wertvollste an dieser Äußerung für mich liegt darin, daß sie ihm sozusagen entschlüpfte, die Sorge

Bataillonskommando, Seilbahn, Im Hintergrund der Cellonkofel, rechts der gedeckte Laufgraben – Foto: onb

ist ja sozusagen meine Pflicht, und die erfülle ich gerne. Erhaltung des Frohsinns, der Munterkeit und Gesundheit der Mannschaft sind doch Voraussetzung ihrer Schlagfertigkeit.

25. Juli – Sonntag, Reserve-Mannschaft wieder auf Pal zum Hüttenbau kommandiert, sonst hätte ich sie zur Messe geschickt. Sonntag, ja Sonn- und Feiertage scheinen immer heiße Tage zu sein. „A närrischer Tag", sagte Sorger. Um 9 Uhr früh begann der allgemeine Artilleriekampf. Alle Batterien fetzten was sie konnten. Für uns kam Befehl – Richtung auf Promos.

Von 9 Uhr 15 bis 12 Uhr ununterbrochenes Feuer. Die Gegner auf M. Terzo und eine neue von Westen wollten uns haben, allein zu hoch, zu hoch, da ihr Einfallswinkel gering. Dem Telefon-Meister Horvat neben mir fiel eine Kugel in die Menageschale.

12 Uhr 15 bis 12 Uhr 35 nun Beschuß mit besserem Erfolg, die Falzer Batterie 5 Schuß, 3 sehr gut sitzend, sodaß es nur so um uns spritzte. Um uns Vier lagen M. Terzo bei 30 Schuß jedoch hoch. Unserem Offizierskoch Poteko hätte ein Sprengstück beinahe den Kessel eingeschlagen, dem Koch Rernzerly fuhren einige Füllkugeln in den Wassereimer. Gott sei Dank kein Schaden. Ja, ich muß es fast als Fügung Gottes anerkennen, daß um 12 Uhr der Draht abgeschossen und so unsere Verbindung unterbrochen wurde, denn ohne diesen Zwischenfall hätten wir weitergeschossen, und da wären wohl einige ganz gewiß getroffen worden. Aber so war alles in Dekkung. Sollte mir die Sonntagsandacht, die ich hielt, diese Fügung erwirkt haben? — Horwat träumte, er habe drei rote Kreuze vor meiner Hütte gesehen. Ich glaube zwar an Träume nicht, jedoch wie Gott will!

Von 2 Uhr bis 2 Uhr 45 wieder Feuer auf Promos: 27 Schuß, 5 Uhr 05 bis 6 Uhr 05 im Feuer 22 Schuß, Summe 158 Schuß. Nach telefonischer Meldung sollten bei Ivanograd 118 000 Russen gefangengenommen worden sein. — Post: Zeitung, Brief von Mizzi

26. Juli – Tiefhängender Nebel, daß man kaum 20 m sehen kann. Um 6 Uhr Früh, als ich noch den Schlaf des Gerechten schlief, war schon Lernovskie hier zur Inspizierung. Er sah sich das Ganze an, ohne mich wecken zu lassen.

9 Uhr 20 trotz des dichten Nebels 20 Schuß, dann lauerten wir auf eventuell aufflackernde Infanterie. — Um doch einigermaßen Wirkung zu haben, ließ ich 15 Stück Libelle auf und abgehen. — Da die Kolonie wieder selbstständig gemacht wurde und nach Laas verlegt wurde, fällt mir nun auch das löbliche Amt eines Zensors zu. Nun gehen tatsächlich schon bald alle Geschäfte des Batterie-Kommandos durch meine Hand. — Essen: Geselchtes mit Paradeiser — Brief an Mizzi — Musikkapelle spielt am Kleinen Pal 1800 m. Wir mit den Kanonen gaben den Takt an, ohne Spaß, wirkliches Können.

27. Juli – Nachts Regen, über Tag mit kurzen Unterbrechungen bewölkt. Um 10 Uhr begann das feindliche Artilleriefeuer, das bis 11 Uhr andauerte, um 12 Uhr wieder begann und um 14 Uhr eingestellt wurde. Es feuerten Falz, M. Terzo und die neue westliche Gebirgsbatterie. Neben dem 1. Geschütz fiel ein etwa 6 kg schweres Sprengstück einer Torpedogranate nieder, dessen Wände 4,5 cm mittlere Stärke haben. Dagegen sind die gewöhnlichen Sprengstücke reine Zündholzschachteln. Zwar staubte es rings um die Hütte, diese selbst wurde merkwürdigerweise nicht getroffen. Spannend sind die Augenblicke, während man die Sprengstücke und Steine so tief surrend herunterkommen hört. Man hat nur einen Gedanken: Wohin geht es? Ein Zugführer wurde unter unserer Wand durch einen Stein verwundet. Oberleutnant der 3/10 Kompanie verwundet durch Infanterie-Geschoß. — Mittag: Geselchtes mit Knödel und Salat — Abend: Geselchtes

28. Juli – Nebel, den ganzen Tag Ruhe bis auf einige Schüsse der Gegner auf unsere Scheingeschütze. — Dachpappe gekommen, so Stall neu eingedeckt, ebenso Hütten, Lärche gefällt, um bombensichere Deckung zu erlangen. Reservemannschaft noch immer auf Klein Pal beschäftigt.

Um 8 Uhr entdeckte Sorger durch Mündungsfeuer eine neue Gebirgs-Batterie auf M. Crostis und eine erste Schwere hatte sich im Schutze des Nebels der letzten Tage neu einbauen können. — 7 Schuß gaben wir zwar darauf ab, allein – da im Nebel die Seitenrichtung nicht ordentlich korrigiert werden konnte, wurde Feuer eingestellt. — Mittag: Junge Erdäpfel und süßes Kraut — Abends: Käse und Zunge

Vom Artillerie-Gebirgskommando wurde auf Kleinen Pal zu Herrn Oberleutnant ein Kabel gelegt. Gott sei Dank, nun hab ich etwas mehr Ruhe. Erhielt heute als Austausch für den Kameraden Frenkovic einen Franz Macher. — Vom Kriegsfürsorgeamt große Kiste mit Zigarren angekommen. Pro

Im Unterschlupf am Kleinen Pal – Foto: onb

Mann: Sport: 35 Stück, Dramer: 14 Stück, gesamt: 49 Stück — Fräulein Mazwanger kündigt 3 Pakete Liebesgaben für meinen Zug an.

29. Juli – Dichter Nebel und Regen. Ruhe. Besuchte am Abend die Herren am Kleinen Pal. Tarock bis 23 Uhr, um 0 Uhr 30 Ankunft in meiner Hütte, nach mehrmaliger Bekanntschaft mit dem Boden. — Mittag: Suppe, Fleisch, Gurken. — Abends: Gulasch mit Erdäpfeln.

30. Juli – Das ist heute ein heißer Tag, aber auch ein Ruhmestag des ersten Zuges, denn seinem erfolgreichen Feuer ist zum Großteil die Erhaltung des Kleinen Pal zu verdanken. Den lieben Herrgott sei Dank. Um 7 Uhr Früh begann allgemeine Artillerie Vorbereitung von Seiten des Gegners. Die Gegner griffen um 9 Uhr unsere Stellungen an und liefen in drei Linien Sturm. Die Situation wurde für die unseren geradezu bedrohlich, als auch von Richtung Biz Marinelli zwei Feldgeschütze ihr Feuer auf Flanke und Rücken unserer Infanterie zu richten begannen. Diese Batterie mußte gestern im Schutze des Nebels Stellung bezogen haben. Sorger fand die Batterie und sofort wurde um 7 Uhr mit dem Einschießen begonnen, das bis 8 Uhr 30 dauerte. Dann war Feuerpause, jedoch wurden zwei Verschläge für einen Feuerüberfall vorbereitet. Die eingeschossenen Distanzen waren 21 und 21,75. Um 9 Uhr wurde Einzelfeuer kommandiert, und zwei Volltreffer in einem Geschütz, sowie gut sitzende Sprengpunkte erzielt. Die Verluste müßen groß sein. Der Rest der Mannschaft lief schleunigst ins Tal hinunter, auch die Sprengpatronen. Nun war unsere Infanterie befreit und brachte voll Bravour, wenn auch unter großen Verlusten den Angriff vor dem Drahthindernis zum Zusammenbruch. — Die eigene Schwere hatte den Befehl erhalten, im äußersten Falle ohne jede Rücksicht auf die Eigenen, den Pal unter Feuer zu nehmen, da es sich um Besitz oder Verlust des Berges handelte. Und tatsächlich nahmen sie auf höheren Befehl das Feuer auf.

Befehl: „Im äußersten Falle ohne Rücksicht auf die Eigenen. Es geht um Besitz oder Verlust des Berges." Foto: onb

Um 11 Uhr ging durchs Telefon die frohe Kunde, daß der Angreifer sich wieder zurückzieht. Die drei Maschinengewehre hatten blutige Arbeit getan. Der Zug wurde fortdauernd vom M. Terzo, M. Crostis, und der bisher unentdeckten 15 cm Batterie im Tale beschossen, hatten aber keine Verluste. Fast hätte mich am Oberschenkel ein Stein erwischt, es ging aber schon sehr knapp. Die Sprengpatronen waren vorbereitet. Jedoch schwor ich mir, kein Geschütz lebend zu verlassen, ein erhebendes Gefühl.

Um 12 Uhr wurde mit dem 1. Geschütz Feuer auf M. Crostis aufgenommen, wo der Aufklärer fieberhaftes Arbeiten an der Deckung beobachtet hatte. 31 Schuß, leider mit wenig Erfolg.

Um 1 Uhr flaute das Feuer ab und bis 4 Uhr 30 war Ruhe, dann erneuerte sich das gegnerische Infanterie- und Artilleriefeuer mit großer Heftigkeit, alleine der aufsteigende Nebel machte dem Kampf gegen 5 Uhr 30 ein Ende. Von unseren Kräften mußte alles, sogar die Sappeure in den Schützengraben. Die Italiener ließen fast nur Tote im Feuer. — Einen ganz wunderbaren Fall sah ich mit eigenen Augen. Trotz des 12 cm Feuers, das unausgesetzt den Weg neben unseren Stellungen belegte, brachten die Tragtierführer mit ihren unbezahlbaren kleinen Pferdchen herauf, und etwa 1 m neben einem Tragtierführer mit seinen 3 gekoppelten Tieren war ein Aufschlag. Ich glaubte schon alle verloren, doch siehe da, die Pferde standen ruhig und still und der Führer hatte einzig und allein einen Stein an den Kopf bekommen. Es geht doch manchmal seltsam zu. — Nun ist wieder Ruhe und ein Tag mehr mit Gottes Hilfe erlebt. — Mittag: Suppe, Braten mit Kartoffel und Karfiol. — Einen verwundeten Sappeur konnte ich am Nachmittag über beherbergen und laben. — Abends: Fleisch und Suppe, Palatschinken

Um 1 Uhr Nachts wurde ich geweckt, einem Infanterie-Tragtier-Führer war das Pferd über dem Straßenrand gestürzt, und über die Wand auf eine unserer Deckungen gefallen, was dem Kameraden Anton Kaufmann anscheinend das Herz sprengte. Der Brave war beim Gefecht so unerschrocken, hatte so überaus ruhig gearbeitet, daß er mir der Würdigung zu einer Auszeichnung wert schien. Und nun hatte ihn der rasche Tod im Schlafe geholt. — Während des Gefechtes war ein Stein mit aller Wucht an den Baum angefahren, bei dem er stand, verwundet wurde er nicht, aber nachts sollte er sterben. Gottes Wille ist unerforschlich. Ich ließ ihn beerdigen.

31. Juli – Von 12 Uhr 45 bis 2 Uhr 15 andauerndes Feuer auf Gebirgestrain, der sich auf einen Saumweg zeigte. 16 Schuß, Nachmittags Ruhe. — Belobung: J.T.P. Kommando-Befehl vom 30. Juli — Ich beglückwünsche die wackere 1. Garnison, die 1. und 3. Kompanie, welche am heutigen Gefecht teilgenommen haben, sowie die brave Artillerie, das Marine-Geschütz auf Polintz, die 1/2 schwere Mörserbatterie und den 15 cm-Mörser zu ihrer heutigen erfolgreichen, von gegenseitigem Zusammenwirken zeigenden Gefechts-Aktion. — Ich gewürdige die Belohnungsanträge über jene Offiziere und Mannschaften, welche sich besonders ausgezeichnet haben. — Im Auftrage, Anträge an Herrn Oberleutnant einzusenden, schlug ich vor: Zugsführer Laferl und Heiden, die Wehrmänner. Leschanz und Hütter, die Kanoniere Maier Markus, Cernala, Paftez und Telefonist Horvath. Dem armen Kaufmann nützte es ja nicht mehr. — Abends: Speck und Bier.

1. August – Sonntag: 7 Uhr 30 Waffen und Materialvisite. Vormittag einige Arbeiten, Nachmittag Rasttag. Vollkommene Ruhe. Erhalten Gage 260 Kronen, Abzüge für Menage 107 Kronen 37 für Mai, Juni und Juli 152, bleibt Rest 63 Kronen. — Post: Zeitung und Brief von Mizzi, der lieben Gretl.

Text meiner Eingabe 1. 8. 1915: In der Stellung am Kleinen Pal, als 1. Offizier in Verwendung, leitete er am 30. Juli und auch sonst, obwohl die Batterie unter dem wirksamen feindlichen Feuer schwer zu leiden hatte, das Feuer derselben in der unerschrockenen Weise und er unterstützte durch sein kaltblütiges Benehmen, den Batterie-Kommandanten so, daß die Gefechts-Tätigkeit und Wirksamkeit erhöht wurde.

Standort, am 1. August 1915: Stempel Oberleutnant. — Weiters wurden eingegeben: Sorger, Zugführer Frühauf, Eder. Kamerad Rettenbacher und sämtliche von mir vorgeschlagen Wehrmänner.

2. August – Ruhe, Plan für Winterbaracke gezeichnet. Post: Zeitung, Brief von Mizzi. Nun ich hab sie wirklich gekränkt. Einen Brief Antwort. — Frühstück: Milchkaffee, Butterbrot mit Marmelade — Mittag: Faschiertes, Reis — Abend: Wurstkonserve, Weißwein!!!

Um 10 Uhr 30 stürzte wiederum ein Pferd über die Wand herunter, fiel aber glücklicherweise mit der Schwere zwischen zwei Deckungen, deren Dächer zwar eingedrückt wurden, aber keine Verletzungen verursachten. Diese verfluchte nachlässige Gesellschaft. Bei solchen Sachen fühle ich die Nerven gehörig, der eigene Körper fiebert in Aufregung. Die Anzeige wurde erstattet.

3. August – Kalte Nacht, auf den Höhen klar, im Tale neblig. Vormittags 9 Uhr bis 12 Uhr Feuer auf M. Crostis, wo Gebirgsgeschütz aufgetaucht war. Es verschwand wieder, 104 Schuß. Vereinzelndes Artilleriefeuer. Der Gegner beschoß den Cellontropel *[Frischenkofel]* und den Aufstieg, ging aber zu keinem Angriff über, da die italienische Infanterie von ihrer eigenen Artillerie beschossen wurde. — Armee- und Flottenbefehl seiner Majestät an die Truppen der SW-Front. — Als ich der Mannschaft beim Befehl diese herrlich einfachen Herzensworte verlas, hats mir gewaltig druckt. — 3 Marode — Frühstück: Milchkaffee, Butterbrot, Marmelade. — Mittag: Lungenbraten, Kartoffel, Fisolen, Palatschinken. — Abends: Sardinen und Käse. — Gekauft: 2 Flaschen Bier

4. August – 10 Uhr bis 12 Uhr Feuer auf Promos, leider mit wenig Wirkung. Herr General auf Vorderungeralm. — Erhielt Befehl, Sorger als Aufklärer abzulösen. Abends rückte ich bei Batterie-Station ein. Es war mir sofort klar, daß eingetretene Unstimmigkeiten der Grund der Ablöse waren.

Abends konnten wir Lichtsignale beim Tilliacher beobachten, was sofort dem Gruppen-Kommando mitgeteilt wurde. Das Haus wurde umzingelt, jedoch hörten die Signale auf, sodaß es zu keiner Gefangennahme kam. — Brief an Mizzi.

5. August – Herrlicher Sonntag. Keine besondere Tätigkeit. Nachmittag kam die Meldung: Warschau gefallen. Sofort verbreitet sich die Kunde in alle Schützengräben, unsere Mannschaft nahm sie mit begeisternden „Hurra"-Rufen auf. Und nicht lange danach: Ivangorod gefallen! Oh, ihr herrlichen Truppen, die ihr solches leistet. Am 30. Juli war Warschau eingeschlossen, am 5. August ist es schon unser! Du Herr der Kriegsscharen, Dir sei tausend Lob und Dank! — Bald kam die Marschmusik und spielte zur Feier des Tages auf 1800 m Höhe, daß die lustigen Italiener in ihren Deckungen wohl die Tarantella versucht haben dürften. — Unsere Infanterie versorgt auch den Gegner mit neuesten Nachrichten, indem sie diese an einem großen Brett im vordersten Graben dem Gegner zeigt. — Montag: Fleisch, Kraut und geröstete Frittatensuppe. — Abend: Gulasch, Bier und Wein. Durch einen kräftigen Anstoß feierten wir in der Deckung die Ereignisse.

Durch Splitterstücke der Geschoße war das Leben der Soldaten auch in ihren Deckungen gefährlich – Foto: onb

Abends rückte ein Neuling zur Grundausbildung ein, er macht einen peinlich unmilitärischen Eindruck, und seine Kapriolen bei jedem Schuß waren geradezu ergötzlich. Na, wir werden ihn schon herrichten.

6. August – Herrlicher Sommertag. Beschossen mit einigen Geschützen die italienischen Ablösung südlich Colinetta Di Sopra am Cellonfluße *[Kra Colinetta]*. Nun Feuer auf Promosspitze wo Bewegung sichtbar war. Im Allgemeinen ganz gutes Resultat. Bei dieser Beobachtung hätte es mich beinahe erwischt, die Infanterie-Kugel schlug gerade vor mir auf den Stein und die Splitter ritzten mir die linke Hand. Der Herrgott beschützte mich, danke ihm. Mit Infanterie-Leutnant vor den Drahtverhauen um dort die Stellungen genau zu ermitteln. — Post: Brief von Mizzi, Zeitung und drei Päckchen von Frau Seirer — Mittag: Erbsensuppe Lungenbraten und Kartoffel — Abends: Junger Hase, Wein. — Erhöhtes Infanteriefeuer auf gegnerischer Seite bis gegen 11 Uhr 30. Herr Oberst auf Beobachtung, hernach feierten er und Zugführer Rauch bis zur Tageshelle den Kampf. Heute schläft noch alles.

7. August – Samstag, leitete von 8 Uhr 30 bis 10 Uhr 30 Feuer auf Unterkunftshaus Piz Marinelli, da die Welschen dort gar zu übermütig waren. Doch die grenzenlose Streuung ließ mich nicht in das Haus kommen. Etwa 12–15 Schuß saßen gut in der vorderen Deckung, rechts, links, vor und hinter dem Hause. Viele fielen weit, unter den 96 abgegebenen Schüssen etwa 16 Blindgänger.

Sonniger Tag, jedoch ziemlich bewölkt. Nun zeichnete ich von einer Stelle vor den Infanterie-Deckungen den kleinen Pal mit den gegnerischen Stellungen ab.

Schoß 4 Schuß auf Promos Spitze. Ein Aufschlag beim ersten Geschütz. — Schrieb heute einen Brief an Mizzi mit einer Schilderung, wie wir „Warschau feierten", an das Kärntner Tagesblatt. Als ich am äußeren rechten Flügel ganz vertieft in mein Schreiben war, nahm mich von jenseits eine Infanterie aufs Korn.

8. August – 3 Uhr früh Angriff der Italiener auf den Kleinen Pal. Heftiges Feuer, Krachen der Minenwerfer und der Haubiz-Schrapnelle. Die feindliche Artillerie schoß nur von 11 Uhr bis 15 Uhr 30, dann wieder Ruhe am rechten Flügel. Vormittag beschoß ich Promoser Brett und Spitze, Aufschlag knapp hinter Deckung auf Spitze. Ferner mit 36 Granaten zwei Schützen-Deckungen auf Colinsfuße. 1 Schuß legte die Hälfte der einen. Die Streuung wurde jedoch so groß, daß ich aufhören mußte. — Nun Ruhe, gegen 4 Uhr dichtes Nebeltreiben. — Mittag: Lungenbraten, Reis und Salat, Palatschinken, Wein. — Abend: Speck und Sardinen, Bier. — Von Villach wieder einige Einkäufe angekommen: Kandierte Früchte, Pischinger Torte und Schnitten.

Heiterer Zwischenfall: Eine Flasche war gekommen, in der wir Slibowitz vermuteten, zur Vorsicht jedoch roch ich und roch Spiritus. Reichte die Flasche zu Herrn Oberst: „Prost" – „Prost! ... Pfui Teufel!" — Post: Zeitung, Karte von Frau Seiger.

9. August – Eigene Infanterie war um 8 Uhr bis vor die feindlichen Deckungen geschlichen und sitzt dort in der Stärke von etwa 10 Männer still und knapp hinter den Schußlöchern, was mag daraus werden? — Erfahre vom Offiziers-Stellvertreter der 10. Kompanie, daß dies Patrouillen sind, die täglich diese Stellung beziehen, um zu horchen was der Gegner macht. — Schoß 37 Granaten auf den Promos, 4 saßen gut, 2 davon vor dem Joch. — Nun nahm

Freilager, Kleiner Pal – Foto: onb

ich mit dem 15-fachen Fernglas das Profil des Kleinen Pal neuerlich auf. Fand wieder neue Stellungen. Hinter einer Deckung sah ich plötzlich 2 Offiziere (1 Alpin, 1 Infanterie) und einen Alpinschützen, ehe ich mir noch recht über ihre Absichten klar werden konnte – zisch – auch von einer anderen Seite waren 3 Kugeln geflogen gekommen, aus denen ich mir jedoch gar nichts machte, da sie hoch gingen. Dieser Alpini hatte aber einen Zielfernrohrstutzen, nun, statt oben sah ich nun aus der Seite heraus und nichts geschieht mir. — Abends Offizier Ruis bei uns Tarock bis 1 Uhr 30. — Schöner, warmer Tag. — Mittag: Faschiertes und Kartoffel. — Abends: Geselchtes mit Krautsalat, Wein. — Post: Karte von meinen Lieben aus Klosterneuburg.

10. August – Nebeltreiben und Sonnenschein in einem steten Wechsel. — Gegen Collinkofel vormittags großer Aufstieg von 150 Mann beobachtet. Einzelne größere Gruppen von uns unter Feuer genommen. Geringes Feuer, sonst Ruhe. Wollte den aufsteigenden Nebel zur Suche eines guten Postens zur Profilaufnahme nutzen, fand auch einen solchen ziemlich weit vorne, allein der Nebel legte sich auch auf den Pal und darum war nichts zu machen. Gegen 4 Uhr stellte ich die Beobachtung ein und zeichnete mit Herrn Oberst einen Plan für Winterdeckung auf dem Kleinen Pal. — Mittags: Geselchtes, Kohl und Kartoffel — Abends: Speck — Post: Karte und Brief von Sepp Huber.

11. August – Sonniger, warmer Tag. Da Landespräsident Lodron an die Front kommen soll, so Feuer nur auf Befehl des Artillerie Gruppenkommandos. Der Welsch hatte jedoch keine Rücksicht, sondern begann mit der Schweren ein erfolgreiches Feuer auf Cellon Frischenkofel. Fegte einen Teil der Deckung um. Er schoß ausgezeichnet, alle Achtung. Gegen 10 Uhr 45 begann auch M. Crostis Feuer auf dasselbe Ziel. Wir nahmen dieses Geschütz unter Feuer und erzielten, daß es eingestellt und weggezogen wurde. Nun, vielleicht hat es ein Leck bekommen. Feuer von 11 Uhr 30 bis 1 Uhr: 63 Schuß. Nachher schoß sich auch die M. Pezo [richtig: Piz di Meda] ein. Unsere Schwere und die Feldkanonen nahmen die grüne Schneid als Ziel, schossen aber trotz aller Mitteilungen unserer Beobachter 400 bzw. 150 Meter zu weit. — Es scheint nach alldem ein Angriff auf Cellon [Frischenkofel] in Vorbereitung zu sein. Wie mag er ausgehen? — Das Feuer der Schweren war furchtbar, Helden sind es alle, die da oben standhalten. — Nahm mir Vermessungen für die Profilaufnahmen vor.

Kötschach – Foto: onb

Gegen 8 Uhr Abends neuerlich Feuer der italienischen Schweren gegen Cellon [Frischenkofel]. Einige Treffer sonst, alles zu weit. Wohl aus diesem Grund mag der Angriff unterblieben sein. Wir entdeckten jedoch infolge des Lichtscheins ihre Stellungen bei Caseria Tarondon und ein neu aufgestelltes Gebirgsgeschütz südlich des M. Paularo oberhalb der Caseria. — Post: Zeitung, Brief von Mizzi, Bäckerei von Seirer. Karte von Herwig Burgstallers Hochzeit.

12. August – Warmer, jedoch teilweise bewölkter Tag. Bis auf einiges Artilleriefeuer Ruhe — Lt. V. Georgi zu Besuch im Raume. Neuerlich Messungen für Profilskizze. Nun Schwere auf M. Terzo eingeschossen. — Post: Zeitung, Karte von Seirer. Abends einiges an Artilleriefeuer. 28 cm, Timenauer Batterie im Tale südöstlich des M. Paularo. — Mittag: Saftbraten und Stangenbohnen. — Abend: Rostbraten, Kraut, Obst.

13. August – Neblig, Regen. Vormittag Skizze fertiggestellt. Herr Oberst trug sie sofort zu Herrn Oberst Wahlhang, dem Abschnittskommandanten. Mittag Besprechung der Winterunterkünfte mit Feldwebel Cerko und Ratti. Nachmittag Tarock Partie mit Oberleutnant Ruis, einem Wiener Professor, der auch erstmals im Studentenheim (Porzellangasse) war. Abends auch Hauptmann Zecher. Dann „frische Viere", trat aber um 10 Uhr 30 von der Partie zurück, da sie mir zu hoch ging und haute mich auf die Pritsche. — Post: Zeitung, Brief von Franz. — Mittag: Fleisch, Kraut und Kartoffel. — Abends: Würste und Sauerkraut.

14. August – Schöner Tag. Gebirgs-Haubitze feuerte mehrere gute Schüsse in Schwarzlinie auf Kleiner Pal. — italienische Schwere sucht sie lange Zeit. M. Terzo wütet auf nordöstlichen Abhang des Cellon [Frischenkofel]. — Auf P 2308 südlich Cuilar der

37

Beim Plausch unter sich – Foto: onb

Bau eines Geschützstandes beobachtet. — Schwere auf 2 Uhr Linie. Nun beginnender Regen und Nebel, ich gönne mir ein Schläfchen ehe um 0 Uhr 30 der feindliche Angriff beginnt. Bei der linken Flügelkompanie drangen sie mit Handgranaten vor, diese explodierten jedoch noch lange nicht, und so warfen wir diese wieder zurück. Sehr heftiges Feuer. Von der gegnerischen Artillerie schoß nun M. Terzo. Unsere Artillerie auf Freikofel wo der Gegner ebenfalls stark angriff, und die 77 (Rutener) unter Rücklassung zweier MG zurückgingen. Diese sollten wieder geholt werden. Gegen 0 Uhr 45 hörte der Gefechtslärm auf. — Mittag: Fleisch — Abends: Rostbraten, gemischter Salat.

15. August – Mehrere Schüsse auf Kötschach, darum große Aufregung. — FA schießt auf Cellon *[Frischenkofel]*, wo feindliche Artillerie Beobachter sein sollen. Unsere Gebirgshaubitze 2/3 sehr gute Treffer in gegnerische Infanterie auf Kleinen Pal, daraufhin natürlich M. Terzo erbost Antwort, allein beim besten Willen konnte ich weder ein Luftschiff noch einen Vogel dort im Unterschlupf entdecken, wohin sie schoß. Schwere suchte FA und Plöckenbaracken. Nebel und zeitweise ein Spritzer in Abwechslung.

Der brave Offizier-Stellvertreter von Baron 1/10 erzählte mir manches vom serbischen Kriegsschauplatz: 10 000 Mann von 1. Korps (Tschechen) übergegangen! Dadurch Flankenfeuer auf 11. Geb. Brigade und Rückzug. — Die serbischen Bosnier, schlecht gehalten, bleiben vielfach zurück in Häusern, Wäldern usw. — Auch an hiesiger Front laufen Tschechen und Bosnier über. Das Bat. III/3 soll deshalb vom Freikofel zurückgezogen worden sein und in Mauthen in Reserve liegen. Und gerade zu diesen muß Franz kommen, wie mag ihm das nur wehtun.

16. August – Wechselndes Wetter, feindliche Artillerie-Tätigkeit gegen Freikofel, anscheinend um denselben ganz zu gewinnen. M. Terzo gegen Cellon *[Frischenkofel]*. Unsere Gebirgshaubitze 2/3 auf Promoser Batterie hatte ebenso wenig Glück wie wir. — Post: Zeitung, Karte von Mizzi, Pakete von Innsbruck.

17. August – Wechselndes Wetter. Mit Gebirgshaubitze einige sehr gelungene Schüsse auf italienische Schwarmlinie auf Kleinen Pal. Sofort Antwort der italienischen Schweren auf M. Terzo. — Nun inspizierte Oberleutnant Wohlhang, ein kleines, etwas steifes, bärtiges Männlein, mit gedehnter Stimme. Kann nicht behaupten, daß er mir sehr intelligent vorgekommen wäre. — Abends Festfeuer KFJ I auf Himmelberger Alm. — Post: Karte von Franz, wir beide sind bei derselben Brigade! — Fassung auf ei-

gene Rechnung für uns: 8 Flaschen Gumpoldskirchner, 5 Flaschen Champagner, 1. Flasche Cognac, Obst, 18 Adriaschnitten, 2 Pischinger, gezuckerte Früchte, 34 Flaschen Bier. — Um 2 Uhr 30 früh Bichler mit einem Geschütz bei uns angekommen.

18. August – Fiska mit Rest trifft ein. — Armee und Flottenbefehl des Armee Oberkomandanten Feldmarschall Friedrich. — Bis auf einige Schüsse der feindlichen Schweren vollkommene Ruhe, Wetter trüb.

Zu Mittag kam Bichler, unser bescheidenes Festmahl umfasste: Suppe, Geselchtes und Kalbsbraten. — Herr Oberst hielt eine kurze Gedächtnisrede auf unseren greisen, nunmehr 85jährigen Kaiser. Unter Plauschen verging die Zeit bis 7 Uhr. Wir luden die Herren von der 2. Kompagnie Garnison 10 ein. Auch Oberleutnant Ruis fand sich ein. Ein Quartett unserer Chargen sang Kärntner Lieder, eine Ziehharmonika besorgte die Tafelmusik. Bis 2 Uhr morgens dauerte die gemütliche Sitzung. — Mir war der Abend leider infolge heftiger Übelkeit vergällt worden. Schlechte Zwetschken dürften die Ursache für die choleraartigen Symptome gewesen sein. Daher suchte ich bereits um 11 Uhr die Pritsche. — Post: Brief von Mizzi und Zeitung.

19. August – Dunstiger Tag und wenig Sonnenschein, fühle mich besser, wenngleich schwach. Seit 9 Uhr auf Beobachtung. Italienische Schwere auf Feld-Kanonen, die einige Schüsse auf Cellon [Frischenkofel] abgegeben hatten. — Brief an Mizzi.

20. August – Alpin Geschütz wieder auf Kleinem Pal entdeckt. 15 cm-Mörser darauf eingeschossen. Promoser Batterie feuerte und wurde von uns und Gebirgshaubitze unter Feuer genommen. Wir erzielen einen Volltreffer in Deckung. — Herr Oberst schalt ein wenig ob unnützer Munitionsverschwendung. — 5 Uhr, nun 0 2087 Felssprengung beobachtet. — Nachmittag Herr Leutnant Fister auf Besuch. Die Gebirgsbatterie 4/3 144 Kronen für Steinkreuze.

Abends Herr Oberleutnant Ruis auf Besuch. Da um 19 Uhr auf eigener Seite Reizfeuer geplant, wollte ich noch einige Zeit ruhen und legte mich ins Bett, verschlief aber alles, war auch nicht viel los.

Von 0 Uhr 30 bis 4 Uhr 30 plauschte ich mit Herrn Oberleutnant, der Verschiedenes aus seiner Jägerzeit erzählte. Zum Politisieren war ich nicht aufgelegt gewesen. Sein einziger Programmpunkt ist Deutsch-Österreichisch.

21. August – 5 Grad Celsius, Nebel. Nachmittag 6 Schuß auf Italiener bei [Casera] Collinetta di Sopra. Leutnant Fista hier, geht zu Train, um Ordnung zu machen.

Um 6 Uhr in Pritsche, weil nichts zu sehen. — Post: Zeitung — Mittag: Suppe, Fleisch, Kohlrüben, Zwetschkenknödel. — Abends: Sardinen.

22. August – Sonntag: Dichter Nebel, daher Faulenzerei. Gegen Abend Aufheiterung, kurzes Feuer von M. Terzo auf Cellon [Frischenkofel]. Sah durchs Glas einen Infanteristen auf der Schützendeckung sitzen, der sich nicht rührte, obwohl rechts, links, oberhalb und unterhalb die Geschoße einschlugen. Unsere Gebirgshaubitze gab als Vergeltung 3 Treffer in die Dekkungen am Kleinen Pal, worauf Terzo sein Feuer auf unsere Deckungen richtete. Doch siehe, er fürchtete sich anscheinend, wirklich etwas zu treffen, den sofort korrigierte er sie wieder in die Luft. — Post: 2 Bücher: „Der deutsche Gedanke in der Welt", „Wenn ich der Kaiser wär", Zeitung, Brief von Mizzi, Paket mit Gugelhupf, Speck und Würsten. Von Rosa: Likör und Wein.

23. August – Schönwetter, 5 Grad. Vormittag 11 Uhr plötzlicher Feuerüberfall aus dem Westen. Nach Schall, Flugrichtung der Geschoße und Karte konnte sie nur im Raume Forcella Monumenz und Rifugio Marinelli stehen. Fieberhaftes Suchen, kein Resultat, da diese Batterie ganz entgegen jeder bisherigen italienischen Gepflogenheit keine Kammstellung innehatte. Da entdeckte ich auf dem Hang jenes Raumes drei oder vier Gestalten. Auf meine Meldung schießt Herr Oberleutnant sofort dahin, es war nur ein beiläufiges Einschießen, dennoch stellte die gegnerische Batterie ihr Feuer bald ein, das sie auf die Hütte des Garnisonskommandos eingerichtet hatten.

Oberst Wolhang war sehr indigniert, sagte, daß Oberleutnant seine Hütte als gänzlich gefeit da hingestellt hätte, keine Art Unterstützung zu haben. Auch sein „Steckenpferd" von gerichtlicher Untersuchung war natürlich wieder in Anwendung. Auf Verwahrung des Herr Oberleutnant bei Artillerie-Gruppen-Kommando sofort Rehabilitierung und auf einmal war der Herr Oberst wieder sehr zufrieden.

Abends teilte uns Artillerie-Gruppen-Kommando mit: Der Aufklärer auf Cellon [Frischenkofel] habe durch

Abhorchen einer italienischen Meldung erfahren, daß unser Schießen der gegnerischen Batterie 8 Tote und 25 Verwundete gekostet hatte.

Nachts, 12 Uhr eine der nun schon öden Patrouillen Demonstrationen die eine Marine Oberst Wohlang bilden Natürlich nur ganz gewöhnliche Schießerei ohne jede Wirkung. — Post: Zeitung, Karte von Putz.

24. AUGUST – Wundervoll klare Mondnacht und heller Sommertag. Nachmittag: Übung der Musik auf Sperre. Die Italiener bei der Floriz-Wachhütte sonnten sich behaglich in den Gräben.

Geschütz beim Einrichten – Foto: onb

11 Uhr Einschießen auf Tarondon. Ohne Übertreibung kann man sagen, daß wir die tätigste und auch erfolgreichste Batterie im Abschnitt sind. 3 Schuß. Eine Arbeiterabteilung arbeitete auf der Kamm-Linie an Deckungen und gesicherten Ständen heute wurde mit Erd- und Holzarbeiten für Winterdeckungen begonnen. 6 Mann arbeiten auf Pal.

2 Uhr, nun begann das Einschießen der einzelnen Batterien nach dem Reservebefehl des Artillerie-Gruppenkommandos. Voll Erwartung bezogen wir den Beobachtungsstand, sollte uns doch ein nie gesehenes Beispiel der Niederkämpfung einer Kasematten Batterie beschieden sein.

Kurz nach 2 Uhr schoß der Mörser, nach ihm die Schwere, hernach die Gebirgs-Haubitze 2/3 und schließlich wir mit Schrapnell. Wir hatten für sämtliche die Seitenbeobachtungen zu geben. — Diese Aufgabe besorgte ich während Herr Oberleutnant mit 2 Geschützen gegen Westen in Bereitschaft war, um Störungen von dieser Seite abzuwenden. — Alles war ruhig, der Gegner wußte anscheinend nicht, was diese Schießerei zu bedeuten habe. — Bald nach den ersten Schüssen sah man eine Ansammlung bei der Hütte unter der Spitze. — Endlich machte sich einer, dann noch einer und immer mehr aus der Geschützdeckung aus dem Staube, besonders als der Mörser einen Volltreffer erzielt hatte. Kaum hatte die Gebirgs-Haubitze begonnen, ließ sich die welsche Schwere vernehmen und auch Terzo konnte sich nicht enthalten, ihre Meldung in wirkungsloseester Weise zu erstatten. — Unsere Granaten saßen fast durchwegs im Ziel, wenn auch die Sprengpunkte sehr unregelmäßig erschienen. Dann war eine Pause von etwa 10 Minuten. — Dann nahm das genaue Einschießen mit je 6 Schüssen in derselben Ordnung seinen Verlauf. Wiederum Ruhe. — Und plötzlich bellt es aus allen Geschützen, Wolke auf Wolke steigt auf dem Promos auf, Sprengpunkte blitzen in rascher Folge, bald da, bald dort. Rasen, Erde, Steine und Balken wirbeln in der Luft, die Tore der Kasermatte neigen sich schief, die halbe Deckung ist eingesunken. — Sorger mit Bezug auf Auszeichnungen erklärte: „Ach was Auszeichnungen, man weiß ja, wie rückwärts solche erlangt werden!"

Das schlug dem Fasse den Boden aus. Ich stellte mich vor Sorger und schon verhaftete auch mich der Hauptmann, der danach ja auch nicht mehr nüchtern war. Die anderen stritten noch weiter. Schließlich kamen auch Sorger und ich in höchste Erregung, so wanderten wir nach Weitzman. Mit Sorger war nichts zu machen. Franz verhandelte mit dem Hauptmann und brachte uns am Morgen des 3. September die Aufforderung zur Beilegung des Streites um 10 Uhr vom Hauptmann: Die Entschuldigung war auszusprechen, was wir dann auch vor den anderen Offizieren taten, womit die peinliche Angelegenheit erledigt war. Nachmittag Katerstimmung.

4. SEPTEMBER – Vormittag bei Division, am Nachmittag bei Brigade. Einkäufe von 10 Flaschen Wein und nach zweistündigem Ausharren Bart und Haare scheren. Dahin ist die stolze Zierde meines greisen Bartes.

5. SEPTEMBER – Sonntag: Kurze Andacht in der Kirche. Einrücken auf Kleinen Pal. Gaul lahmte, daher zu Fuß. — Ich weiß nicht, ist es eine Herzkrankheit oder wohl nur die Entwöhnung, ich hatte ganz erschreckende Schwächezustände bei Beginn des Aufstieges, das gefällt mir nicht. Kurz nach unserer An-

Hütte und Mannschaftsunterkunft – Foto: onb

kunft in der neuen Hütte dekorierte uns Hauptmann Heinzel mit dem Hinweis, daß diesen Auszeichnungen wohl noch andere folgen werden. — Sorger: silberne I. Klasse, Ich: silberne II. Klasse. — Dann folgt ein Festessen mit Rede auf unsere Majestät.

Am Abend jener so peinliche Vorfall zwischen dem Hauptmann und dem Zugsführer Rauch, dessen Schilderung ich mir erlassen will. Auf der einen Seite ein „Sich vergessen," auf der anderen Mangel an aufrechter Mannhaftigkeit.

6. September – Heller, klarer Herbsttag, Schnee auf den Bergen ringsum. Neval in Tarondon auf Sperre und Plöcken Tal. Später Neval auf Kleinem Pal in Linie der Kompanie Katz. Ein Volltreffer in die Reserve-Deckungen der Kompanie, worauf alle Mannschaft heraus mußte. 1 Schwerverwundeter und 3 Tote, ein anderes Geschoß schlug knapp neben einer Deckung ein, jedoch beide Infanteristen blieben heil. Wir eröffneten ein kurzes Feuer in Richtung Neval, dann gegen eine Hütte am M. Crostis. Es wollte auch dem Herrn Hauptmann nicht einmal gelingen, was mir darum eine Genugtuung war, als ich ja zur Angriffszeit ebenso erfolglos geschossen habe. Gegen Abend leitete ich zur Abkehr das Feuer der Schweren gegen die Maschinengewehr Stellungen auf den Kleinen Pal. — Ich glaubte manche Reservehütte dürfte gewesen sein, weil die Bretter so lustig in der Luft tanzten. — Unsere neue, schöne Winterdeckung auf dem Kleinen Pal ist seit drei Tagen vollendet. Sie ist ein kleiner Palast, warum? Leicht, geräumig und trocken. Darin ist es wirklich leicht auszuhalten. Und diese Pritsche, auf der man sogar ausgezogen schlafen kann.

Die Hütte ist nach meinem Plane gebaut und hat zwei Räume. 1 Offizier- und 1 Mannschaftsraum. Ersterer hat eine Raumgröße von: 3 x 3 x 2,5 m. Letzterer hat 9 Pritschen in 3 Reihen übereinander. Gute Öfen geben Wärme, Tische und Bänke gute Sitzgelegenheit. — Herr Hauptmann läßt sich nichts anmerken, ich glaube, er weiß auch nicht mehr, was vorgefallen ist. — Gage: 255 Kronen, Menage 88 Kronen — Gekauft: Hemd 5,8 Kronen, Hose 5,5 Kronen — Mittag: Lungenbraten und Kartoffel — Abend: Wurst mit Senf

7. September – Schönes Wetter, 10 Grad. Tagsüber blieb der ganze Abschnitt ruhig, um 4 Uhr 10 begann jedoch Neval wiederum ihr Feuer gegen die 2. Kompanie. Wir streuten als Antwort gegen den Raum und gaben einige Schüsse auf die Promoser Spitze ab, ohne dadurch ein Einstellen des gegnerischen Feuers

zu erwirken. Ich machte Herrn Hauptmann den Vorschlag, die Schwere auf die MG Stellungen schießen zu lassen, worauf auf seine Aufforderung das Artillerie-Gruppenkommando das Feuer eröffnen ließ. Zuvor hatte ich auf der Kleinen Pal-Kante einen Mann liegen sehen, der anscheinend eine Unterleibsverwundung erhalten hatte, bald darauf war ganz nahe bei ihm ein Aufschlag und er war verschwunden. Ob es ihn den Felsen heruntergeschleudert hat oder er vorher weggekrochen war, konnte ich nicht feststellen.

Ein anderer Schuß fiel in eine Reservestellung der 1. Kompanie. Mit aufpeitschendem Gekrache explodierten die ersten Geschoße der Schweren vor den MG-Stellungen. Auf meine Beobachtung hin wurde ihr Feuer mit großem Erfolg in die verschiedenen Deckungen geleitet. Kurz darauf schoß sich auch die Haubitze 2/3 und endlich die Marine auf die Polnitzer *[Paularer?]* Scharte ein und auch deren Feuer leiteten wir durch feinste Korrekturen höchst erfolgreich. Eine Granate nach der anderen fuhr mit Getöse auf die Zeile, ein Schreien erfüllt die Luft das man es bis zu uns hören konnte. Die Infanterie hatte eine grenzenlose Freude, schrie bei jedem Treffer „Hurra" und klatschte vor Vergnügen in die Hände, alle standen offen vor den Deckungen und schauten dem Feuer zu, auch wir saßen offen auf der Schneid, da kein italienischer Schuß fiel. Ein Volltreffer der Schweren sauste in die italienische Reservestellung, und soll an die 100 Verwundete und Tote gekostet haben. Monte Terzo schoß wütend in die Mulde zwischen 3. und 4. Kompanie. Die italienischen Reserven eilten den Berg herauf, da sie einen Angriff vermuteten. Aber Neval war still geworden, dafür beschoß M. Crostis den Cellon *[Frischenkofel]*. Nach Flug-Schnelligkeit und Detonation dürfte dies ein großer Kaliber sein. Tarondon belegte die Sperre mit Granaten. Nach einem wirksamen Schnellfeuer aller Batterien verstummte das Bombardement gegen 7 Uhr 30 abends, zuerst von unserer Seite, dann auch von der Seite der Gegner.

Abends Oberleutnant Ruis zu Gustl. Da ich sah, daß wieder eine lange Sitzung bevorstand, ging ich zu Bette, erwachte aber bereits um 10 Uhr 30 und konnte bis 4 Uhr 30 nicht einschlafen.

Um 2 Uhr nachts Unternehmung des Zuges M. Canale gegen italienische Farnzwerthaus. Zuerst heftiges Feuer von uns, dann vom Minenwerfer, und als

Panorama der Wolayergegend – Foto: onb

die Gegner genügend aufgescheucht waren, Flankenfeuer unserer Patrouille. Die Italiener waren ganz verwirrt und liefen in Scharen kreuz und quer. Rausch und Hauptmann warfen Steinblöcke hinunter. Die gegnerische Feldwache am Pal wurde durch die Sicherung von einem Angriff gegen die Patrouille abgehalten. Nach Beobachtung einer zurückgelassenen Patrouille haben die Gegner Verwundete gehabt. — Herr Hauptmann Oberleutnant Austerlig und Leutnant Cerny, nach ihrem Weggehen gab er sich wieder mit den Chargen ab. Der Sonntag hat ihn, obwohl ich dies hoffte, davon nicht abgebracht. Bevor nicht der ganze Alkohol weg ist, kann er nicht schlafen.

Nachmittag hatte die gegnerische Infanterie an die 20 Geschoße an uns versendet, was mich aber am Mittagsdusel nicht störte. Sie sausten gar lieblich vorbei, und da ich nicht wegging gab der Schütze sein Vorhaben auf.

8. SEPTEMBER – Trübes Wetter, feindliche MG-Stellung weiter ausgebaut. Nun nebelig, Ruhe, gegen 5 Uhr vollständiger Nebel. — Morgens: Milchkaffee, Honigbrot — Mittag: Suppe, Jungbraten und geröstete Kartoffel. — Post: Zeitung, Karte von Onkel Roman und Fräulein Mirzinger

9. SEPTEMBER – Trüb, Nebeltreiben, gegen Abend Regen. Abends Sorger mit Bitte um Urlaub beim Hauptmann.

Gegen 12 Uhr Feuer von M. Terzo auf Kleinen Pal. Hierauf unsere Haupt- und Feldkanonen Antwort auf Kleinen Pal-Deckungen. 23 Uhr 30 zu Bette, während Sorger und Hauptmann bis 7 Uhr früh saßen. War unfreiwillig Zeuge eines Gespräches über ihre Eltern. Nur mit ungemein großer Freude hörte ich ihre Verehrung und liebevollen Worte über Vater und Mutter, die dankbare Anerkennung ihrer Arbeit für die Kinder und beide waren stolz darauf, sagen zu können, daß die Eltern aus geringen Mitteln sich emporgearbeitet haben. Sorger wurde schließlich auch etwas weltschmerzerisch und beklagte, daß seine Verehrte sich einem anderen zuneige, er aber wiederum für ein anderes Mädel, das sich ihm zugeneigt fühle, nichts empfinden kann. Auch der Hauptmann sprach mit einer Begeisterung von seiner Braut, wie ich sie bisher noch nie an ihm gesehen habe. — Nun, ihr habt eure Eltern und ich hörte euch mit großem Neide davon zu sprechen, ich habe meine Mizzel, die ist meine Welt. — Post: Zeitung, Karte von Siegrid.

10. SEPTEMBER – Teilweise nebelig bis 10 Uhr Vormittag dichtes Treiben. — 10 Uhr 30: Eigene Schwere mit großer Mühe auf den M. Terzo eingeschossen. M. Crostis schoß auf Cellon [Frischenkofel]. Ich eröffnete darauf unter ungünstigen Beobachtungsverhältnissen gegen 1 Uhr 30 das Feuer, und auch Sorger, dem ich die Feuer Leitung überließ, erging es nicht besser. 3 Schuß auf einen Haufen Italiener bei Casera Collinetta die Sopra, die dem Schießen zusahen. Die liefen! Nun sehr kalt. — Post: Zeitung mit Nachricht von Rücktritt Nikolei Nikolausch und Übernahme der A. O. K. durch den Zaren. Das sind schlimme Zeichen für Rußland, und zudem ist der türkisch-bulgarische Vertrag abgeschlossen. Vielleicht kommt der Frieden früher, als wir zu hoffen wagen.

11. SEPTEMBER – Teilweise trüb und kalt, 3 Grad 7 Uhr, 3 Schuß auf Casera Collinetta die Sopra. Beobachtung von Ostflügel von Casera Collinetta die Sopra, wo nach Meldung vom Großen Pal Feuerschein einer Schweren gesehen wurde. Ganz ausgeschlossen, seit einem Monat beobachte ich, früher schon Sorger, und keiner von uns hat dort etwas entdecken können.

5 Uhr von Crostis auf Cellon [Frischenkofel]. Hauptmann eröffnet Feuer darauf und auf Tarondon, welche unser Marinegeschütz und Mauthner Alm beschießt. Bin rehabilitiert, denn ihm erging es heute nicht besser als mir in den vergangenen Tagen. — Mittag: Suppe, Fleisch, Geröstete. — Abends: Backhendl, Krautsalat. — Post: Zeitung, Karte von Dollenz und Wurzinger — Die Ersten auf 14tägigem Urlaub.

12. SEPTEMBER – Sonntag, sonnenklar und warm. Vormittag Ruhe, 2 Uhr Einschießen auf Großen Pal. Wenige Schüsse. 6 Schuß auf M. Crostis linkes Geschütz wo Deckungsarbeiten beobachtet wurden.

2 Hauptleute von J. N. 20 bei uns auf Besuch. Erzählungen über mancherlei traurige Tatsachen die während der Feldzüge vorgekommen: Westliche Aristokratin in Prag mit uns Offizieren in Neujahrsnacht auf das Wohl des Zaren champagnisiert. Husaren sowohl in Galizien als auch in Serbien furchtbar gehaßt. — Die beiden Offiziere sprachen sich über die Gebirgs-Artillerie äußerst schmeichelhaft aus, da sie immer mit der Infanterie in der Schwarmlinie waren. Bald nach dem ich eingeschlafen war weckte mich Herr Hauptmann, da ein wichtiger Befehl gekommen war. Um 5 Uhr früh Angriff der 12. Brigade. Hierzu Angriffsdemonstration der 11. Brigade. Zuerst große Artillerie-Vorbereitung. — Unsere

Schwere beim Abschuß – Foto: onb

Batterie in folgende Richtungen: Promos, Goßer Pal, Tarondon, Neval, Crostis, und Collineta.

Blieben sitzen bei Kaffee und 1 Flasche Champagner bis 1 Uhr 45 morgens. Hauptmann klagte über das teure glänzende Leben, den Repräsentationszwang, der eine Ehe mit einem armen Mädchen zu einem eingeschränkten Hungerleben mache und fast zur Kinderlosigkeit zwinge. Sprach in vielerlei dagegen, konnte mir aber nicht verhehlen, daß mancher Kern Wahrheit in seinen Ausführungen lag.

13. September – Klarer, warmer Tag. Sorger zur Beobachtung heraufkommandiert. Vormittag Ruhe, 10 Uhr kurzes Einschießen auf Großen Pal. Nachmittag 2 Uhr 20 Feuer von M. Terzo und Neval, auf Kleinen Pal, Crostis auf Cellon *[Frischenkofel]*, Tarondon auf Neval und Mauthner Alm. Die drei Letzten schießen mit großer Beharrlichkeit.

4 Uhr 24: Beginn unseres Feuers mit neuer vorgeschriebener doppelt so starker Enzersdorfer Munition.

Artilleriestellung – Foto: onb

14. SEPTEMBER – 5 Uhr Vormittag: Beginn allgemeinen Artilleriefeuers im Abschnitt Wolay-Stranningerspitze. Sorger leitete Feuer anfangs auf Goßen Pal, Herr Hauptmann auf M. Crostis rechtes Geschütz ein lachender wolkenloser Morgen, zwar frisch, aber sonnig. Der Befehl band mich an die Aufgabe, am rechten Flügel, zu beobachten um gegen Überraschungen gesichert zu sein. Die Feldkanonen begannen Schlag 5 Uhr Schnellfeuer auf Cellon *[Frischenkofel]* und grüne Schneid, Schwere auf M. Terzo. Gebirgshaubitze zuerst auf Promos, hernach auf Keinen Pal usw. — Der Gegner war vollkommen überrascht und es dauerte lange bis die gegnerischen Batterien zur Antwort kamen, es donnerte, krachte, fauchte und sang ununterbrochen. Tarondon, Neval, M. Terzo und Crostis entgegneten. — Aus abgehorchten Gesprächen der italienischen Infanterie sprach der Unwille über die Langschläfrigkeit ihrer Artillerie. Ein Volltreffer der Gebirgshaubitze Kaufmann kostete 40 Tote und Verwundete, eine zweite 1 Oberleutnant, 2 Leutnants und mehrere Mann als Tote und 25 Verwundete.

Crostis, Terzo und Neval nahmen zwar auch den Kleinen Pal unter Feuer, allein die Verluste sind kaum nennenswert. Erst gegen 12 Uhr 30 flaute das Feuer ab. Nachmittag kam Crostis ziemlich nahe. Eine Hülse lehrte uns, daß Crostis ein 75 mm Geschütz hat.

Wir verschossen allgemein 335 Schuß. Es dürften wohl 5 000–6 000 Geschoße verschossen worden sein. Die Wirkung der Gebirgshaubitze war großartig. Die Sprengstücke flogen bis zu uns. Um 6 Uhr abends bringen die Italiener noch ihre Verwundeten und Toten aus der Deckung. Man hörte, sie wollen Nachts angreifen und zu diesem Zwecke soll eine neue Alpinkompanie kommen. Wir schossen im Allgemeinen ganz gut, mehrere Granaten liegen genau im Geschützstand, aber zum Schweigen war das Geschoß nicht zu bringen, es ist großartig eingebaut, die Bedienung läuft aus der Deckung, zieht ab und verschwindet wieder.

Die Batterie 149 telefonierte um Mannschaft-Ersatz da sie sonst nicht mehr einsatzfähig gewesen wäre. — Unser Feuer war nun eine Hilfe für die 12. Brigade, um den Gegner über unsere Angriffsrichtung im Unklaren zu lassen und ein richtiges Einsetzen der Reserven zu verhindern. Der Plan gelang, den Findenigkofel und Cima Val di Puartis zu nehmen, deren Höhenstellung war unser!

Nachtrag: Hauptmann Sicori vom M. Crostis telefonierte, er könne unsere Batterie nicht finden, sie sei zu gut markiert. Wir schössen ihm fortwährend die Munition in die Luft. Da wir müde und abgespannt waren gingen wir um 8 Uhr 45 zu Bett.

Situationsplan vom italienischen Lager

italienische Offiziersbaracken vom Plan gegenüber

Um 1 Uhr kamen neue Dispositionen für die weiteren Unternehmungen in unserem Abschnitt, nun auf Großen Pal, Möslalm, Freikofel, Kleinen Pal und Cellon [Frischenkofel] die beherrschenden Höhenstellungen zu erringen. — Wie aus diesem Befehl ersichtlich ist, gehört auch der Promos uns. Damit ist ein wichtiger Punkt in unserem Besitze, was das Vorgehen auf Möselalm und Großen Pal großartig erleichtert. — Auf Promos waren zwar die Geschütz-Stände hergerichtet worden, allein heute ist dort nicht geschossen worden. — Eigene Verluste: 1 Toter, 3 Verwundete. Sorger ging um 3 Uhr auf 4 Tage beurlaubt nach Villach ab. — Keine Post. Mizzi schreibt nicht.

15. SEPTEMBER – Warm und sonnig Herr Leutnant Fiska zur Befehlsentgegennahme hier. Geht als Hilfs-Beobachter auf Möslalm, das Feuer zu leiten. Herr Hauptmann sagte mir etwas vom Einrücken zur gesamten Situation. Ich gehe zwar gerne hinunter, alleine diese Unternehmungen möchte ich doch lieber hier mitmachen. Hernach wird es hier nur mehr wenig Arbeit geben. — Vollständige Ruhe, kein Katzenschweif zeigt sich. — Vom Cellon [Frischenkofel] bemüht sich ein Schütze hartnäckig, uns eines auf den Leib zu brennen. — Post: Brief von Mizzi. — Es geht das Gerücht die Italiener jagen am Kleinen Pal ein ganzes Regiment zusammen und wollen angreifen.

9 Uhr: Nun feuert M. Terzo auf Kleinen Pal, jedoch nur wenige lagen.

12 Uhr nachts beginnt Terzo neuerlich, und als unsere Schwere einige Schuß abgab, feuerte Tarondon gegen diese bis gegen 1 Uhr 30, konnte jedoch die genaue Stellung noch immer nicht feststellen, da zu licht.

16. September – Schöner, warmer Tag, vormittags gänzliche Ruhe. Nachmittag Arbeiten am Tagebuch der Batterie, wo ich 3 Wochen nachzutragen hatte.

6 Uhr feuert Terzo gegen Freikofel und Tarondon gegen Plöcken-Wiese und 2 Uhr-Linie. Eröffnen ein kurzes Feuer in diese Richtung bis 7 Uhr abends. Dann Tarock. — Man vermutete einen allgemeinen Angriff der Italiener und erwartete nach abgelauschten Gesprächen ein allgemeines Bombardement des Kleinen Pal.

Gegen 8 Uhr von Terzo mehrere Lagen, aber sie blieben alleine in ihrem Beginnen.

9 Uhr: mehrere Schuß aus Minenwerfer, abgerissenes Tak-Tak aus Gewehren, das stärker und stärker wird, dann einige Aufschläge von Terzo und schon war der Teufel los. Ein herrliches Bild gibt so ein Nachtgefecht. Ein Lärm, der so recht aufregt und alle Nerven ausspannt und wenn ich so sagen darf, die Rauflust weckt.

Das rattert und knattert und pfeift und singt, die Gewehrschüsse und die Maschinengewehre, die Kanonenschläge und dann die Aufschläge und dazu das Bild in einer schauerlichen Schönheit. Die Leuchtraketen steigen ununterbrochen und belichten die Felsen und zerstäuben in Kugeln und Funken. Dann das Aufblitzen aus den Schießscharten, das Getöse, die Stichflammen und der blendende Schein der krepierenden Geschoße, ihre Feuergabe die aus den Deckungen aufsprüht und dazu der weise Dampf, der weht und kalt zum Himmel steigt. Dazu das Bellen der Feldkanonen und das Fauchen ihrer Geschoße und das dumpfe Grollen der Schweren und das schwerfällige Heulen der Bomben. Das Aufblitzen und die Lichtscheine auf den Bergen und in den Tälern ringsum. Dann noch die Spannung in allen Menschen ringsum, ihre weitgeöffneten Augen, die in das Vorfeld spähen, die Finger um den Schaft gekrampft. Über all dem der stahlblaue Nachthimmel mit seinen Sternen und majestätischer Ruhe. — Schildere ein solches Bild nahe der Wahrheit, man wird es nie so nahe können.

Die Feldkanonen geben Schnellfeuer gegen Pal im Osten. Gebirgs-Haubitze 2/3 gegen Mitte M. di. Terzo. — Eigene Schwere auf Terzo, Tarondon gegen Schwere. Endlich sehr spät Neval 3 Schuß gegen Pal. Wir waren zwar bereit, schossen aber nicht. — Für die Nacht strenge Bereitschaft, da ein allgemeines Bombardement auf Keinen Pal und Angriff des Gegners hätte stattfinden sollen, es blieb aber ruhig.

Hauptmann Kaufmann Gebirgs-Haubitze hatte einen Rohrkrepierer, Geschütz ist leider zerstört. — Frühstück: Milchkaffee und Gugelhupf. — Mittag: Suppe, zäher Saftbraten, Torte. — Abend: Beefsteak und geröstete Kartoffel.

17. September – Wundervoller Herbsttag. — Nachmittags Belobungsanträge stilisiert. Keine Gefechtstätigkeit. — Erbat die Erlaubnis zu einem Erkundungsausflug, da von Infantrie Patrouillen in den Serpentinen südlich des Floriz ein Stützpunkt, Baracken und Zeltlager und Gebirgs-Geschütze gemeldet worden waren.

18. September – Wichtige Belegs-Inszenierung.

Herrlicher Morgen, 6 Uhr 30: Aufbruch mit Fähnrich Kropauk und einem Infanteristen. Wandersteig über Kleinen Pal im Schatten gegen Cellon [Frischenkofel]; kommen bis etwa 400 m links oberhalb des Stützpunktes südlich Firanzwachtens. Sehr gute Resultate. Bei Beginn der ersten Serpentine fester Stützpunkt über Straße an Felsen gelehnt. Starke, dichte Draht-Hindernisse, drei große Baracken, eine Offiziersbaracke, Munitions- und Proviantlager, mehrere kleine Hütten und ein Zeltlager mit Sechser Zelten.

Am Stützpunkt wurde noch gearbeitet. Sorglos bewegten sich die verschiedenen Alpingruppen. Da und dort krochen sie aus den Zelten und Hütten, blinzelten in die Morgensonne, auf der Straße wurden prächtige Muli geputzt, Zimmerleute arbeiten am Stützpunkt. Eine Patrouille wurde von einem Offizier abgefertigt usw. — Ich schätze die Besatzung auf 150–200 Mann. Gebirgsgeschütze konnte ich keine erspähen. — Auf 960 ein großes Holzlager. Die grüne Schneid mit den italienischen Zelten und Deckungen bot sich meinen Augen dar, und endlich auch die drei Hütten der Collinetta di Sopra, wo auch gerade Morgenreinigung gehalten wurde. Nachdem ich noch für verschiedene Distanzen entsprechende Einschießpunkte aufgezeichnet hatte, traten wir den Rückweg an. Ein herrliches

Italienische Gespräche, abgehorcht am 14. September 1915

5 Uhr 40: Ein Major sagt: „Ja was, nach unserer Art? Die Kerle schlafen _____"

6 Uhr 45: M. Querco (M. Terzo) wird Feuer auf Kleinen Pal eröffnen. Querco wußte nicht daß Granaten vor den Baracken krepieren.

7 Uhr 20: Die haben zwei Batterien, die schießen ein Schnellfeuer wie der Teufel! (Feldkanonen und Gebirgs-Batterie 2/3)

9 Uhr 45: Italienischer Leutnant meldet dem Capitano: „West Granate krepiert." 40 Berisaglieri *[Schützen]* verwundet. Sofort Tragbahren schicken. (bei Bt. 149a)"

9 Uhr 10: „Zur Batterie 149 muß man Verstärkung schicken, weil wir mehrere Tote und Verwundete haben" 149a soll M. Crostis sein, daher hätten wir diese auf dem Gewißen.

9 Uhr 15: Verwundeter italienischer Leutnant meldet: „Jedes Geschoß welches wir bekamen, brachte immer Tote und Verwundete."

9 Uhr 25: Jetzt werden wir Schnellfeuer auf Kleinen Pal eröffnen, da unsere Leute bei 149a nicht mehr aushalten können.

11 Uhr: Ein Offizier meldet: „Das war von den West schon vorbereitet, die schießen von 5 Uhr an und von wo soll ich die Munition in der Schnelligkeit herschaffen? Hier ist es wie bei einem Erdbeben. Alles ist in die Luft geflogen. Wir werden jetzt die Schützengräben so rasch als möglich wieder ausbauen."

11 Uhr 5: Die Italiener: „Diese Schweinehunde lassen uns nicht neuagieren."

11 Uhr 25: Italiener werden Feuer auf Keinen Pal aus 4 Geschützen eröffnen. Italiener schreien: „Porco dio – die Baracken fliegen in die Luft!"

11 Uhr 30: Gestern wurde ein Berglinien-Zug attakiert, diese waren unzufrieden, weil sie sehr weit marschieren mußten, sofort heute früh wurden sie versorgt und in die Stellungen geschickt. Der ganze Zug ist teils tot und teils verwundet. Der Leutnant Kommandant selbst verwundet.

11 Uhr 45: Hauptmann Deltrombe verlangt Tragbahren, weil er noch ca. 40 Verwundete hat. In diesem Moment ist eine Granate im Schützengraben explodiert 7 Verwundete.

12 Uhr 25: Leutnant mit einem Hauptmann Oberleutnant Trimens sind mehrere Soldaten gestorben. Die Schützengräben, wo 72 in Stellung, sind ganz zerstört, ich habe noch mehr Verwundete, schicken Sie sofort Arbeitermannschaft.

12 Uhr 45: Ein Offizier verlangt vom Hauptmann Delone für Oberleutnant Trimens anderen Offizier. Hauptmann antwortet: „Ja mein lieber Freund, ich habe keine Offiziere mehr!"

1 Uhr 45: Kleiner Pal meldet: „Letzte Granate ist gerade in den Schützengraben gefallen wie haben 3 Schwer- und 30 Leichtverwundete."

2 Uhr 15: Letzte Granate in eigener Deckung Volltreffer, Oberleutnant Tantoredi, Leutnant Simolo, und 4 Soldaten tot, 26 Verwundete.

2 Uhr 20: Der Kleine Pal wird unter Artilleriefeuer genommen, die ganze Artillerie soll hinfeuern.

2 Uhr 35: Italiener beschießen Valentine und geben immer Korrekturen. Sie sagen, daß es gut gehe, Schrapnelle krepieren jedoch dort, wo niemand ist (Anmerkung des Abhörers)

4 Uhr 10: Eine Kompanie kommt herauf mit der Absicht, Rache zu nehmen.

5 Uhr 30: Hauptmann Deltrombe an einen Major: „Nachmittag haben wir 20 Tote ca. 50 Verwundete, die Stellungen von Paularo wurde ganz zerstört, Leiche von Oberst Trimens wird hinuntergeschickt."

5 Uhr 40: Ein Major zu Hauptmann Deltrombe: „In die Stellungen, wo die 72er waren wird in der Nacht ein Bataillon Bersaglier kommen."

15. September: 9 Uhr 50 Vormittag: Hauptmann Bretozano meldet dem Major: „Es sind noch 9 Tote und 14 Verwundete, im ganzen 142 Verwundete." Bei den M.G.A. sind 2 Tote und 5 Verwundete, der gefallene Oberleutnant Trimens ist eingegeben worden zur großen Tapferkeitsmedaille, der verwundete Artillerie-Leutnant auch. Ein Korporal wurde zum Feldwebel befördert, weil er als höchste Charge beim Zug geblieben ist. Die Offiziere sind gefallen.

Major Corzi sagt: „Wir geben keinen Schuß mehr mit Artillerie ab. Weil so die Westlichen in Ruhe gelassen werden und wir unsere Schützengräben ausbauen, weil sie ganz zerstört sind.

Major Corzi ist Legions-Kommandant und Hauptmann Deltrombe sein Adjutant.

10 Uhr 33: Hauptmann zu Major: „Wir haben die ganze Nacht gearbeitet und müßen die ganzen Baracken neu aufbauen."

Das sind unter den vielen Gesprächen die interessantesten. Nun dichte Wolken im Tal, während hier oben klarer Himmel war.

Gebirgsstellung – Foto: onb

Edelweiß war der Lohn. Nun rasch noch über den Patrouillenweg der Italiener und es geht wieder heimwärts.

Um 8 Uhr 30 konnte ich dem Herrn Hauptmann die Meldung erstatten, der die Beobachtungen sofort an die Bomber weitergab. Wir dürften eine Haubitze bekommen und dann wird der Tanz losgehen.

Fähnrich Pichler und Hauptmann machten Rundschau-Aufnahmen. — 10 Belohnungsanträge wurden abgeschickt. Pichler hat genau die gleiche Beschreibung als ich.

6 Uhr Vormittag beginnt M. Crostis auf Cellon *[Frischenkofel]* zu feuern. Erwiderte das Feuer mit 16 Schuß. — Ein Skandal, diese Böhler-Munition! Keine Korrektur half! Am 14. war, wie mir Pichler erzählte, ein Krepierer knapp vor dem Geschütz, ein weiterer 250 m und ein dritter 300 m vor dem Geschütz. Diese Übernahmekommission gehört an den Galgen.

18. September – Um 6 Uhr 15 beschoß Tarondon die Straßen-Serpentinen, da sie anscheinend von der heute erfolgten Ablösung des Bataillon 4/30 durch 1/10 erfahren haben. Letztere waren 10 Tage auf Rehabilitierung in Mauthnen.

7 Uhr feuerte Kaufmann 10 Schuß der Haubitze 2/3 auf Kleinen Pal. Dann trat Ruhe ein. — Das ärgert mich. Kaum beginne ich auf Befehl der „Bombe," auf Tarondon zu schießen, läßt mich Herr Hauptmann bei der Gesschützstation schon zum Telefon rufen und hält mir vor, daß ich zu viel schösse. — Diese verdammte Unselbständigkeit, zu der man verurteilt ist.

Nachts kam von Bonte die Mitteilung, daß der Gegner einen Angriff auf den Großen Pal beabsichtige, daher Feuerbereitschaft. 11 Uhr 40 bis 12 Uhr 40 Feuer auf Großen Pal. Wir stellten dasselbe ein, während die anderen Batterien langsames Feuer die ganze Nacht hindurch unterhielten. Der Angriff wurde abgewiesen. 49 Schuß. — Post: Karte von Bernsteiner, Zeitung. — Mittag: Suppe, Faschiertes und Gurken. — Abend: Schinkennudeln.

19. September – Schlechte Nacht, Kopfschmerzen. Schöner Tag, abends Nebel. Haubitze auf den neuen Stützpunkt. — Post: Glückwunsch von Seirer, 2 Feldpostpakete aus Innsbruck.

20. September – Geplante Unternehmungen unterblieben wegen Nebels. Dieser hält den ganzen Tag hindurch an. Ich beschäftigte mich mit dem zeichnen der Pal-Skizze für Hauptmann Smola. — Hauptmann sagt mir, daß die Meldung über die vorgestrige Rekognoszierung an Division gegangen sei.

Brigardinen-Kommando Befehl 18. September: Die vom Fähnrich Kropaczek geführten Patrouillen haben sehr gute und wichtige Nachrichten gebracht. Ich belobe sie daher im Namen des allerhöchsten Dienstes. Die Namen der Patrouille sind mir zu melden. — So, da hast du es, der kriegt eine Mords-Belobigung, und ich gehe leer aus. Und geleistet haben wir beide dasselbe, denn wir waren doch beide zusammen unten. — Hauptmann Zecher klärte mich auf, daß jeder der 6 Monate im Felde ist, Anspruch auf Urlaub hat. — Herr Leutnant Fiska traf Abends auf Beobachtungsstand ein.

21. September – Dichter Nebel, Unternehmungen unterblieben. — Nachmittag mit Abfertigung kam der Urlaubsschein für den Hauptmann nach 10 Minuten war er schon beim Tempel draußen.

Abends M. Crostis auf Cellon [Frischenkofel] und Schwere gegen Plöcken. Gebirgs-Haubitze antwortet auf Großen Pal, sonst Ruhe. — Es wurde beobachtet, daß auf Lavareit ein Proviant Lager eingerichtet wurde. — Es scheint nun sicher zu sein, daß unsere Batterie von hier weg wahrscheinlich in den Feitscher Raum abgezogen wird. An unserer Stelle soll 1G/10 kommen. Das ist bitter, ein solcher Aufwand an Arbeit und Müh wurde gemacht und nun also umsonst. — Abends Tarock mit Offizier Ruis. — Post: Brief von Mizzi mit Nachricht von Onkel. — Mittag: Leberknödel, Lungenbraten.

22. September – Dichter Nebel, Raureif, Nordwind, daß von den Latschen und Telefonkabeln dicke Eisblumen weghängen. –5,5 Grad Morgentemperatur — Erzherzog Thronfolger Karl Franz Josef zur Inspizierung der 48. in Laas. Fähnrich Bichler wird mit 8 Mann zum Empfang kommandiert. Pichler wurde vom Thronfolger mit der kleinen Silbernen ausgezeichnet.

Um 1 Uhr 30 eröffnet Crostis das Feuer auf Cellon [Frischenkofel], worauf die Batterie das rechte und mittlere Geschütz unter Feuer nahm. Einige schöne Schuß, Tarondon schießt gegen Mauthner Alm und Gailtaler Polinik, M. Terzo auf Keinen Pal, Pizzo di Timau, 21 auf Köderhöhe.

Die eigenen Feld-Kanonen mit guter Wirkung auf Cellon [Frischenkofel], Gebirgshaubitze auf Keinen Pal, ein zweites Geschütz mit einigen Schuß auf Tarondon, als jedoch die Vorhalt des zweiten brach, ebenfalls gegen Crostis.

Gegen 4 Uhr 30 stellten wir das Feuer ein. Nun begann der Neval gegen unsere Schwarmlinie zu wirken, erst gegen 6 Uhr 25 trat allgemeine Ruhe ein. — Mittag: Schwammerlsuppe, Lungenbraten, Obst. — Abends: Gebackene Zunge, Krautsalat. — Post: Zeitung (Einnahme von Vilnius, Karte von Mizzi und Bernsteiner, Bernsteiner ist bei Haubitze 2/3 als Zugsführer.

23. September – 2 Grad Morgentemperatur. 5 Uhr Tagwache 5 Uhr 30 beginn des eigenen Artillerie- und Infanteriefeuers. Wir schossen auf Goßen Pal auf Crostis links und rechts. Es war ein gewöhnlicher langer Gefechtslärm. Während bei uns auf Keinen Pal derselbe von Zeit zu Zeit schwächer wurde, ja fast erlosch, hielt er auf Freikofel intensiv an, da dort unser Angriff erfolgen sollte. Die italienische Artillerie brauchte wiederum sehr lange zur Orientierung.

Um 7 Uhr setzte ein mächtiger Feuerüberfall der Batterien ein, wobei wir sowohl im rechten als auch im linken Geschützstand Volltreffer erzielten. Die Feldkanonen 2/40 hatten ein wahnsinniges Schnellfeuer auf Kleinen Pal, die Schwere erzielte mit Bomben ebenfalls gute Wirkung. Um 7 Uhr 30 hörte ich ein deutliches Hurra-Geschrei aus östlicher Richtung. — Promos feuerte wieder, also war jene Meldung im Brigade Komando Befehl eine infame Unwahrheit. — Neval hatte mehrere gute Treffer in den Reserve-Stellungen der 1. Kompagnie. — Eine neue Batterie entdeckten wir auf Falz.

Gegen 8 Uhr flaute der Gefechtslärm ab und es kehrte Ruhe ein. — Auf unsere Meldung über die neue Batterie schoß schwere von Würmlacher Alm in diese Richtung, aber ganz und gar falsch. Da er unseren Beobachtungen nicht traute, versuchte er sein Glück mit jener der Gruppe Hauptmann Richter. Schön brav beschoß er Valuten, und als wir ihm meldeten, antwortete er: Ich bin eingeschossen! Nun ja, wem nicht zu raten ist, dem ist auch nicht zu helfen. Wir meldeten nochmals genau nach der Karte die Stellung, da schoß er aber nicht mehr. — Mit Abfertigung kam auch eine Skizze der gegnerischen Situation auf Plöckenpaß – des Stützpunktes den wir am 18. erkundet, gänzlich falsch. Sande eine richtige Skizze und Ansicht des Kleinen Pal an Generalstabs-Hauptmann Smola.

Gestern kam eine Karte der Frau des Wachtmeisters Smerda mit der Anfrage nach ihm. Das arme, geängstigte Frauenherz. Wir konnten ihr nur antworten, daß er am 6. 7. verwundet wurde, da wir selbst keine weitere Nachricht hatten. Feinfühlig machte Sorger noch die Lüge: „leicht verwundet", allein mir schien er ist tot, denn sonst hätte er doch in 2,5 Monaten geschrieben. Das Herz tut weh, denke ich an die armen Kinder und das von der Ungewißheit gepeinigte Weib. Wie mag sie doch jeden Tag mit neuer Selbsttröstung auf Nachricht gewartet haben: „Ists heute nicht, so doch etwa morgen." — Ja, an der Front spürt man nur die Schönheit und Schrecklichkeit des Krieges, rückwärts aber zieht das dumpfe Leid in tausende Stätten einstigen Glücks.

Um 1 Uhr 30 begann das Einschießen auf Promos, zwecks abermaliger Zerstörung der neu eingesetzten Batterie es schossen Schwere von Würmlacher Alm, Gebirgs-Haubitze 2/3 und wir. Schon das Einschießen mit Granaten ging überaus schlecht auf keine, wenn auch noch so energische Korrekturfolge des Geschützes. 4 Uhr bis 5 Uhr nur wirkungsloses Schießen der Batterien. — Wir brachten zwar 3 Granaten durch das Ausschuß-Loch in eine Geschützstellung und 4 auf die Kasematten, sonst aber waren alle Schüsse kurz, kurz, kurz. Die übrigen Batterien trafen überhaupt nichts und so steht Promoser Batterie fest wie zuvor. Verschiedene Batterie des Gegners suchten das Feuer abzuleiten. Es war ein Höllenlärm um nichts. Verschossen 601 Stück! — Post: Zeitung (Deutsche und Ost-Kavallerie saßen im Rücken des russischen Heeres) — Das ist eine bedeutungsvolle Nachricht und gebe Gott, daß endlich eine Entscheidung fiele. — In Tirol beginnen unsere schweren Geschütze! — Mittag: Schafbraten und Erdäpfel. — Abends: Wurst.

24. September – Die Welschen begannen bereits um 5 Uhr Früh mit Artillerie-Feuer, das wir auf Tarondon erwiderten. — Schoß die Feldkanonen 2/40 auf den gegnerischer Artillerie-Beobachtungsstand, auf Kleinen Pal ein. — Hernach noch Feuer auf M. Crostis, das rechte Geschütz scheint durch unseren Volltreffer und jene aus dem Wolayer Tal, gestern abends zu beobachten, zum Schweigen gebracht zu sein.

Vormittag machte Leutnant Fiska einige Aufnahmen vom Beobachtungsstand. Pichler kam zu uns herauf. — Nur trat bereits Dunst auf, so daß wenig zu beobachten war. Wir machten ab 4 Uhr einen Tarock mit Oberleutnant Ruis. — Pichler brachte mir den Dank des Herrn Hauptmann Smola. Er erzählte auch über den Besuch des Thronfolgers, der durch seine Liebenswürdigkeit und Natürlichkeit alle begeisterte. Jeden heftete er persönlich die Auszeichnung auf die Brust, sprach jedem einzelnen Mann der Kampftruppen an und erhielt oft köstliche Antworten. — Dem Zugsführer Hiedein fragte er nach der Herkunft seiner „Provinzen": „Eine russische Batterie hab ich verrichtet, meine Hoheit!" — „Brav, brav, schaut's auch, daß eine Welsche kriegst." — Die Abfertigung brachte bereits die Vervielfältigung meiner Skizze und folgende Belobung.

Alte Freunde treffen sich wieder, man denkt zurück an schönere Tage. Foto: onb

Brigade-Kommando-Befehl No 255 am 23. September 1915: Belohnung: Ich spreche dem Fähnrich Guggenberger, der Gebirgsbatterie 4/3 für eine Rekonstruierung, welche wichtige Daten lieferte, den Dank des Brigade-Kommandos aus. Die vervielfältigte Skizze wird an die Abschnitte und Batterien herausgegeben und dem J.T.D.-Kommando vorgelegt.

Mittag ein eigener Flieger über Freikofel gegen italienische Salven und Spreng-Wölkchen, auf Spreng-Wölkchen, sodaß er zwar höher steigen mußte, aber unbeschädigt zurückkehrte. — Oberleutnant Wohlang will Skizze bestätigt haben.

25. September – 5 Uhr Aufbruch mit Kadett Swirkovski und Patrouille von 8 Mann. Eignete mir das Kommando darüber an. Der Kadett fand nur die genaue Bestätigung meiner Skizze. — Schon morgens trat Nebel auf und nun regnet es.

Nachtrag: Als ich am 23. gegen Abend nach Osten beobachtete, schlug ein Infanterie-Geschoß knapp am Rande des Steines unter dem Fernglas ein, 5 cm höher und der Sepp ist nicht mehr, da ich Kopfschuß erhalten hätte. — Herrgott, es war dein Wille, daß ich verschont blieb. Unter deinen Willen beuge ich mich auch fernerhin. Danke dir. Ich deutete mit der Kappe zwar noch Fehler, zog aber vor, mich dort nicht mehr blicken zu lassen.

26. September – Regen und Nebel, Nachmittag kam Sorger zu uns mit Oberleutnant Ruis, eine kleine Kompanie 9 Mann, 14 Tage auf Urlaub.

27. September – Regen und Nebel ohne Unterbrechung. Abends kam Ruis und Schiller dem Kommandant einer neuen M.G.-Abteilung und auch noch das angekündigte Marine-Geschütz. Abschied abends für Ruis, der auf die M.G.-Nase verschoben wurde. Er hatte 4 Flaschen Champagner und 3 Flaschen Ruster kommen lassen. Auch Herr Oberleutnant Austerliz war gekommen und aus dem Abend wurde ein schöner fröhlicher Studenten-Abend. Eine Weise nach der anderen wurde aus dem Born vergangener Jahre hervorgeholt, das Herz wurde warm, der Humor lebte auf und die Stunden genossen wir auf dem Kleinen Pal, die des dauernden Erinnerns wert sind.

28. September – Nebel und Regen, 2,5 Grad, gegen Abend heiterte sich der Himmel auf und zeigte uns ein farbenreiches, herrliches Bild. Die Berge, ringsum mit weißem Flaum belegt glänzten in eitel Pracht und die Wiesen und Wälder in reinsten vollen Herbstfarben. Doch nicht lange war uns dieser Anblick gegönnt, Nebel stieg auf. Vor der Vorfeldstellung legte ein Zugsführer 15 m vor den gegnerischen Schießscharten eine Erdleitung, mittels welcher nun auch hier die Gespräche abgehorcht wurden. — 2 Schuß auf Tarondon die auf Polinik schoß. — Post: Brief von Mizzi — Mittag: Lungenbraten mit Gerösteten, Palatschinken — Abends: Rostbraten

29. September – Nebel, nichts Neues

30. September – Nebel und Regen, nachts kommt plötzlich der Abmarschbefehl für den 1. Zug, unter Zurücklassung des Geschütz-Materials. Leutnant Fiska und Sorger nahmen noch die Teilung vor.

1. Oktober: Vormittag marschiert 1. Zug unter Fiska und Sorger ab. Bichler und ich verbleiben beim 2. Zug, also Auszug aus der traulichen, mit so viel Müh erbauten Hütte. — Nun kam Herr Leutnant Dimser mit Pichler herauf, nachdem bei Geschütz-Station die Übernahme erfolgt war. Er ist eine sympathische Erscheinung ehemals Leobner Student. Eine Fotografie zeigt ihn mit seiner jungen Frau und dem Kinde. Wie lacht das himmlische Glück aus den 4 Augen! Wenn zwei Menschen sich lieben. — Gage 260 Kronen — Zulage 7,5 Kronen — Gesamt: 267,5 Kronen — Abzug: 78,45 Kronen — Verbleiben: 189,05 Kronen

2. Oktober – Tiefer Schnee und heftiges Schneetreiben. Die armen Teufel der Infanterie in den losen Deckungen. — Wollte zum Train, um dort verschiedene Arbeiten zu erledigen, da kam aber von Herrn Major Marno die Nachricht, daß wir heute oder morgen abgelöst werden und wenn notwendig bis dahin warten müßen. — Bruder Franz teilt mir mit, daß er auf den Freikofel in Stellung gegangen ist.

Eigene Artillerie-Stellung: Bekannte von Infanterie-Regiment 1/10: Oberleutnant Wohlhang – ein kleines verhutzeltes Männchen, fast etwas lachhafte Figur. Gedehnte Stimme, jedes zehnte Wort: Gerichtliche Untersuchung! Entbehrt jeder Liebe seiner Offiziere, und wenn diese nicht so tüchtig wären, wäre das Bataillon arm. — Hauptmann Zechner: Mittelgroß, lebhaft, herzlich im Verkehr. Einem Gläschen und Spielchen und Küßchen nicht abgeneigt. Unser unerschrockener Offizier Oberleutnant Katz: Jude aus Brody. Viel Humor, setzt sich gern ein Pose, ein kleiner Napoleon, brav und pflichttreu. — Oberleutnant Austerlitz: auch Jude im Zuge der 3. Kompanie, ein Mann von zarter Empfindung, voll Begeisterung für seine Braut. Dichtete auch gerne. Sein Aussehen typisch jüdisch, klein untersetzt, wulstige Lippen, breites Gesicht, Kraushaar, Würstelfinger und etwas langsam, sowohl in den Bewegungen, als auch beim Reden. Ansonsten aber auch brav und pflichtgetreu und im Verkehr angenehm. Diese beiden Juden haben mir einmal gefallen, wenn alle so wären. — Kadett Riegler: Jung, schlank, fesch. Ein netter, junger Gesellschafter. — Leutnant Vasicek: Galadiner, ruhiges Temperament, zu einem Schlückerl immer aufgelegt. — Oberleutnant Ruis von MGT / 97: Wiener Professor, ein alter Student, der auch im Porzillaneum gehaust hatte. Mittelgroß, stark, etwas nachlässig in der Kleidung. Hörte ich schon immer sein Prosten von weitem. Ein Gemüt, das jedem gern gut Freund war, gewann er auch bald die Zuneigung aller. Er sprach laut rasch und viel, war gern lustig, und hat gar manche Nacht mit dem Kapitän bei edlem Naß durchwacht. War ihnen der schwere Zustand plötzlich zu Bewußtsein gekommen, empfahl er sich französisch. „Heine Herren" und „Jessasna", wie oft sagte er das, wobei er sich mit der Hand regelmäßig durchs Haar fuhr. Er liebte das pathetische Reden, auch die

zerstörtes Tarvis – Foto: onb

Bahnhof von Tarvis – Foto: onb

„scharfen Spielchen" huldigte er gern. Nun ist er auf der Maschinengewehr-Nase. — Kadett Zwikovitz: ein Wiener, der gern vom Urlaub und Frieden redet, sonst ganz brav und nett.

Ein inneres Erlebnis: Habe heute „Ganghofers Reise zur Deutschen Front" gelesen. Ein Bürger, ein Dichter, läßt seine Eindrücke aus der Front in warmen, bewundernswerten Worten vor uns vorüberziehen. — All das Große und Kleine wird zusammen geformt in ein lebendiges Bild voll Herrlichkeit. Und der Leser an der Front erlebt das Unglaubliche, erst daraus auf all das Kleine aufmerksam zu werden. Es mag ja sein, daß die Alltäglichkeit der kleinen Kämpfe uns den Sinn hierfür nimmt und nur mehr Großes sich unseren Seelen einprägt. Man lebt mit diesem Buche mit, nicht Geachtetes wird uns bewußt, die kleinen Nöte und Plagen, die ununterbrochene Arbeit und das Erleben der Stunden, wo der Todesschatten vorüberhascht. Sie wachsen vor unserem zusammenfassenden Auge zu einem Bild voll Wucht und Schönheit zusammen, denn was der Dichter von der französischen Front schreibt, gilt gleich für die Karpaten und die Süd-Front. — Bisherige Schußanzahl: 212 — Laferl: 1. Wolay 81 — 2: Kleiner Pal 1379 — gesamt: 1460 — Hieden: 1. Wolay 77 — 2. Kleiner Pal 1319 — gesamt: 1396

3. Oktober – Nebel. Abends Orientierung des Herrn Leutnant Dunser, da kurze Zeit nebelrein. — Las „Der letzte Deutsche" von Blatna, ein Buch, das die Leiden der Deutschen, aber auch mit seltener Offenheit, das Phrasenhafte unseres nationalen Lebens beschreibt. Aber gewiß ein Buch, aus dem man Nutzen schöpfen und an dessen aufrichtiger Volksliebe man sein Gewißen erforschen kann. — „Liebe auf Kommando": ein Buch, diktiert von lustiger Fantasie.

4. Oktober – Des Kaisers Namenstag! Gut und Blut für unseren Kaiser, Gut und Blut für unser Vaterland! — Brief an Mizzi: Ich hab sie so gerne, ich sehne mich nach einen Busserl von diesem lieben Munde!

5. Oktober – 3 Uhr: Abmarsch vom Kleinen Pal bis Wetzmann. Herr Hauptmann Seidl, eine schöne, sympathische Erscheinung, ein Offizier im Auftreten, wie ich mir ihn denke.

6. Oktober – 7 Uhr 45: Abmarsch nach Oberdrauburg 1 Uhr 30: Einwagonierung und Fahrt nach Tarvis. Dort 9 Uhr 30 bei Regen Auswagonierung. Befehl sofort Nachtmarsch nach Unterbiehl. Hauptmann erwirkt jedoch, noch liegen zu können.

7. Oktober – Tarvis! Volltreffer in Jägerkaserne, Gemeindeamt beim Gasthaus, wo wir bei unserer Offiziersprüfung frühstückten. Hotel Filafer der obere Teil gänzlich niedergebrannt, bei Apotheke Erker weggerissen usw. — Ein Volltreffer im Spritzenhaus, in Friedhofsmauer und Sakristei und im alten Turm am Friedhof. Nur das Geschäft am Kirchplatz war geöffnet, sonst beinahe ausgestorben. Die Bewohner sind in der Umgebung. Nun Abmarsch nach Raibl, während Hauptmann und Bichler durch Stollen nach Hinterbretten[dorf] fahren. — Traf in Raibl Fähnrich Ludwig von 6/2 und Kadett Schadinger Kameraden aus eigener Schule. Ludwig war mit einem Geschütz auf Virsic und erzählte mir, wie es ihm ging. — Hatte 99er Kanone im Schützengraben, schoß tüchtig und wurde gänzlich beledert. Rechts und links vom Kopfe und zwischen den Füßen krepierten die Geschoße, im Beobachtungsstand hatte er 3 Volltreffer, sodaß er mit demselben vorn hinunterkugelte, 4 Tode, 7 Schwerverletzte. 10, 15, 30, schossen auf ihn. Eine Granate streifte einen Kanonier und warf ihn um, er stand auf und arbeitete weiter. Als er den Koch fragen wollte: „Na, was gibt's heute?", beide Füße weg! Ihm selbst passierte nichts. Seine ganze Bedienung ist ausgezeichnet, er selbst zum Leutnant und Signum eingegeben. Das habe ich von ihm erwartet. Anderle und Kordis sind auch bei Batterie. 6 Uhr: Abmarsch nach Predil nach Unterbrett, 8 Uhr 45 dort Freilager.

8. Oktober – 1 Uhr 45: Aufbruch nach Rombon Bichler bereits in Stellung auf 818. Gleich bei Brücke Unterbretten Begrüßung durch Granaten. Ein Aufschlag zwischen mir und Zugsführer Fink. Im Ganzen 10 Stück. Aufstieg beschwerlich, da Koffer, Kochliste, Rüstung usw … — Weg an einer Stelle in den Felsen gehauen, mit doppelter Sicherung, kamen nicht weiter, mußten Freilager am Wege halten, kalt, hatte jungen Dackel bei mir im Brotsack, vom Train mitgenommen, ein liebes Viecherl.

9. Oktober – Vormittag, 8 Uhr: Ankunft in Geschütz-Stellung. Geschütze sind getrennt. Nur dürftige Deckungen. Steinmauern mit Brettern überdacht. Schlief Nachmittag.

10. Oktober – Traurig schaut es aus 1700 m Höhe, nur Felsen und einiges Krummholz. Beobachtungsstand auf 2100 m. Sorger ist Batteriekommandant, Leutnant Fiska als Beobachter ganz allein auf Rogelj. Flitsch ist in italienischen Händen. Nördlich im Feld italienische Schützengräben, auch am „Rombon" sind sie auf Platte „Csuklja". — Nachmittag meldete ich mich beim Abschnittskommando Csuklja einem Tiroler Hauptmann namens Patyain. Traf dort auch meinen Schulkameraden Ritter von Gabmayer, Leutnant des 7. Jägerbataillons, der das silberne Signum erhalten hat. Fand auch hier beim Hauptmann jenen Sarkasmus des Frontoffiziers, der überall zu treffen ist, wenn es auf Auszeichnungen zu sprechen kommt. — Die Erbitterung über die gleiche Behandlung des Frontoffiziers, der Blut und Ehre einsetzt, mit irgendeinem Trainprotzen oder Kampfochsen ist allgemein. — Er erzählte wie die Italiener am 17. den Rombon angingen. Tapfer und schneidig überwanden sie große Wände und standen schon auf der Spitze des Rombon. Dort begannen sie aus eitel Freude anstatt zu schießen, nach unten zu schreien, daß sie den Rombon genommen. Da aber kamen die unseren und warfen sie buchstäblich über die Wände hinunter. — 700 Tote wurden konstatiert, dabei die eigenen Verluste: 7 Tote und 13 Verwundete!!!

11. Oktober – Vormittag: Schreibarbeit, 9 Uhr 15: 19 Schuß auf Italalienischen Csuklja.

12. Oktober – 8 Schuß auf italienische Küche, nichts Neues. Fade, fade.

13. Oktober – Keine Geschütztätigkeit. Zufällige Begegnung mit Leutnant Niedermüller, der von Urlaub zurückkehrte.

14. Oktober – Kalter Wind und Nebel. Vormittag: Dienstschreibereien, dann Faulenzerei auf Pritsche. — Lektüre: „Chamberlains Kriegsschauplätze". — Plan für Winter-Deckung fertiggestellt, nach Aussagen Einheimischer soll es 4–5 m Schnee geben. — Als Infanterie bleibt nur eine Freiwillige Kompanie oben, hatten schon jetzt zahlreiche Fußerfrierungen an einen Tag 25 Leute. — Sturm auf Javorscek abgeschlagen.

15. Oktober – Keine Tätigkeit.

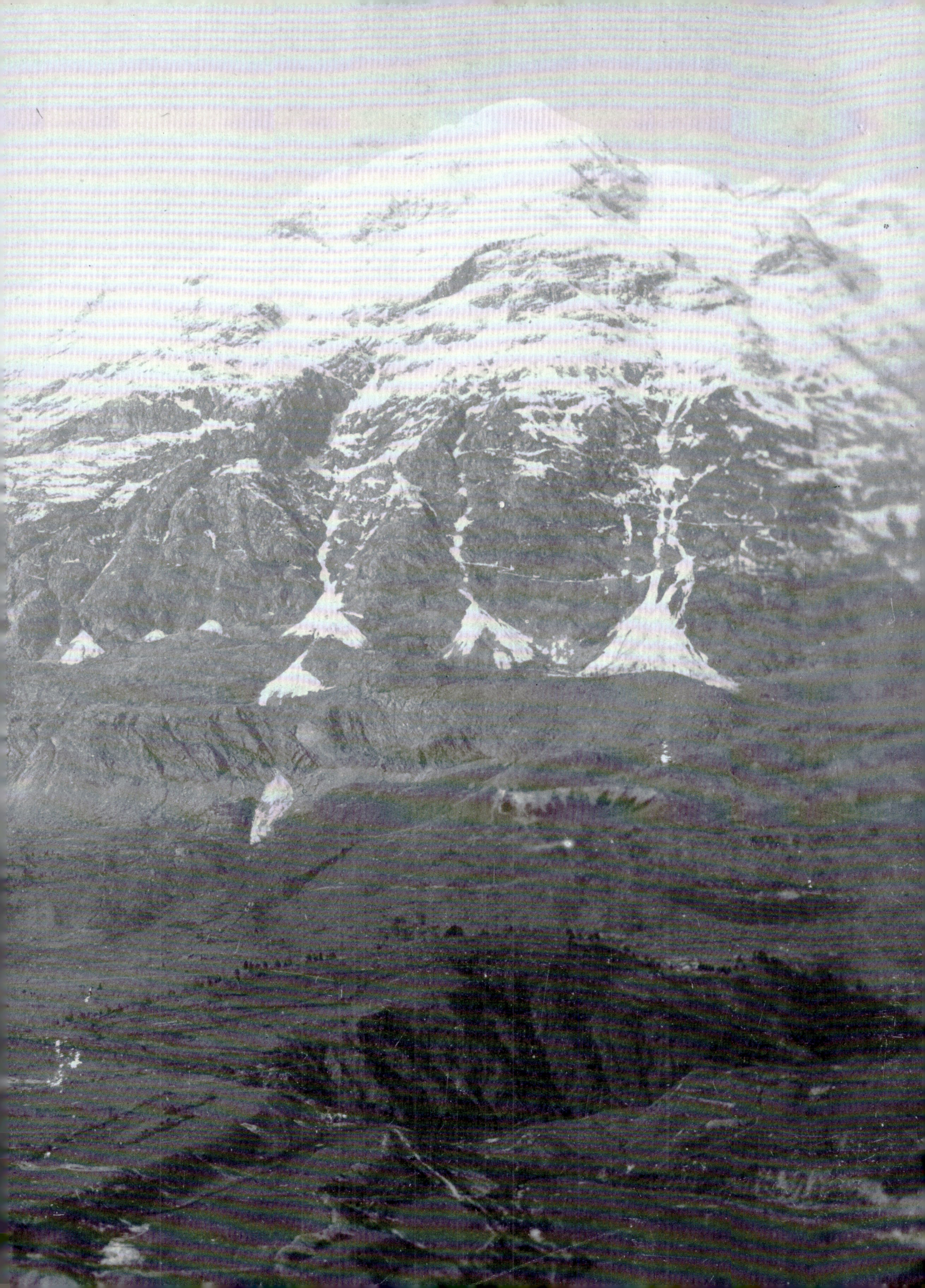

Guggenbergers Weg von der Ostfront zur Kärntner Heimatfront

Kämpfe um den Plöckenpaß
Originalkarte von Franz Pachleitner – 1914

Isonzofront
Originalkarte von Franz Pachleitner – 1914

Pontebba, Kanaltal

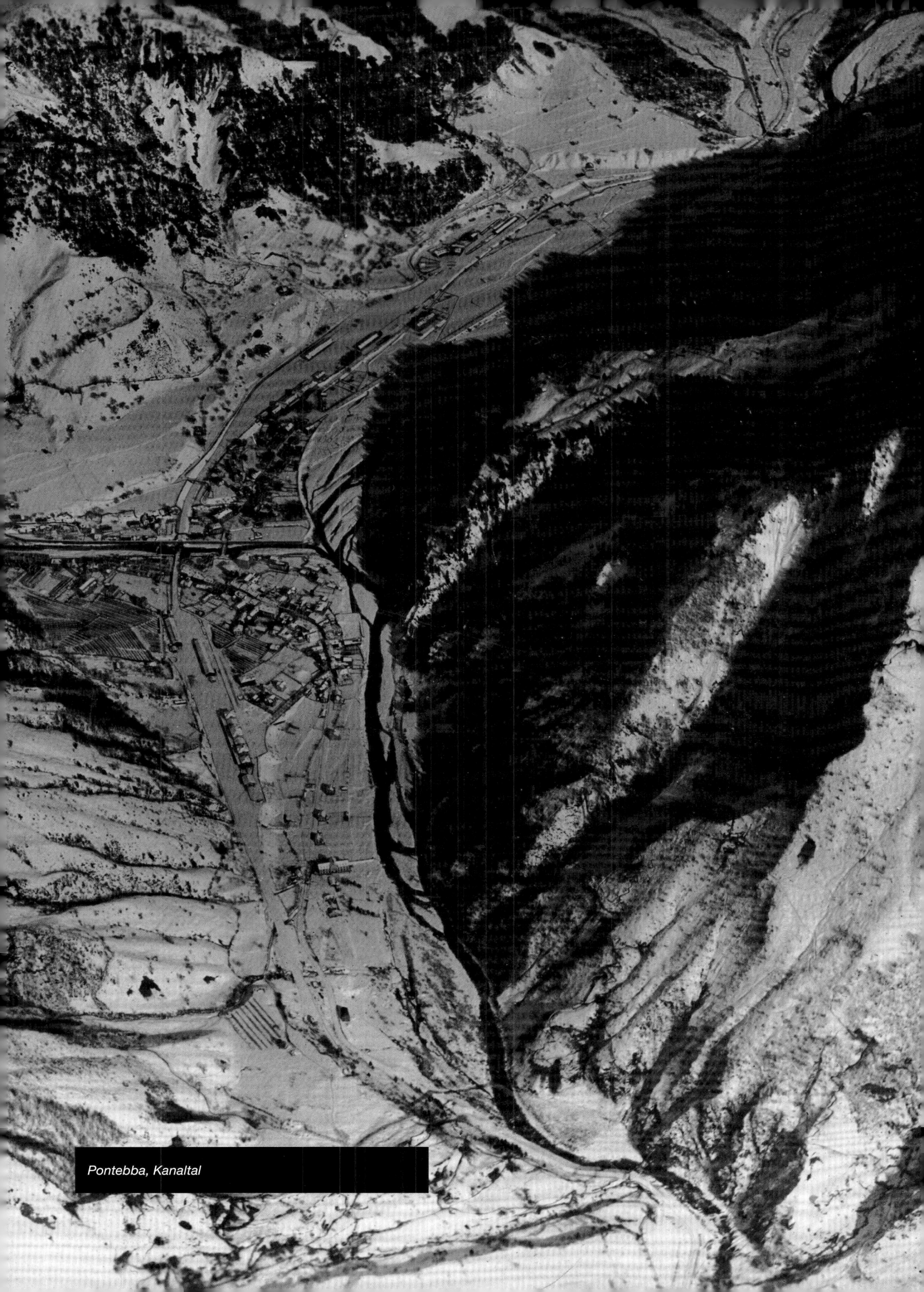

Tagebuch II
III. Isonzoschlacht
Gott segne unsere Waffen!

18. Oktober 1915 – Vormittag Planierung und Holzarbeiten für die Beobachterhütte, da der Beobachter den Winter auf Rombon zu bleiben hat.

Um 12 Uhr Mittag setzte plötzlich auf der ganzen Front Rombon lebhaftes gegnerisches Artilleriefeuer ein. Die Gegner arbeiteten mit großem Munitionsaufwande. 5 Geschütze hatten den Rombon zum Ziel. Ein 15 cm-Geschütz östlich des Hauses Podturo sandte ohne Unterbrechung seine Granaten herauf, insbesondere gegen dem Beobachtungsstand. Wenige Meter abseits der Hütte unter den Beobachtungsstand schlugen die Granaten ein, die Sprengstücke surrten, aber ohne Schaden anzurichten. Bei einem der ersten Schüsse hatte ich Glück. Aus der Ausguckscharte suchte ich die Stellung dieses Geschützes zu erspähen, da krepierte ein Geschoß am Felsen unter mir, unwillkürlich zog ich den Kopf zurück und das

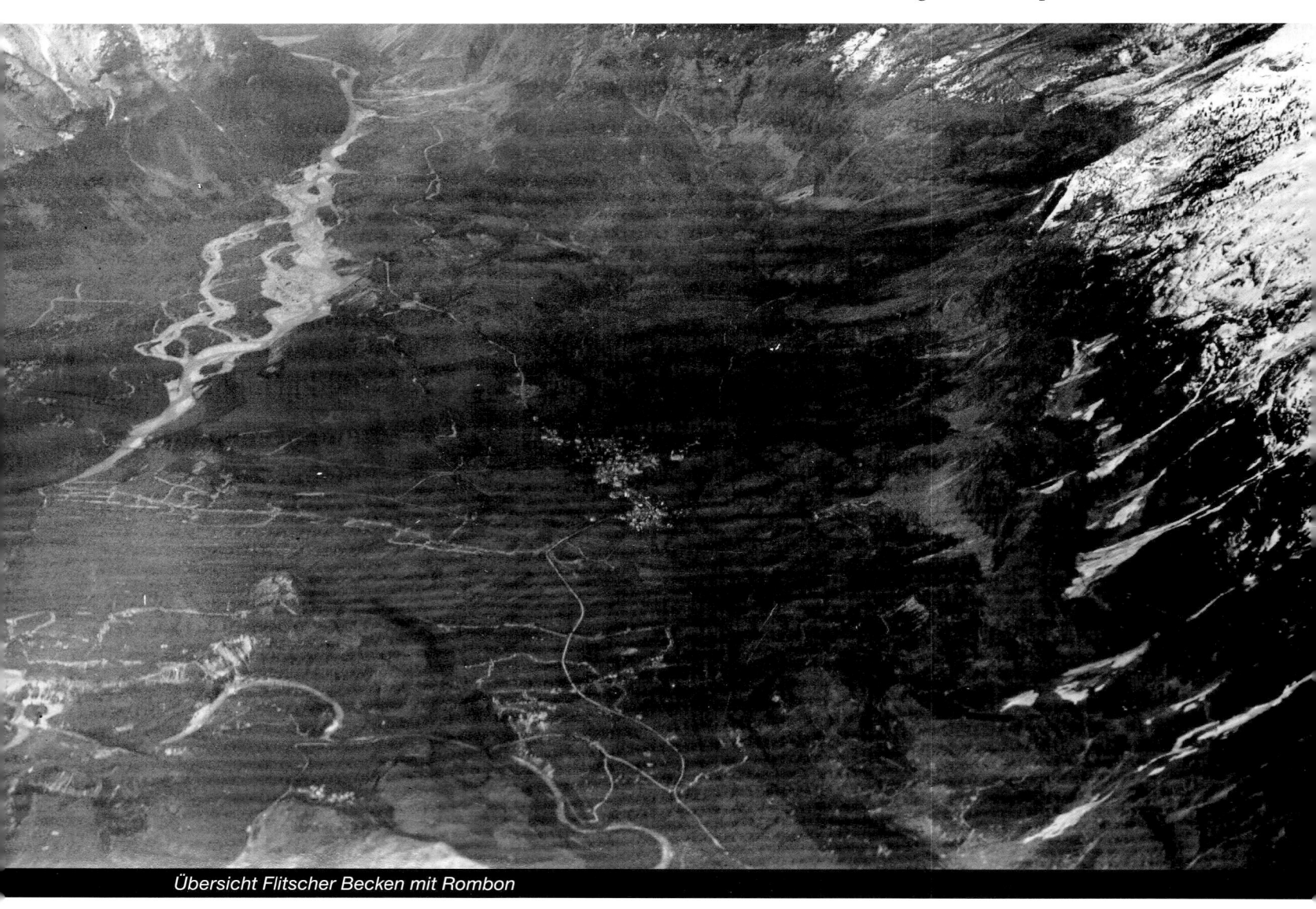

Übersicht Flitscher Becken mit Rombon

Stollengeschütz am Csukljahang – Foto: onb

war gut so, denn mit aller Wucht flogen die Steine und Sprengstücke durch die Scharte. Da es die Gegner offenkundig auf den Beobachtungsstand abgesehen hatten, die schwache Mauer jedoch keinen Aufschlag vertragen hätte, legte ich mich hinter die rückwärtige Abschußmauer, sodaß nur der Kopf frei war. Als ich die Stellung östlich Podturo gefunden hatte, sah ich von jedem Schuße den Rauch, konnte ruhig den Mahnruf „Decken" senden und den Kopf zurückziehen. Nach einigen Augenblicken schon das Singen und Summen, dann der Krach und das Sausen der Steine und Sprengstücke und der Kopf war schon wieder draußen. Ein Geschütz aus Nordwestlicher Richtung, schickte seine Schrapnelle gegen Großen Rombon und ein Gebirgs-Geschütz westlich Csuklja gegen meine Geschütze.

Die eigene Gefechtstätigkeit beschränkte sich aufs Bekämpfen des Podturo Geschützes von 12 Uhr bis 2 Uhr 25. — Zeitweise trat auch lebhaftes gegnerisches Infanteriefeuer auf, im Osten griffen die Italiener an. — Im Ostabschnitte Čezsoča Krn war die eigene und gegnerische Artillerie-Tätigkeit besonders heftig. — Auch die Nacht hindurch unterhielt die gegnerische Artillerie ununterbrochen ein Feuer.

19. Oktober – Gebirgs-Geschütz aus nordwestlicher Richtung beginnt früh langsames Feuer gegen Keinen Rombon, das Geschütz westlich Csuklja bestreicht den Verbindungsweg auf Großen Rombon. 8 Uhr feuert auch Podturo Geschütz neuerlich auf Großen Rombon und Beobachtungsstand. Das 1. Geschütz erwidert mit 3 Schuß, 11 Uhr vormittags. Abermals mit 7 Schuß, worauf dieses Geschütz den Tag über schwieg. — Wie gestern setzte auch heute um 12 Uhr Mittag die Artillerie und Infanterie mit erhöhter Tätigkeit ein, die bis 4 Uhr anhielt, ohne daß es in unserem Abschnitt zu einen Angriff gekommen wäre.

12 Uhr 15 gibt das 2. Geschütz zur Überprüfung der Trage-Elemente 3 Schuß auf Csuklja Platte ab, um für einen allfälligen Angriff eingeschossen zu sein.

Von 5 Uhr an versuchte ich mich auf das Gebirgs-Geschütz westlich Csuklja einzuschießen. Abends Ruhe. — Verschossen: 17 Geschoße, 3 Granaten. — Essen: Sardinen, Kraut und 18 Liter Wein.

20. Oktober – Auch an diesem Tage begann morgens wieder Allgemeine gegnerische Artilleie-Tätigkeit, nachdem schon nächtlich zweimaliges lebhaftes Infanterie-Feuer auf eine Fortsetzung des Kampfes hatte schließen lassen. Insbesondere im Osten war das Artillerie-Feuer besonders heftig, während gegen den Rombon nur die Gebirgs-Geschütze westlich Csuklja und das Pravala-Geschütz wirkten.

Nachmittag trat dichter Nebel auf und machte dem Kampf bald ein Ende. Ein erwarteter Sturm auf den Rombon blieb aus. Die Ortschaft Kal war vom Gegner in Brand geschossen worden. Flammenschein-Düstere Gloride des Krieges. Glückliche Heimatstätten versinken in Schutt und Asche. Eine 12 cm Batterie hat dort ihre Stellung.

Eigene Gefechtstätigkeit: 7 Uhr 15 bis 8 Uhr 40 vergebliches Einschießen gegen die Geschütze westlich Csuklja. Die Csuklja Platte ist nicht zu überschießen.

10 Uhr 30 bis 10 Uhr 40: Feindliche Schützengräben auf Csuklja belegt. Verschossen: 11 Geschoße, 3 Granaten — Kadett Peschka, ein Jahrgangskamerad ist vom 5/3 zu meinem Zuge eingerückt. — Fassung: 2 Kugeln Käse und 1/4 kg Tee.

21. Oktober – Also ein Kampf an der ganzen Front Isonzo–Kärnten–Tirol, wie die Generalstabsberichte besagen. — Auch heute nachts war Ruhe. Dafür begann am frühen Morgen der Tanz aufs Neue. Artillerie-Feuer auf der ganzen Front, wiederum mit dem Schwerpunkte im Osten, wo Javorscek und Golobar dauernd unter stärkstem Trommelfeuer gehalten wurden. Ein annähernd ähnliches Feuer machte ich nur in der Osten Schlacht in den Karpaten mit. Die Sprengwolken waren auf der Linie so eng aneinandergereiht, daß sie den Perlen auf einer Schnur gleichen. — Das gegnerische Artillerie-Feuer rich-

tete sich schon in den Vormittagsstunden auch gegen Rabelnik und die dortige Infanterie-Linie und wurde von den Marineschnellfeuerkanonen aus diesem Raume kräftig erwidert.

Das Bombardement war derart, daß ich in der Sekunde 2–3 Schüsse zählen konnte. Der Eindruck war der eines unaufhörlichen Rollens und Donnerns, von einzelnen Schlägen übertönt. — Gegen den Nachmittag erfolgte ein Sturm, der aber von den Verteidigern blutig abgewiesen wurde. — Eigener Abschnitt: Ein Sturm gegen die dritte Kompagnie auf Rombon wurde abgeschlagen. — Eigene Gefechtstätigkeit: 10 von 3 Schuß auf Prevala Sattel, ca. 500 m östlich der Verschneidung des Karrenweges, der von Plužna nach Süden führt, mit dem Loipbach *[heut. Glijun]* und zwar am rechten Ufer desselben, war ein schweres Geschütz in Stellung gebracht worden, das gegen P 806 wirkte.

Gipfel der Kote 806 aus dem Sattel Javorcek – Foto: onb

Zur Unterstützung der Infanterie nahm mein 1. Geschütz seine Bekämpfung auf, und erreichte durch Granataufschläge im Einzelfeuer, daß dort das Feuer eingestellt wurde. — 10 Uhr 5 bis 1 Uhr 20: 16 Geschoße und 75 Granaten verschossen. — Das eigene Feuer hatte auf dem Javorscek den Wald vor den Stellungen in Brand gebracht, dichte Rauchschwaden stiegen auf.

22. Oktober – Dieser Tag war wieder zu einem Ehrentage des Zuges geworden. Die Nacht war in vollster Ruhe verlaufen. 9 Uhr Vormittag beginn der Gefechtstätigkeit in unverminderte Stärke. Hauptsächlich wieder gegen Javorscek P 806 in Rabelnik, P 806 stand dauernd unter stärkstem Flankenfeuer vieler Geschütze. Der Gegner hatte neu in Stellung gebracht: 1. 15 cm-Geschütz ca. 300 m nordöstlich der Brücke über Lojp *[heut. Ro ipa]*, südlich Plužna, am Eingang des Grabens, der gegen P 410, läuft es hatte Schußrichtung Rombon Csuklja. — 3 leichte Feld oder Gebirgs-Geschütze an der Geländestufe östlich des Karrenweges der von Podklop ca. 1000 m nach Norden führt, Schußrichtung P 806. — Da mir die Bekämpfung dieser zur Erleichterung für P 806 wichtiger schien als die Abwehr des 15 cm-Geschützes das bedeutend schlechter als das Podturo Geschütz schoß, wurden 2 davon unter Feuer genommen, ca. 15 % der Geschoße fielen knapp in die Geschütz-Stellungen oder in die Nähe und setzten diese 2 Gegner außer Gefecht. Beim rechten Flügelgeschütz wurde außerdem ein Munitionslager zur Explosion gebracht. Die Geschoße schienen weit besser gewirkt zu haben als die Granaten mit denen ich zuerst schoß, denn bis zu ihrer Verwendung lösten die Gegner in Pausen doch immer wieder Schüsse. Nachdem aber Geschoße geplatzt waren, verstummten die Geschütze vom rechten Flügelgeschütz liefen zum Schluß nur mehr zwei Mann weg. — Auch das 15 cm-Geschütz nahm ich dann aufs Korn, leider mit weniger Erfolg. — Die Gebirgs-Geschütze westlich Csuklja, es waren deren drei , und das Prevala- Geschütze suchten mein Geschütz zum Schweigen zu bringen, alleine ohne Erfolg. Die ersten schossen zu hoch, das letztere zu kurz. Die Hülsen flogen über die Geschütz- Stellung hinaus. Der ganze Erflog war, daß ein Kanonier eine Füllkugel in die Hose bekam, die nicht einmal einen blauen Fleck hinterließ.

Gegen Mittag erfolgte auf Javorscek ein Angriff, der stellenweise bis an die eigenen Stellungen herankam, jedoch 9 Ganze Seite Plan 10 in sich zusammenbrach. Auch am Km erging es dem Gegner erfolglos wie so oft.

Eigene Gefechtsstellung: 930–1120 zwei leichte Geschütze. — 1125–1145 schweres 15 cm-Geschütz — 1140–130 nur leichte Geschütze — Verschossen 27 Geschoße und 120 Granaten.

23. Oktober – Nebel. Im Osten zeitweise Gefechtslärm, einzelne vergebliche Vorstoße. Selbst keine Gefechtstätigkeit vorgenommen. 1 Mann ins Spital abgegangen. — Fassung: 2 Kugel Käse, 12 Liter Fruchtsaft. — Neue Munition: reine Schrapnellgeschosse.

24. Oktober – Herrlicher Morgen, Aussicht auf Udine, die große Friaulische Ebene, Cividale *[dei Friuli]*,

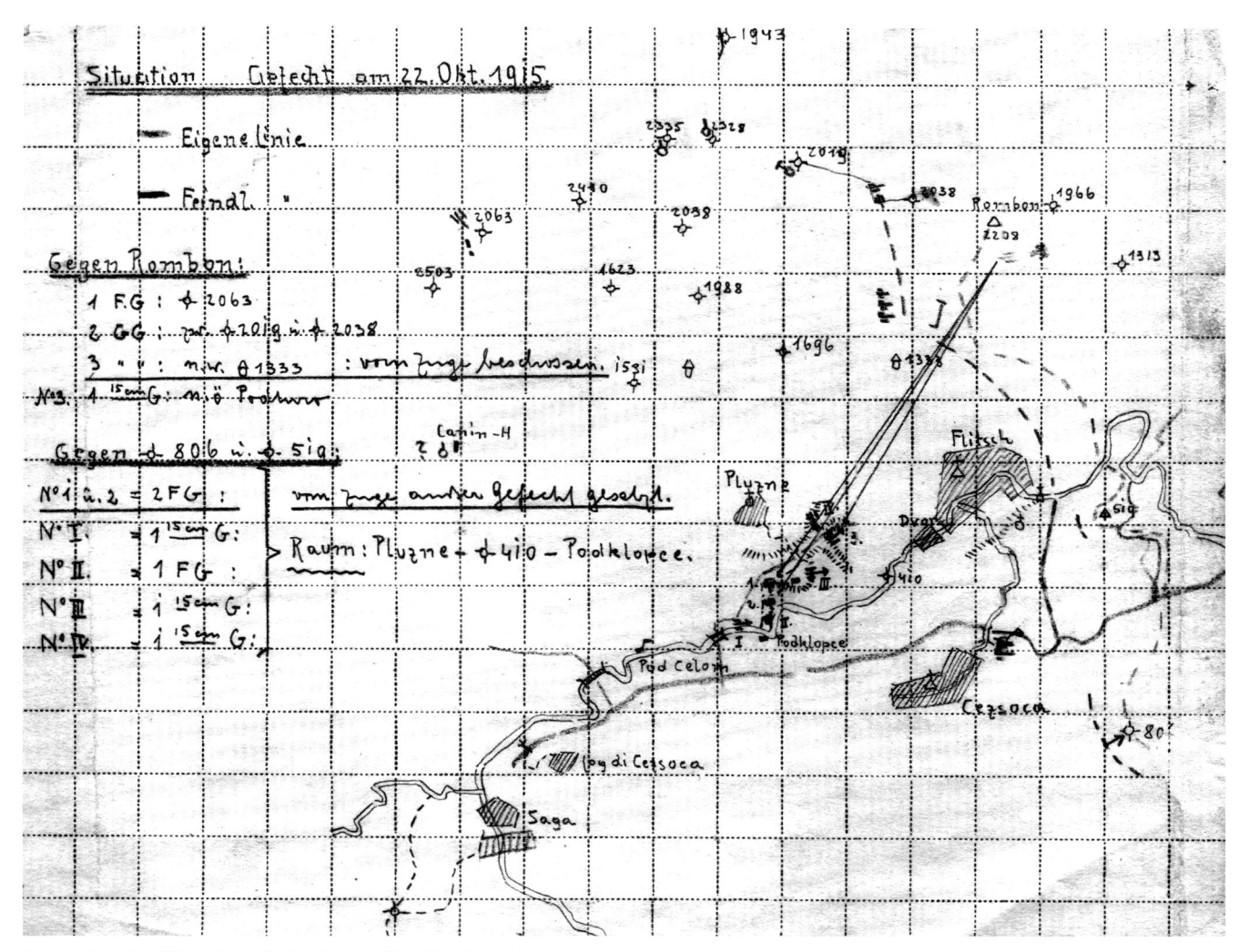

Lageplan der Situation: Gefecht am 22. Oktober 1915

Bucht von Monfalcone, Piran, Doberdó *[del Lago]*, Krn Gruppe, ferner Dobratsch und die Tauern. Trunken in Lust schaut das Auge die Pracht dieser Bergwelt, und das Gefühl heißer Liebe zu diesem Lande strömt durchs Herz. Und diese herrliche südliche Mark sollte welsch werden, nimmermehr!

Von 8 Uhr 40 bis 9 Uhr 50 versuchte ich, mit Schrapnell auf das 15 cm-Geschütz nordöstlich Podturo einzuschießen, wegen der unsicheren Beobachtung eingestellt.

10–11 Uhr: 4 Granaten auf dasselbe Ziel. Ein Aufschlag in der Geschütz-Stellung. — Schließlich wurde mir die Aufgabe zuteil, für den 30,5 cm-Mörser Sophie, der auf eine Batterie südwestlich der Boka-Brücke schoß, zu beobachten. Er gab 3 Schüsse ab. Die Detonation ist dumpf, durchaus nicht so mächtig, als ob man meinen möchte. Aber die Wirkung, die Wirkung! — Eine ungeheure Wolke strömt auf und hallt über den Trichter, und es braucht überaus lange bis sie sich verzieht.

11 Uhr bis 11 Uhr 50: 18 Geschoße auf Geschütz 15 cm nordöstlich Podturo.

5 Uhr bis 5 Uhr 50: 1 Geschoß und 5 Schüsse auf Schwarmlinie Csuklja.

Neue Beobachtung: in der Mulde vor dem Karrenweg Žaga-Bergogna ein sehr großes Zeltlager und 2 Baracken. — Verschossen: 14 Schüsse, 5 Geschoße, 22 Granaten. — Fassung: 17 Sardinen Konserven.

25. Oktober — Ruhe, Vormittag Nebel. — Eigene Gefechtstätigkeit 3–5 Uhr: neuerlicher Versuch, auf Gebirgs-Geschütz westlich Csuklja zu kommen. Hohe Libelle und kleine Distanz. Vergeblich. Betrachtete auf Kleinen Rombon.

5 Uhr bis 5 Uhr 45 Vormittag auf Schwarmlinie Csuklja 4 Volltreffer, die von den Plönderlern mit hellem Jubel begrüßt wurden. — Neue Beobachtung: am Knie des Loipbaches, ca. 200 m westlich Podklopca ein neues Geschütz. — An der Geländestufe südlich von Flitsch, größeres Lager mit viel Bewegung. — Westlich Csuklja bereits 3 Geschütze in Stellung. — Verschossen: 4 Schüsse, 8 Geschoße, 13 Granaten. — Fassung: 2 Kugeln Käse, 1 1/2 kg Butter, Sacharin und 2 Kerzen.

26. Oktober – Meist Nebel, morgens Schnee, einzelnes Artillerie Feuer im Osten. Keine Gefechts-Tätigkeit. — Fassung: 17 Sardinen Konserven 10 Liter Fruchtsaft.

27. Oktober – Meist Nebel. Im Osten Artillerie-Tätigkeit. Im eigenen Abschnitten vereinzelt Schüsse der Gebirgsgeschütze westlich Csuklja und eines Geschützes aus nördlicher Richtung, sowie 15 cm Geschütz nordöstlich Podturo gegen Csuklja. Eigene Gefechts Tätigkeit: 3 Granaten auf 15 cm-Geschütz. Ein Maschinengewehr beschoß erfolglos den Beobachtungsstand. Verschossen 3 Granaten Fassung: 1 kg Butter, 12 Stück Seife

28. Oktober – 9–10 Uhr Vormittag. Streuen im Prevala-Sattel. Machte dabei die Beobachtung, daß der Tagesunterschied 100 m betrug, denn früher wurde mit 56, heute mit 46 Geschoßen.

10–11 Uhr auf Črnelska Spica, wo größere Ansammlung sichtbar war. Die Wirkung scheint nicht schlecht gewesen zu sein, da die gegnerische Artillerie nervös wurde und im ganzen Abschnitt das Feuer eröffnete. Es schossen Richtung Csuklja und unsere Geschütz-Stellung: 3 Gebirgsgeschütze westlich Csuklja, das Prevala Geschütz aus der Ecke des Rückens zwischen P 2038 und P 2019 gegen Großen Rombon, 2 Gebirgsgeschütze aus derselben Stellung. — Auch die gegnerische Infanterie begann aus Gewehr und Maschinengewehren sinnlos zu schießen. Bald nachdem wir das Feuer eingestellt haben, trat Ruhe ein. — Verlust: Kamerad Labrawitz durch MG. Beide Oberschenkel verwundet. — Verschossen: 47 Schuß — Fassung: 17 Sardinen, 3 Packungen Zünder, 1 Büchse Maggi Würfel, 3 Paar Filzschuhe.

29. Oktober – Keine Gefechts Tätigkeit. Ging auf P 1313, um über Befehl des Herrn. Hauptmann mit dem Sappeur Hauptmann bezüglich der Winterbauten für die Batterie Rücksprache zu pflegen. Von der Division ist nämlich verfügt worden, daß die Geschütze auf 1313 kommen. Das ist erfreulich, da dort wenigstens gute Unterkünfte gebaut werden können und auch genügend Holz vorhanden ist. Suchte die Artillerie Beobachter auf: Oberleutnant Gleißbach und Röbsteck. — Konnte auch die Wirkung der 28 cm-Geschoße sehen. Was sie treffen, hat freilich Vernichtung zu erdulden, während schon der nächste Umkreis nur wenig leidet. Die Geschoße sind nämlich viel zu dickwandig und zerspringen daher nur in wenige, sehr große Stücke. Daher steht die Wirkung mit dem Kaliber in keinem Verhältnis. Ein Geschoßboden, den ich dort sah, wog 35 kg. Wenige Meter vor der Hütte war ein Aufschlag, die Hütte nahm jedoch nicht den geringsten Schaden. — Da der Sappeur-Hauptmann Mikalovic sein Quartier in Pustina hat, stieg ich nach Unterbrett *[heute: Spodnji Log]* ab.

Handschreiben seiner Majestät:

Lieber Vetter Erzherzog Eugen!

In wärmster dankbarer Anerkennung der erfolgreichen Führung der euer Liebenden unterstellten Streitkräfte übergebe ich Ihnen einen Armee und Flottenbefehl vom heutigen Tage

Wien, am 28. Oktober 1915

Armee und Flottenbefehl:

An meine gegen Italien kämpfenden Streitkräfte. Noch steht euch Hartes bevor, sagte ich euch in meinem Armee- und Flottenbefehl vom 29. Juli und so kam es auch. 3 Monate voll heißer Kämpfe liegen hinter euch!

Heldenmütigkeit, Tapferkeit, zäheste Ausdauer, bewundernswerter Opfermut der braven Truppen, vortreffliche Führung, verständnisvollstes und bestes, vom kameradschaftlichen Geiste beseeltes Zusammenwirken aller Waffen haben Taten vollbracht, die der treuen Wacht im Südwesten ein glänzendes Blatt in der Geschichte meiner Wehrmacht sichern.

Mit fester Zuversicht blicke ich auf euch, meine Braven, voll Vertrauen weiß ich die schwere Aufgabe, tapfere zahlreiche Feinde zu besiegen, in euren Händen. Ich weiß, ihr erfüllt nicht bloß eure Pflicht, nein, ihr Treuen, für euren Kriegsherren und das teure Vaterland schlagenden Herzen leistet Großes, erweist ihr euch als Helden, aus vollem Herzen sende ich euch meinen Dank und meinen Gruß!

Wien, am 28. Oktober 1915 Franz Josef PS.: Soldaten, ihr könnt stolz sein!

Generaloberst Erzherzog Eugen

Zusatz: Diesen Befehl auf das Rascheste bis auf die vorderste Linie dem Manne in der Muttersprache verlautbar!

Blick in das Flitscher Becken vom Svinjak-Hang – Foto: onb

Fassung: 32 Leibbinden, 32 Paar Fußlappen, 20 Handtücher, 32 Taschentücher, 31 Unterhosen, 32 Wollsocken, 32 Hemden, 4 Spaten.

30. Oktober – Regen im Tale Schnee in der Höhe. 8 Uhr Vormittag Pferdevisite der Tiere des 2. Zuges. Es ist für die 2. Kolonne ein großer schöner Stall gebaut. Die Kanzlei ist ebenfalls in einer großen schönen Hütte, die Batterie soll auch eine eigene Selcherei errichten.

Vormittag bei Hauptmann Mikalovic, ein kleiner starker sehr intelligenter Offizier. Ich wurde in kameradschaftlicher Weise sowohl zum Mittag- als

Unterbreth – Foto: onb

ist Kadett und Gehilfe im Etappen-Stationskommando Unterbreth.

1. November – Allerheiligen. Messe in Mittelbreth. Es tut so wohl, wieder einmal in einer Kirche inmitten einer Gemeinde beten zu können. Zu Mittag und Abend war ich Gast in der Kadettenmesse von, meist Karntna Buba, frisches Blut. Nachmittag lud Burgstaller auf einige Flaschen Gumpoldskirchner ein. — Die Helden Kompanie des LIR 4.

2. November – Allerseelen. Nachmittag entschloß ich mich endlich doch zum Aufstieg auf den Rombon, Burgstaller gab mir bis zur Brücke das Geleit und nach kurzem Besuche bei Herrn Hauptmann Mikalovic gondelte ich auf der Seilbahn auf 1313. Dort quartierte ich mich auf der Hütte ein, oh weh, es zwickte allzuviel als daß ich schlafen hätte können.

3. November – Vormittag: Berechnungen und Bericht an das Gruppen Kommando, Rekognoszierung zweier Geschütz-Stände der Unterkunftsstelle. Vom Fähnrich Steifer wurde mir größte Unterstützung zugesagt.

Maschinenhaus der Drahtseilbahn auf Kote 1313, Rombon

Krnica und Mangart von der Drahtseilbahn am Rombon

Nachmittag: Aufstieg durch tiefen Schnee zur Geschütz-Stellung, wo ich vollständig durchnäßt und ermüdet ankam. Am Schwarmofen die Lektüre: „Gedanken über Gott, Welt und Menschenleben in den Autos sakramentales des Don Pedro Calderon de la Barca", von Johann Albert. Studien-Lehrer In Paßau verbrachte ich einige genußvolle Stunden.

4. November – Vormittag: Aufstieg zum Beobachtungsstand bei Nebel. Große Schreiberei mit allen möglichen Berichten. — Abschnittskommandobefehl vom 1. November: Ich übergebe mit heutigem Tage das Abschnittskommando an Herrn Hauptmann Kitsek. Ich sage allen Offizieren und Mannschaften, die Monate lang unter schwersten Verhältnissen und einer unglaublichen Selbstverleugnung ihren schweren Dienst, jederzeit mit hervorragendem Pflichtgefühl ausgeübt haben, Lebe wohl, wünsche jedem einzelnen das Allerbeste und glückliche Heimkehr.

Insbesondere danke ich dem Herrn Oberleutnant Paulus, dem Herrn Leutnant Polacek, Rohracher, Grabmayer, Kutti, und Herrn Guggenberger für die hervorragende Unterstützung im schweren Dienste.

Glück auf, tapfere Rombon Besatzung! Der Rombon muß unser bleiben! — Fassung: 12 Liter Rum, 5 Dosen Lederfett, 1 kg Butter.

5. November – Schöner Morgen, dann Nebel, Wind und Schneefall. Die Hütte ist gänzlich vereist, allgemeine Ruhe. Spital: Kamerad Legedy (Ruhr) — Fassung: 5 Dosen Sardinen. — 5 Belohnungsanträge eingeschickt.

6. November – Nebel allgemeine Ruhe. — Wintervorsorge. Das ist auch so ein leidiges Kapitel, das mich gallig macht. Erstlich kam auf unsere Anfrage, ob unsere Anforderungen von der Batterie gemacht würden, keine Antwort, und als dann unsere Bedürfnisse im Eingaben- Referatorium angesprochen worden waren, kam die „Nase". — Welchen Begriff man eigentlich beim Militär bei Meldungen über Übelstände hat, weiß man nicht. Wie ich für meine Pflicht hielt, meldete ich unter „Allgemeine Mängel der Munition": große Zünder- und Flugbahnstreuung. Daraufhin vom Kommando Reservat-Dienstzettel: Wieso Herr Fähnrich zu einer derartigen Stilübung kommen? Herr Fähnrich dürfte wohl nur geringe Artillerie-Erfahrung haben. — Na, ich antwortete: Ich habe nur das angegeben, was Herr Hauptmann selbst die Zeit hindurch als Mangel empfunden habe!

Dann die Granaten. Du lieber Himmel, da heißt es immer, fordert nur, was ihr braucht. Und seit drei Wochen fordere ich schon verschiedenes Werkzeug, was wir dringend brauchen. Heute nach drei Wochen schreibt man mir lakonisch, es sind ohnedies zwei Breitbeile hier, eines wird euch gesandt. Dann der Egger! Was bettele ich und bitte ich, mir denselben doch wenigstens als Bauleiter für 1313 zu überlassen. Nein, er ist ja nicht nur Zimmermann, sondern auch Aufklärer, wie viel denn noch: Fähnrich Pichler, Feldwebel Rath, Zugsführer Rauch, Frühauf, Egger. — Obwohl fast im Tale inmitten des Waldes und im Genusse einer großen Hütte, mußte dort doch alles zuerst gebaut werden. Es wäre darüber ja nicht viel zu sagen, aber dieser Egoismus ist schon arg.

Meine armen Teufel müssen jedes Brett und jeden Balken 5 Stunden weit schleppen, hausen in lumpigen Steinhütten, in die von allen Seiten das Wasser rinnt. Mitte November tiefer Schnee und noch keine Hütte auf 2125 m Höhe und dennoch soll man nur schöne Worte über die Fürsorge des Kommandos finden. Nein, ich bin dazu nicht imstande und nur tiefe Bitterkeit beherrscht mein Empfinden.

7. November – All die Täler und Ebenen von einem wogenden, brandenden Wolkenmeer überdacht, aus dem nur die höchsten Spitzen wie Inseln hervorragen. Der gleißende Schnee, die tiefblauen Schatten, die leuchtende Sonne, wolkenloser Himmel, welch entzückendes Bild! Und unten im Tale ein trüber Herbsttag. Die Sonne ist so warm wie im April. — Stärkere Trägerkolonnen auf Cruylska Spice, Pansenfeuer auf diese und sonst normale Sonntagsruhe. Die Infanteristen begnügen sich mit Schneeball werfen. Verschossen: 18 Schuß — Fassung: 15 Sardinen, 2 kg Linsen,

Cruylska Spice Mannschaft sucht Deckung – Foto: onb

5 Kerzen, 1 Packung Zünder. — Meine Mannschaft sammelt für das bulgarische Rote Kreuz. Der Zug: 65 Kronen — Vor wenigen Tagen brachte die Reichspost einen schlagenden Leitartikel: Wohltätigkeit, Reklame, Vergnügen. Mit beißendem Worte geißelte sie, daß wegen einiger Kronen die ein Kommerzienrat oder irgendeine Exzellenz spendet, ein Aufheben gemacht wird, während tausende doch ihr Leben opfern. Geißelte sie das Gehaben gewißer Blätter, die fast mehr zur Reklame Spenden sammeln: „Seht doch, was wir leisten!" und endlich, daß das Vergnügen herhalten muß, um einige lumpige Groschen für einen guten Zweck zu ergattern. — Das war einmal Trumpf. — Wie oft liest man Klagen über die Gefühllosigkeit gewißer Kreise im Hinterland: Theater, Kabarett, und sonstiges Tingl-Tangl machen glänzendere Geschäfte denn je. — Im Burg-Theater, wohlgemerkt, Burg-Theater wird Schönherrs „Weibsteufel" aufgeführt, den im Deutschen Reiche ein General unter 600 Mark Strafe verbot. Und was wird nicht sonst alles aufgeführt. Wahrlich, man müßte sich schämen, wüßte man nicht, daß nur ein schwindend kleiner Klüngel diese Würdelosigkeit aufbringt.

Warum läßt sich unser guter Volksteil dies gefallen, warum schlägt er nicht mit der Faust auf diese elende Brut? In abertausenden Familien zieht Trauer und Not ein, diese barbarische Horde, die beim Tod jeder x-beliebigen Tante jammert und sich in Schleier hüllt, und es unschicklich befindet, auch nur ein ernstes Konzert zu besuchen, johlt und schlemmt und irrt ohne Scham, als ob nichts wäre. Ob nicht doch etwas faul ist im Staate Dänemark?

8. November – Vormittag besuchte mich Mediziner Peter Göderle, wir sahen uns noch nie, aber jeder kannte den anderen aus den Erzählungen Seirers. Ein ernster junger Mann. Auf die „Roten Kreuz"- Schwestern ist er nicht gut zu sprechen. Nun ja, auch der edelste Gedanke kann entweiht werden. Viele Frauen und Mädchen huldigen ihm in reinstem Opfersinn! Und im Vergleich mit diesen wird das Treiben der Dirnen im Pflegerinnen Kleid nur um so anschaulicher.

10–10 Uhr 20: Einschießen auf Scharte zwischen 2028 und 2035, über welche der Trägersteig auf Črnelska špica läuft. — Gegner vollkommen ruhig. Verschossen: 11 Schuß — Fassung: 2 Kugeln Käse, 6 kg Erdäpfel, 1/4 kg Tee.

Zerstörte Brücke bei Tolmein – Foto: onb

Becken südlich Tolmein – Foto: onb

9. November – Vormittag klar, nun Nebel. Geschützfeuer im Süden und im Raibler Abschnitt, unser Abschnitt vollkommene Ruhe. — Das große Zeltlager bei Žaga ist abgebrochen. — Fassung: 1/4 kg Tee, 1 kg Butter, 2 kg Salat.

10. November – Dichter Nebel, Schnee und Regen. Im Süden ziemlich heftiges Geschützfeuer. Sollte der Sturm aufs Neue beginnen? An der ganzen Front hat der Gegner angegriffen, wie aus den offiziellen Berichten zu ersehen ist. Auch am Hochweißstein, Wolayer [Paß] und Plöcken. — Der gesamte Donner vom Tolmeiner Becken war hier deutlich zu hören. Dobraule – Görz – Plava – Tolmein – Flitsch – Kärnten und Tiroler Front – eine Schlachtfront und trotz des Vorteiles des Angreifers hat der Gegner keinen Erfolg errungen! Wie lange werden die Sturmkolonnen noch gutwillig das nutzlose Anrennen mitmachen wollen? Stürme, umsonst vergossenes Blut, wahrlich eine furchtbare Strafe des Verrates, ein Gottesgericht. — Freundlich scheint der Blick in die Zukunft. Das treue Bulgarien an unserer Seite! Seine Kolonnen in Nisch! Belgrad gefallen, das serbische Heer in dreiseitiger Umzingelung! — Köret, Machensen, Gallwitz, Bojadjew: Der Herr segne euer Rächerschwert! — Der Sturm an der Westfront gebrochen, die Ostfront eine eiserne Mauer gegen alle Angriffe, in Griechenland Venesilos gefallen, Rumänien neutral, der Weg nach Konstantinopel geöffnet! Welche Aussichten! Berlin, Wien, Sofia,

Raiblerstollen – Foto: onb

Konstantinopel Bagdad, Suez: die Schlagader unseres künftigen Wirtschaftslebens. — Der neue Balkan – Feldzug mit dem weiteren Operationsplan auf Ägypten hat England erst getroffen. Wie schreit jetzt seine Presse! „Matin": „Das Kriegsende eilt mit Riesenschritten heran. Die Stunde der Völkerentscheidung kommt" — Ja, sie kommt und wird euch die schreckliche Frucht eurer Frevel bringen. — Moral in der Politik, Freiheit der Völker, Freiheit der Meere, das sind unsere großen Ziele! — Friede nicht früher, als das erreicht ist! — Die Post: Unsere Feldpost No 220 ist in Raibl. Von Tarvis kommt sie mittels Kraftwagen nach Raibl.

Dort wird sie von einem Mann der 2. Linie abgeholt, der durch den Bergwerkstollen nach Unterberg fährt. Von dort wird sie uns jeden 2. Tag zugeschoben. — Festungen: Was hat man sich doch nicht früher davon versprochen! Und was sahen wir in diesem Kriege? Lüttich, Antwerpen, Namur, Manberg, Belfort, Warschau, Ivanograd, Kovno, Brest-Litovsk, usw. — Aber unser Pempl hat seine Aufgabe erfüllt. Auch hier: Fort Predil, Raibler-See Sperre, Flitscher Sperre: Trümmerhaufen! — Auch im Tal schaut es wüst aus: Flitsch, Dvor, Plužna, Koritnica, Kal, Česoča – wüste Brandstätten. Fast kein Geschäft in der Umgebung ist unversehrt. Überall nackte Mauern, rauchgeschwärzte Ruinen. Die Felder von Schützengräben und Laufgräben durchfurcht, von Geschoßtrichtern aufgewühlt. Wie mag sich manches Herz nach dem Heimat Hause sehnen, und sich mit Wehmut der darin verbrachten Glücksstunden erinnern. Und was bleibt davon übrig? Einige Mauerstreifen. In Žaga und Unterbrett [heute: Spodnji Log] jedoch alles beim alten. In Unterbreth, sogar noch die Bevölkerung daheim.

Görz gefallen. Wie ein Alarmruf geht das Gerücht durch den Draht. Vom Gruppen Kommando jedoch keine Bestätigung. Moralisches Gewicht hätte dieser Erfolg, tatsächlich dürfte er jedoch nicht ins Gewicht fallen. Darum schossen wohl die Italien heute noch so viel. Nachts ein starkes Gewitter mit Donnerschlägen.

11. November – Unsere Türe verweht, daß wir sie ausheben mußten, um ins Freie zu gelangen. Ansonsten Nebel. Gegen 9 Uhr heiterte sich der Himmel auf und alsbald setzte lebhafte Artillerie-Tätigkeit ein. Die reine Luft gestattete eine prachtvolle Aussicht. Die Adria war ein Goldmeer in das die Landzungen der Tagliamento Mündung tauchten, Grado, die Buchten von Panzano und sogar die Bucht von Portorož. Bei Grado waren die Landbänder und Häuser genau zu sehen. O musterbleiches Grado, von wo der Göttliche O Amaizir nach Triest geschaut. Bei Piran war der Leuchtturm genau zu sehen. — An der ganzen Front bebte der Kampf, insbesondere auf Doberdó [del Lago] war Sprengwolke auf Sprengwolke deutlich zu sehen. Im eigenen Frontabschnitt war P 806, Javorscek Golobar, Planizadas Ziel des gegnerischen Feuers. Auch der Svinjak und der 30,5 cm-Mörser bei Kal standen unter heftigem und der Mörser auch unter erfolgreichem Feuer schwerer Geschütze. Der Mörser dürfte etwas abbekommen haben, da ein Aufschlag in allernächster Nähe zu sehen war.

Eigene Gefechtstätigkeit: die 2 Geschütze, die wir am 22. Oktober unter Feuer hatten, waren nicht mehr zu sehen. Somit schienen sie doch ernstlichen Schaden gelitten zu haben. Das 3. dieser Geschütze war unser heutiges Ziel und stand noch am alten Platze, etwa 400 m nordöstlich Podklopca, seine Schußrichtung war auf P 806. — Wir feuerten von 10 Uhr bis 12 Uhr mit Aufschlag Granaten, Schrapnell. Da das Geschütz nicht schwieg, ging ich zu Granaten über und belegte es von 1 Uhr 15 bis 2 Uhr 30 mit 72 Ge-

Blick auf die Kote 806 und Flitscher Becken – Foto: onb

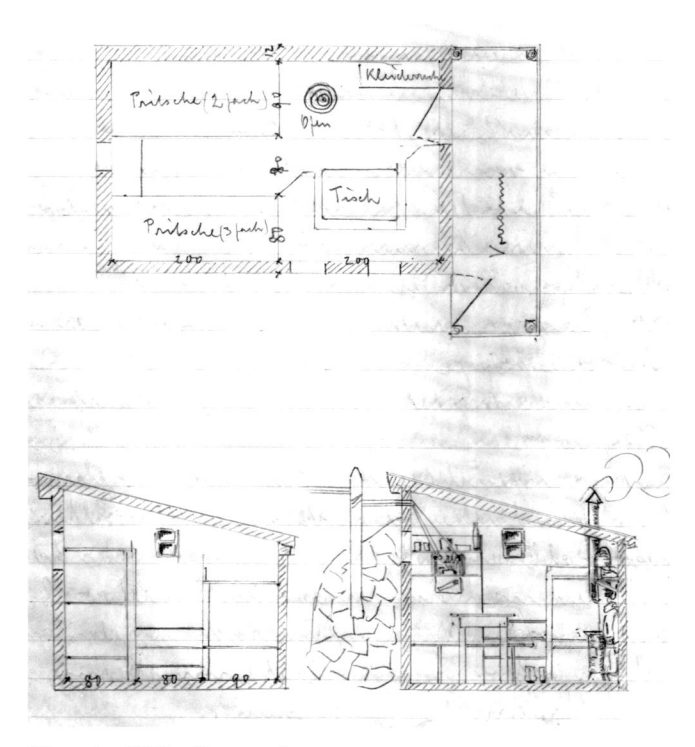

Plan der Hütte Guggenbergers

schoßen. Gleich zu Anfang explodierte ein Munitionslager und etwa 10 Geschoße saßen im Ziel, zwei ganz ausnehmend prächtig. Der Gegner stellte sein Feuer ein, und da den Tag über kein Schuß mehr fiel, darf ich wohl annehmen, daß das Geschütz gleich seinen zwei Schwestern erledigt ist. Die Bedienung bekam 10 Kronen als Geschenk. Ein neuer Gefechtstag der Isonzoschlacht glücklich und erfolgreich vorüber. — Der Rombon hatte mit Ausnahme wirkungslosen Feuers des Gebirgs-Geschützes westlich Csuklja auf Kleinen Rombon und die Geschütz-Stellung volle Ruhe. P 2019 wurde aus dem Možnica Tal beschossen. — Verschossen: Schüsse 32, Geschoße

Fertige Unterkunft – Foto: onb

7, Granaten 72, 111 Schuß insgesamt. — Fassung: 2 Frühstückzungen, 1/4 kg Tee, 6 kg Erdäpfel, 12 Liter Rum

12. November – Nebel und Schneetreiben. Im Süden teilweise sehr heftiges Geschützfeuer. Und oh weh, auch das gestern beschossene Geschütz feuerte wieder. Selbst keine Gefechtstätigkeit weil keine Granaten. — Spital 1 Mann. — Eingerückt: Herr Leutnant Gradl und Offizier Kern Karl. Telefonverbindung zu Geschützen unterbrochen.

13. November – Ich nehme alles zurück, was ich Gutes über den Rombon gesagt habe. Das war ein schauderhaftes Wetter. Regen, Eiskörner, Sturmwind, Blitz und Donner. Der Wind hob uns das Dach, trotzdem wir Steine und Balken daraufgelegt hatten, und es muß ein köstliches Bild gewesen sein, wie Libischer und ich an der Dachpappe hingen, um sie zu halten. Kein Holz, kein Feuer, der Wind pfiff durch alle Fugen, der Regen floß durch die vielen Löcher und drinnen in der Bude hockten fröstelnd wir 2 jammervolle Gestalten. In wenigen Minuten war das ganze Gewand durchnäßt und der Hagel stach wie Nadeln ins Gesicht. So etwas habe ich noch nicht erlebt. Wie mag das werden? Keine Fassung, daher Fasttag.

14. November – Auch heute Nebel. Zeitweise Aussicht ins Tal. Mittag kam Herr Leutnant Gradl. Wenn ich etwas gebangt hatte, nun unter einen blutjungen Leutnant zu kommen, alle Sorge ist verflogen. Ein flotter junger Offizier, der mich auf den ersten Blick für sich einnahm. Jung (19 Jahre), ein frisches rosiges Gesicht, herzhaft offen, liebenswürdig dabei ein gutes Herz. Ein Prachtkerl mit dem ich leicht arbeiten werde. — Nach seinen Mitteilungen, ist Herr Hauptmann über mich mißgestimmt. Er meint, meine Anforderungen und mein Drängen seien übertrieben. Freilich, sie wohnen in einer Prachthütte tief unten, sodaß sie heute noch kaum Schnee haben dürften. Wir in diesen Löchern auf 2100 m, wo der Winter bereits mit aller Macht eingetreten ist, wir übertreiben! — Die Mannschaft lag gestern buchstäblich im Dreck. Ist es da ein Wunder, wenn ein Mann nach dem anderen krank abgeht? Leutnant Gradl fand meine Verbitterung begreiflich. Wir werden gute Kameraden werden das fühle ich. Sein Vater ist Kommandant unseres Infanterie-Regiments 7, der Kärntner Buben. — Die Leitung ist an 8 Stellen geflickt worden, und noch immer keine Verbindung! Habe Gebirgskabel angefordert. — Hei, nun geh ich auf Urlaub! — Für zwei Tage Verpflegung gefaßt aus dem Wintermagazin des Abschnittes Csuklja.

15. November – Namenstag. Ja, eine ziemlich trübselige Feier ohne Feierklang. Vormittag Nebel, der sich dann verzog und einige Aussicht gestattete. Allgemeine Ruhe. Telefonverbindung mittels Kavalleriedraht hergestellt.

16. November – Bewölkt und kalt. Ruhe. Heute endlich konnte mit dem Hüttenbau begonnen werden. — Welche Unsumme von Arbeit und Aufopferung kostete der Zuschnitt des Materials die Mannschaft. Seit vier Wochen arbeitet sie daran. 38 Balken mußten gehackt zugeputzt und ca. 5–6 Stunden heraufgetragen werden. Ungefähr 70 Bretter und 10 Rollen Dachpappe von Csuklja wurden in nimmermüdem Eifer, ungeachtet der eisigen Kälte, Regens oder Schnee heraufgeschleppt. Ist dies nicht ein leuchtendes Beispiel von Gehorsam? Und ich durfte sie nicht schonen, sollten sie nicht vielleicht sogar von P 1313 aus diese Arbeit leisten und sich daher noch mehr abrackern müssen. Und diese Tatschen gaben uns recht, denn schon ist der Befehl zum Bezuge der neuen Stellung am 16. gekommen.

17. November – Herrlicher sonniger Tag allgemeine Ruhe an der ganzen Front. — Am westlichen Abfalls-Rücken der kleinen Kuppe, die sich ca. 300 westlich der Zahl 4 von P 410 und südlich des Lojp-Baches *[heute: Glijun-Baches]* erhebt, eine Zeile neu erbauter Unterkunftshütten und am oberen Rande frische Erdarbeiten, anscheinend eine im Bau begriffene neue Linie. — 3 Mann vom Kader als Ersatz eingerückt. Herr Leutnant Gradl bringt eine frohe Kunde, daß auf 1313 ein gutes Blockhaus mit Pritsche gebaut ist. Nur bezüglich eines Geschütz-Standes hatte er Bedenken und es bedurfte aller Beredsamkeit, ihn zu meiner Ansicht zu bekehren. — Wie wohl tut doch ein schöner Tag nach solchem Wetter. — Hatte mir auch eine tüchtige Unterleibsverkühlung zugezogen. Um alles in der Welt nur nicht ins Spital. Göderle nahm mich sogleich in die Kur und nun ist wenigstens das Fieber weg. Bauchbinde, Pelzweste, Bluse, Manteleinlage und Mantel und doch noch immer ein Kältegefühl.

18. November – Wie hart habe ich doch auf diesen Tag gewartet, denn der Gedanke an das dritte immer noch feuernde Geschütz ließ nicht ab von mir und die Begierde, auch dies zu verjagen oder gar zu beschädigen, nagte dauernd in mir.

Gegen 9 Uhr begann wieder ziemlich lebhafte Artillerie-Tätigkeit gegen P 806 und Javorscek. Die 3 Alten schweren Geschütze am Lojp-Bache und bei Podturo

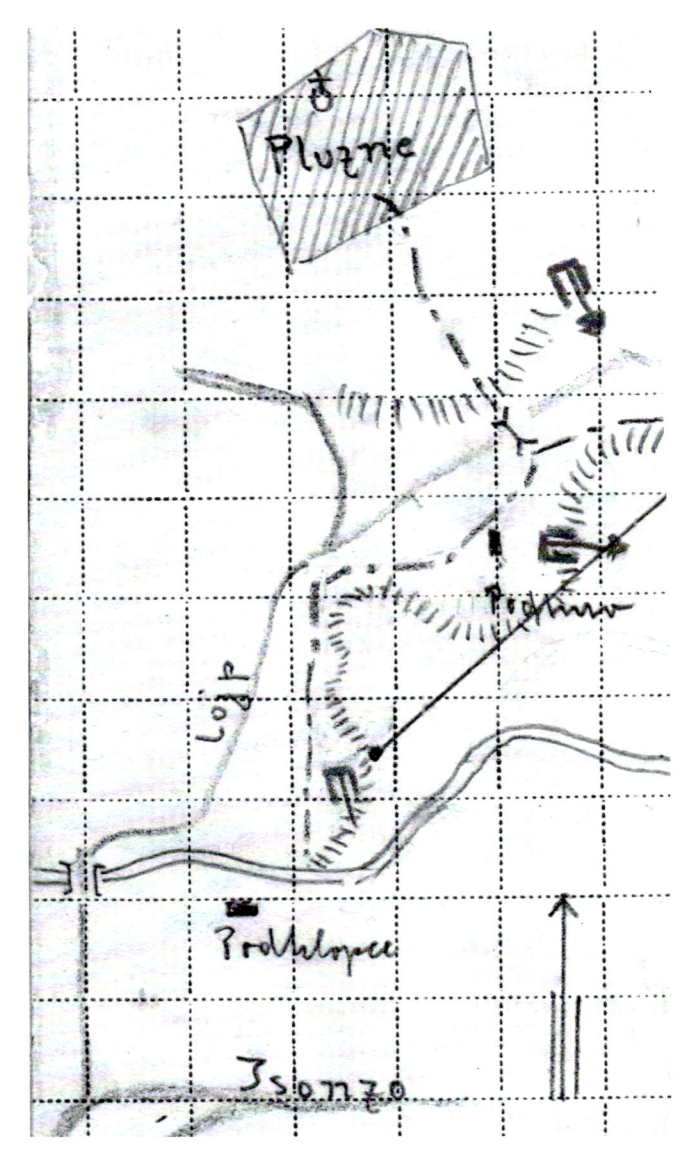

Situationplan vom 18. November 1916

und das noch vorhandene leichte Geschütz an der Geländestufe ca. 410 nordöstlich Podklopca wirkten wieder gegen P 806. Die 2 anderen zur gleichen Batterien Gehörigen haben seit dem 22. ihre Tätigkeit eingestellt und dürften sonach ernsten Schaden gelitten haben. Das 2. Geschütz westlich Csuklja wirkte gegen Kleinen Rombon und Geschütz-Stellung 4/3. Ein eigenes Gebirgs-Geschütz schoß aus dem Možnica-Tal gegen die gegnerische Geschütz-Stellung zwischen P 2038 und P 2019. — Eigene Gefechts-Tätigkeit 10 Uhr bis 12 Uhr vom Feuer dieses leichten Geschützes. Es stellte schon nach den ersten Schüssen, wohl in Erinnerung an den 19. November, das Feuer ein. — 8 Granat-Schrapnell im Aufschlag lagen ausgezeichnet; ob das Geschütz beschädigt wurde, konnte nicht gesehen werden und muß sich erst in einigen Tagen zeigen. Die Wahrscheinlichkeit ist groß.

11 Uhr bis 12 Uhr und 1 Uhr bis 2 Uhr Granaten Feuer auf feindliche Csuklja-Deckungen, 5 Volltreffer.

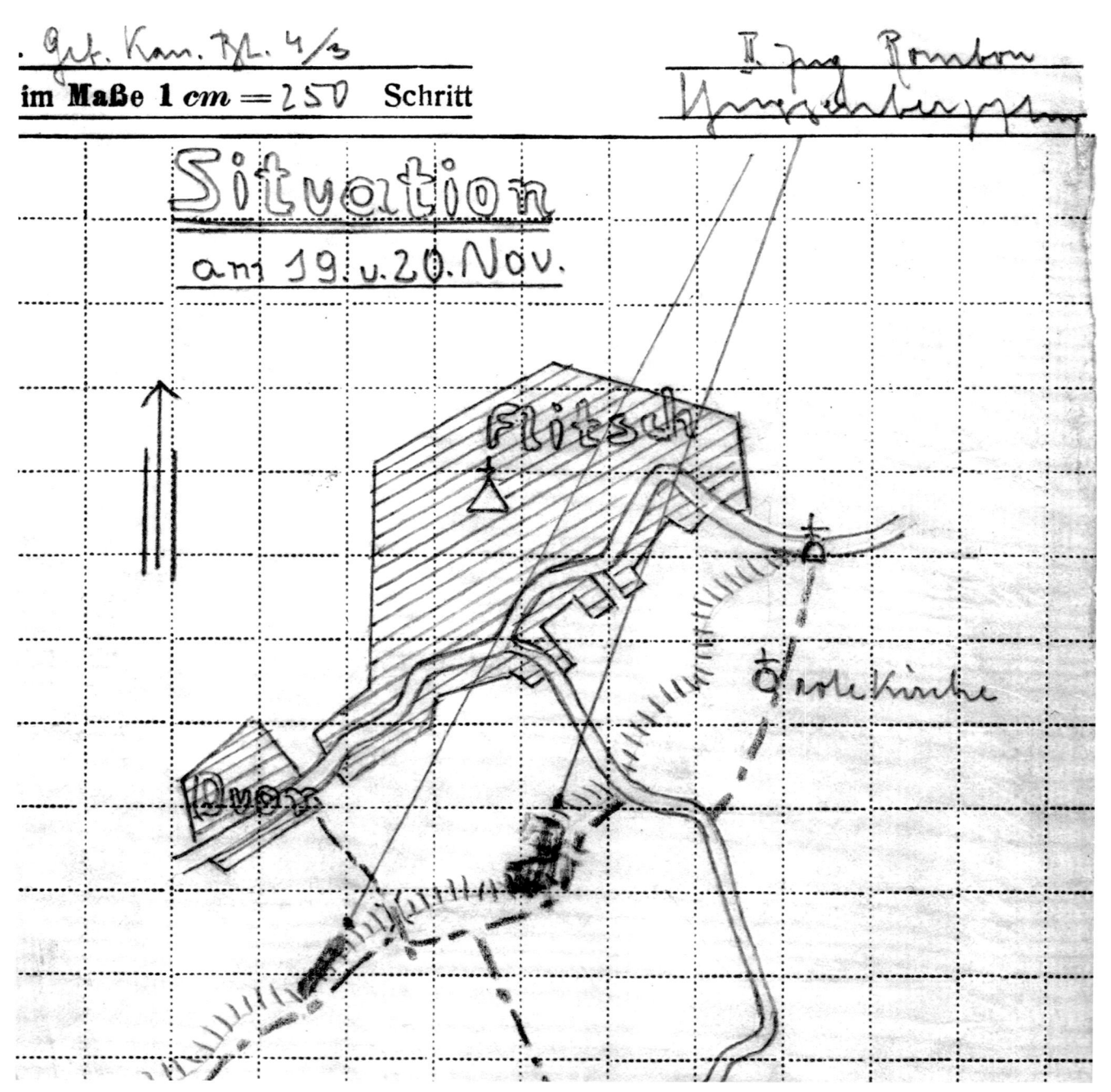

Situationplan vom 19. und 20. November 1916 – Flitsch

Diese staubten anscheinend die Besatzung, die sich auf die südöstliche Kuppe zwischen eigenem und feindlichen Csuklja verschob und von dort aus wütend gegen den Steig zu uns heraufschoß. Sie scheinen etwas abbekommen zu haben, denn auf den Beobachtungsstand klatschten ganze Salven. Auf der ganzen Linie begann eine tolle Schießerei. — Die Patrouille auf jener Kuppe schoß sogar auf Blessiertenträger, die eigene Verwundete auf der Tragbahre zum Hilfsplatz tragen wollten, und verwundeten beide. Auch zwei Kanoniere wurden verwundet. Der Eine war erst gestern eingerückt und hatte Knieschuß. — Eine neue Taube flog zu Erkundungszwecken, die Welschen schossen zwar Salven darauf, aber ohne Erfolg. Eine wundervolle Abendbeleuchtung: „Das Blut Italiens steigt zum Himmel!", bemerkte ein Korporal. — Grüße und Glückwünsche von Mitzi, Mama, Onkel und Lotte, Angela, Franz.

19. November – Ein Sonntag mit blauem Himmel, aber kalt. Im Süden zeitweise Gefechts-Tätigkeit. Eigene Artillerie wirkte gegen den südwestliche Abhang der gegnerischen Artillerie gegen Javorscek. Ein eigenes Geschütz aus dem Možnica-Tal beschoß die Geschütz-Stellung zwischen P 2038 und P 2019. — Als mein Glas das Gelände absuchte, sah ich im Lager an der Geländestufe südlich Dvor ein Leben wie in einem Ameisenhaufen. Hütte an Hütte genau in der Schußrichtung meiner Geschütze. Ich überlegte lange. So sorglos ergingen sich die Soldaten dort in der Vormittagssonne. Die Menschenliebe in mir regte sich und ließ mich lange schwanken. Der

Gedanke kam mir an trauernde 42 Mütter, Frauen und Bräute, der Gedanke an das viele Herzeleid, das doch so ein Schuß anrichtet. Nie tat ich mich so hart zum Entschluße der Eröffnung des Feuers als da, wo ich ganz offen die Wirkung inmitten eines Häufchens mit ansehen mußte. Und dennoch Schonung wäre Verrat an den Brüdern, Verletzung der Pflicht, denn nun herrscht einmal Krieg und es gibt den Alttestamentarischen Satz: „Aug um Aug, Zahn um Zahn". Geraume Zeit brauchte es, bis das Herz hart wurde. Dann ein kurzes Erwägen der notwendigen Elemente, das erste Kommando eilte durchs Telefon und das erste Wölkchen stieg im Felde auf. Korrekturen, näher und näher rückten die Trichter, schon standen verstutzte Gruppen. Da der erste Volltreffer, in einer Baracke! Alles rennt, flüchtet. — Geschoß auf Geschoß schlägt ein. Weit, kurz, Volltreffer. In wahnsinniger Angst stiebt alles auseinander, ins freie Feld und in die schützende Bachmulde, doch die Kurzschüsse finden gerade dorthin den Weg. 10 Volltreffer lagen in den Hütten Geschoße: 51 — Das Feuer dauerte von 12 Uhr bis 2 Uhr. — Herr Oberleutnant Paulus von 1. Kompagnie sandte mir telefonisch seine Glückwünsche. Ein Telefonist sagte: „Bisher habe ich nicht viel Achtung für die Artillerie gehabt, aber heute habe ich eine andere Meinung bekommen." — Südwestlich der Roten Kirche steht auf der gleichen Stufe in einem kleinen Wäldchen ein zweites noch größeres Hüttenlager. Auch dieses wollte ich beschießen. Schon das Einschießen gestaltete sich als schwierig, da das Geschütz in eine ganz neue Stellung gebracht, nämlich geschwenkt werden mußte. Endlich lag der erste Volltreffer und ich glaubte, nun zum Einzelfeuer übergehen zu können, allein das Glück war mir nimmer hold, es blieb bei dem einzigen Volltreffer. 2 Uhr bis 3 Uhr. Geschoße: 31 — Spezialkarte erstes Ziel an der Geländestufe ca. 400 m des B von Bovec (Flitsch) — Zweites Ziel beim B von Bovec — R.i.P.

Auf den Görzer Höhen war heftiges Artillerie-Feuer zu beobachten Abends Göderle auf Besuch bei Libischer: Konstatierte 41 Grad Fieber.

20. November – Vormittag Ruhe. Libischer ging auf Erholung nach Trau. Leutnant Gradl ließ mir keine Ruhe und so nahm ich zum Abschied das Feuer auf das gestrige Ziel abermals auf. Ich mußte nun 400 gegenüber den gestrigen Elementen korrigieren! Bewegung war nach den ersten Schüssen nur wenig zu sehen. Doch nun ein Volltreffer, und wie die Ameisen liefen sie, was die Beine tragen konnten! Es war fast lustig anzusehen, wie es von schwarzen Punkten nur so wurlte. 5 Volltreffer waren das heutige Ergebnis. Da ich mich mit Schrapnell nicht eingeschossen hatte, konnte ich diesen Moment leider nicht ausnützen.

Blick vom Schützengraben gegen Flitsch – Foto: onb

Ein Oberleutnant von der 2. Kompagnie bedauerte dies ungemein und besonders auch, daß ich sie nicht benachrichtigt hatte, da sie sonst mit Weitfeuer gewirkt hätten. „Es war wirklich recht schön" gratulierte er. — Nun, von 1313 aus werden wir dann einige organisierte Unternehmungen veranstalten. — Das feindliche Csuklja-Geschütz versuchte zwar an beiden Tagen mit immer gleichem Mißerfolg uns auf den Pelz zu brennen, sonst aber störte uns merkwürdigerweise niemand.

11 Uhr – 12 Uhr 33 Geschoße, 9 Granaten. — Nun sollte die Vergeltung kommen. Das Ziel waren die noch unversehrten Häuser in Kals. Zwar hatte auch die Svinjak Batterie geschossen und die Vergeltung kann auch ihr geniert gewesen sein. Es brannte der Rasen und dieses Feuer übertrug sich auf die Häuser, die mit mächtiger Flamme bis in den späten Abend loderten. — Heute hörte ich ein neues Geschoß. Solches Brummen und eine solch erschütternde Explosion kann nur von einer 42 kommen. Sie war wie ein Donnern. — Heute Abend wurde das 2. Geschütz auf 1313 transportiert, ohne Hilfe auf 5 Schlitten von der Mannschaft. — Geburtstag, 26 Jahre alt. Herr, laß dir danken für deine Langmut und die Liebe, die mir so viel Gutes schenkte, trotz meiner ständigen Undankbarkeit.

21. November – 1. Geschütz auf 1313 transportiert. Sonst nichts Neues. Von Frau Seirer ein Liebesgaben Packerl mit Schnaps und Apferl und Zigaretten bekommen. — Um Görz und Plava wieder großer Kampf.

22. November – Ein eigenes Geschütz aus dem Možnica Tal wirkte gegen die Geschütz- Stellung zwischen 2038 und 2019 und schoß sich auf Črnelska Spica ein. Das gegnerische Verteidigungssystem um Žaga und Stol umfaßt nicht weniger als 5 Linien! Müssen die Herren aber Angst haben! Freilich ist der Stol auch der Schlüsselpunkt für den Besitz des ganzen Rückens.

23. November – Pichler wirkte gegen die Senkung unter der Česoča – Brücke, schoß gut. — Habe heute mein Urlaubsgesuch auf Antritt 10. Dezember abgeschickt. — Nahm heute einmal ein Infanterie- Gewehr zur Hand und gab einige Schüsse gegen die Geschütz-Stellung zwischen P 2038 und P 2019, wo die Welschen gar zu frech herumstiegen. Einen warf es! Sah ihn mittels des Glases deutlich auf dem Steige liegen. — Herr Leutnant hatte in Breth eine Besprechung mit Herrn Hauptmann bezüglich der Winter Verpflegung. Hatten nun wieder mehrere schöne Tage. — Der Darmvirus will nicht aufhören, innerhalb einer Stunde 3 mal bloßer Schleim.

24. November – Vormittag kurzes Duell zwischen eigenem Geschütz aus Možnica-Tal und gegnerischem Geschütz zwischen P 2038 und P 2019. Die Welschen schrien wie verrückt und winkten.

Geschütz im Mozinca Tal – Foto: onb

Fehler, aber erst wenn der Schuß verpufft war. Gegen eine so schmale Kammlinie erfolgreich zu sein, ist beinah ein Ding der Unmöglichkeit. Zudem haben sie dort ja Kavernen. — Wir schossen auch heute mit Granaten, trafen aber nichts. — Die Hütte ist nun halbwegs fertiggestellt. Auch heute wieder ein schöner Tag. — Herr Leutnant teilte mir die Besprechung mit Herrn Hauptmann mit. Danach soll auch der Beobachtungsstand von der Batterie verpflegt werden. Auch sonst versprach Herr Hauptmann alles. Und mir wurde geantwortet: Wenn die Infanterie Pelze, Filzstiefel, Pelzkappen etc. fasse, so sei dies aus Liebesgaben! Für uns gäbe es dies nicht! Jetzt aber wird uns alles versprochen! — Das muß mich überzeugen, daß die Abneigung gegen meine Person und nicht die Sachlichkeit Richtschnur für die Erledigung meiner Anforderungen war. — Sollte das die scharfe Unterscheidung zwischen dienstlich und privat sein? Dann muß ich mit Grund erstaunt sein. — Herr Leutnant ist von einem großen Optimismus beseelt, wenn er meint, der Verpflegungsnachschub werde so überaus leicht sein. Ich kann diese Anschauung nicht teilen, mögen ihm die Tatsachen Recht und mir Unrecht geben. — Es nagt

Stellung am Vrsic – Foto: onb

doch sehr in mir, daß ich solche Anmerkung für all die Sorge und redliche Mühe, die ich aufgewendet habe, ernten muß. Ich bin zu gerade für das Militär und spreche im guten Glauben zu frei.

25. November – Vormittag einschießen eines eigenen Geschütz aus Richtung Val auf das feindliche Geschütz westlich Csuklja. Nachmittag Feuer aus Možnica-Tal gegen Črnelska špica. Die Hütte wird immer schöner. — Uns erfreuen jetzt andauernd herrliche Wintertage.

26. November – Vormittag starkes gegnerisches Feuer gegen Javorscek und Lipnik. Eigene Artillerie schoß gegen Vršic und dessen Westhang sowie gegen Krn. — Eigener Abschnitt: 2 Geschütze westlich Csuklja gaben einige Schüsse ab. Auch die Črnelska špica stand wieder unter Feuer eigenen Geschützes große Kolonnen mit Holz ziehen dort herauf. Seit langem wirkte auch wieder der 28 cm-Mörser aus [Sella] Nevea auf 1313.

Vormittag lies ich von der Infanterie Salven auf eine Kolonne abgeben. Ein Mann wurde verwundet.

Nachmittag schoß ich mit unseren Infanteristen gegen die italienischen Stellungen. Kaum hatte ich mich nämlich gezeigt, sah ich schon 10–12 Kerle aus der Schlucht in die Linie heraus huschen und die Gewehrläufe nahmen Richtung auf mich. Sofort rief ich die Infanteristen und nun ging das Geknatter los, unsere vier Gewehre als Gegner. — Die Welschen wurden immer nervöser und setzten auch die Maschine in Tätigkeit. Ich bekam erst einen Begriff, wie die psychische Verfassung des Plänklers bei einem Infanterie Gefecht sein kann, denn, obwohl ich Kopf und Brust zeigen mußte, um zielen zu können, dachte ich fast nicht daran, daß mich eine Kugel treffen könnte, so sehr war ich im Eifer. — Ein italienischer Kopf verschwand plötzlich, den scheint eine Kugel erreicht zu haben. — Gegen Abend heftiger Wind und Schneegestöber. Der Infanterie- Gefreite brachte mir abends Äpfel, die er von zu Hause erhalten hatte. Soll eine solche Anhänglichkeit nicht freuen?

27. November – Schöner heller Wintertag. Morgentemperatur auf Keinem Rombon –18 Grad. Vormittag schweres Artillerie-Feuer im Süden Nachmittag

eigener Abschnitt schweres Artillerie Infanterie und Maschinengewehr Feuer des Geschützes westlich Csuklja gegen die Träger auf Großen Rombon. — Südabschnitt: Feuer auf Polovnik Batterie, ins besonders die Batterie nordöstlich P 1772 und das Geschütz bei P 1525 waren infolge des Mündungsfeuers deutlich zu sehen. — Auch unser 1. Zug verriet sich am Abend durch das Mündungsfeuer deutlich, als er gegen die Schützenlinie im Tal schoß. Auch aus anderen Geschützen stand diese Linie unter Feuer. Auf P 806 sporadisch starkes Geplänkel. — Die 2. Kompanie am Rombon setzte scheinbar zu einem Sturm an. Die Italiener flohen aus der Linie! — Abends kam Hr. Leutnant Gradl auf den Beobachtungstand.

28. November – Sonntag, daher auch Sonntagsruhe, die vom Gegner, ganz im Gegenteil zu den Russen, gehalten wird. Vormittag Besprechung über die Winter-Verpflegung. Herr Leutnant nahm meine Ansichten an. Nachmittag Aufstieg auf die Spitze, wunderbares Panorama. Großglockner, Ankogel, kurz die ganze Tauernkette in einer Front. — Alle Hütten auf Großen Rombon werden nun umgebaut!

Unterkünfte am Kleinen Rombon – Foto: onb

Aber wehe wenn man früher an der Haltbarkeit gezweifelt hätte. — 1800 Mann liefern für Rombon Bretter, Balken, Pappe und Verpflegung. Auf Kleinem Rombon leuchtet bereits elektrisches Licht! — Der 4. Zug erhält 12 000 Kerzen, pro Mann und Tag 3 Stück. Die Mengen für die Winterverpflegung sind ganz abenteuerlich. — Zerlegte Fässer kommen herauf, die dann Rum und Wein fassen werden. In unserer Nähe wird auch ein Backofen gebaut, sodaß es auch frisches Brot geben wird. — Abends war Kadett Herrgott unser Gast.

29. November – Schönes Wetter bis 16 Uhr. — Eigener Abschnitt: Feuer gegen Geschütze im Birkenwäldchen westlich Plužna (ca. 400 m westlich Plužna an Abfallsrücken) es wurde von eigener Artillerie (1. Zug?) unter wirksames Feuer genommen. Vor der Front Ruhe. — Südabschnitt: schweres Feuer gegen die Svinjak Batterie (diese ist im 2. Stollen untergebracht.), sonst leichtes Feuer gegen Javorscek und Schützenlinie am Fuße derselben. — Ach, wie pfiff der Wind so balde. — Nachmittag Feuer des 1. Zuges gegen die Linie vor Rabelnik. Das Geschützes westlich Csuklja mußte natürlich auch wieder spre-

Elektrizitätswerk Unterbreth – Foto: onb

chen. Bin nur neugierig, wann es endlich einmal den ersten Verwundeten haben wird, denn bisher tat es noch niemandem weh. — Kurze Zeit war heftiges schweres Feuer im Süden, wahrscheinlich bei Tolmein, zu hören. — Eine dichte Wolkenfront im Süden, schlechtes Wetter im Anzug.

30. November – Dichter Nebel, allgemeine Ruhe. Abends eine gemütliche Sitzung bei Klostergeist und Altweibererzählungen von Kriegserlebnissen. — Lesestoff: Chamberlains Kriegsaufsätze.

1. Dezember – Ein ödes trauriges Nebelwetter. — Lesestoff: Chamberlains Kriegsaufsätze und „Liselottoins Lehren", ein Roman, der den Leser einen Blick in die Gedankenwelt der französischen Frauenwelt tun läßt. — Die Früchte dieser Denkart erntet Frankreich jetzt in Schrecklichem Maße.

Abends feiern wir Herrn Leutnants 20. Geburtstag. — Von Mitzi ein süßes Paket angekommen, auch eine Rose lag bei!

2. Dezember – Nun Abschied vom Beobachtungsstande. Bei der Abmeldung beim Abschnitts Kommando, sprach Herr Hauptmann Kikal von Linie 4 die Anerkennung aus: Deine Arbeit war erstklassig! Ich hab auch dem Gruppenkommando deine Beobachtungen immer gemeldet. — Auf dem Weg herunter trug man einen Toten, Herzschuß. — Eine Mahnung, die öfters nottäte. — Die Hütte ist groß gebaut wenn auch die Raumausrüstung schlecht ist.

3. Dezember – Nebel. Die Geschütz-Stände sind für die verkehrte Richtung gebaut und müssen daher umgeändert werden. Außerdem müssen die Stände eingedacht, gut maskiert und mit sicheren Unterständen und Laufgräben versehen werden. Das kostet lange Arbeit. Wie gut, daß solcher Nebel ist und daher nicht infolge vorzeitigen Schießens die Stellung vorzeitig verraten werden kann. — Nun Besuch bei Hr. Oberleutnant Graf Gleißdach. Abends besuchen uns mein Kartellbruder Pack und Kadett Ertl sowie einige andere Kadetten von Linie 4. Pack ist das alte lustige Haus.

4. Dezember – Nebel. Inspizieren der Arbeiten bei den gesamten Ständen, Anleitung des Baues derselben und auch unser Heim wird bereits in Arbeit genommen. Es ist das Leben sehr hübsch und beson-

Bahnhof Unterbreth – Foto: onb

Unterstand auf P 1313 – Foto: onb

ders das frische Leben, die neue Umgebung und die Abwechslung in der Arbeit, empfinde ich überaus wohltuend nach der Einsamkeit des Beobachtungsstands. — Herr Hauptmann Nejedly erzählte manches aus seinen Kriegserlebnissen. Insbesondere hat mich schon oft die Frage beschäftigt welche Gefühle dem Soldaten bei einem Sturm beseelen können und legte dieselbe auch dem Herr Hauptmann vor. Er konnte mir nicht recht antworten. Er sagte, daß er keine besondere Empfindung in Erinnerung habe; alles spiele sich so schnell ab, das man sich hernach über den tatsächlichen Gang der Ereignisse wenig und nur unklar Rechenschaft geben könne.

5. Dezember – Erfuhr erst heute, wie im Tale der 2. Dezember gefeiert wurde. Auf dem Rabelnik spielte gegen Abend die Musik, das „Gott erhalte", nach dessen Schluß die ganze Linie in ein stürmisches „Hurra" einstimmte. Die Italiener glaubten wohl, ein Generalsturm, denn sie begannen rasend zu schießen, und leuchteten mit vielen Raketen eine Stunde lang die ganze Linie ab. Ein Raketen-Festfeuer des Gegners. — Nun fuhr ich mit Pack auf der Drahtseilbahn nach Unterbreth. Bei Burgstaller geht es einem Rombonler nie schlecht.

2 Flaschen Bier bekamen wir noch in das Schlafzimmer. Da sangen das Eichkatzerl und ich Studentenlied auf Studentenlied und lebten uns in alte Zeiten hinein.

6. Dezember – Pack mußte Vormittag wieder zurück. Ich erledigte beim Traum verschiedene Angelegenheiten. — Cruko-Offiziersstellvertreter! Wohl weniger wegen Verdienst als um 2 anderen Braven, Feldwebel Berger und Feldwebel Rath, den Weg zum „Oberfeuerwerker" frei zu machen. — Ein neuer Feuerwerker ist uns zugeteilt. Er hat im Frieden eine Brauerei in russisch Polen. Seine Frau ist Russin, sein Schwager Einjähriger in einem russischen Ulanen- Regiment. Auch andere Verwandte sind Offiziere im russischen Heer. Er hat keine Nachricht aus der Heimat. — „Wahrscheinlich heißt es halt, wieder von vorne beginnen", sagt er schlicht, ohne zu jammern.

7. Dezember – Nebel und Regen. Burgstaller wurde heute zum Leutnant befördert. — Nun mit Libischer auf P 1313. Mein Pferd Herrmann sieht dank guter Pflege wieder voll und gesund aus und ist recht munter. — Poteko ist im Spital.

8. Dezember – Festtag, Maria Empfängnis. Meiner Mitzis Namenstag. Was macht doch etwa meine süße Gretl? Wie ich mich freue, sie wiederzusehen. — Nun machte ich bei Herrn Hauptmann Nejedly Besuch und sah dort eine Porträtzeichnung eines Infanteristen. So etwas möchte ich Mitzerl schenken. Das wäre das schönste Kriegsandenken.

9. Dezember – Nebel, Regen, Fortsetzung der Bauten.

11. Dezember – Nach dem Mittagessen langt telefonisch meine Urlaubsgenehmigung ein! Ach Gott, war dies eine Freude! Zurück zu seinen Lieben, dort wohnen und leben zu dürfen, Städte, andere Menschen, friedliches Land sehen dürfen; Musik und Glocken hören, wie malt man sich doch alles aus! Wie oft habe ich sinnend an mein Herzliebes gedacht, an die Seligkeit, die mich erfüllen werde, darf ich sie wieder einmal in meinen Armen halten, ihr in die süßen Guggerln schauen und ihr zeigen, wie lieb ich sie habe und dann küssen und küssen! Mein Lieb alles! — Und dies sollte nun sein! In 3/4 Stunden war ich beim Tempel draußen und in Predil.

2 Uhr nachts: Fahrt im Landwagerl nach Tarvis und von dort um 6 Uhr 30 früh nach Villach. — Ganz wie ich war, schmutzige Montur, Bart; sogar Salzer, den ich am Bahnhof traf, kannte mich nicht wieder! Dann zu Schwester Angela. Herbert erkannte mich gleich, klein Angela freilich nicht. Und meine Schwester, so war ich also wirklich wieder zu Hause. Da gab es zu erzählen von dem und jenen. — Aber meine Mitzi war noch nicht da. Abends Besuch bei Bertha. Dort Expresskarte an Frau Paula Etlinger mit der Bitte, Mitzi von meiner Ankunft zu verständigen. Sie hatte endlich die Erlaubnis vom Etappen-Gruppen-Kommando erhalten. — Montag: Einkäufe, die viel Geld kosteten.

14. Dezember – Dienstag: Schon früh erwartete ich Mitzi, endlich Nachmittag 4 Uhr brachte der Wiener Schnellzug mein Lieb ja mein Herzlieb! Sie ist sich gleich geblieben, ja hat sich zum Vorteil entwickelt durch Annahme einer reizenden Gesetztheit. Sie ist nicht mehr das Backfischchen, sondern ganz Dame. — Ich will nicht schreiben was sich an dem und jenem Tage abgespielt hat. — Wir lebten ohne Misston ganz unserer Liebe. Stunden schönsten se-

Draubrücke Villach – Foto: onb

ligsten Glück gab es mir ihr Wesen. Wie reich machst du mich durch deinen Besitz! Und was dann, wenn ich dich einmal verliere? — 8 Tage verbrachten wir bei Angela. Es freut mich, daß sich die zwei Frauen so gut verstanden. Einen Abend verbrachten wir im Theater (Förster Christl), einen im Kino und einen dritten im Militärkonzert. Besuche bei Brunner und Huber führten sie auch in die ersten Verwandtenkreise ein.

21. Dezember – Montag: Um 8 Uhr früh fuhren wir beide nach Klagenfurt, dort Besuch bei Schwester Oberin und Familie Seirer.

Fähnrich Seirer war vollkommen niedergedrückt bei meiner Ankunft. Fähnrich Göderle Peter am Rombon abgestürzt und tot. Mich traf die Botschaft wie ein Donnerschlag. Peter tot! Vor 14 Tagen noch hatte ich bei ihm Kaffee getrunken. Kriegslos! Ob es nicht doch Ahnungen gibt? — Er wollte nicht auf den Rombon und hatte von dort den ersten mutlosen Brief geschrieben. Und nun im Jenseits! Der Herr gebe ihm die Ruhe und den Gottesfrieden. — Allmählich kam die Stimmung doch noch derart heraus, daß eine ruhige Unterhaltung in Fluß kam. Mitzi machte den denkbar günstigsten Eindruck auf alle, wie sie mir sagten. — Frau Seirer scheint mir bedeutend gealtert. Herr Seirer und Frau Hausch blieben gleich. Auch Guggenberger Hans kam auf einen Sprung. — Auch bei Frau Celler machte ich einen Blitzbesuch. Ist wohl schon ein altes Frauerl geworden. — Die Aufnahme bei Seirer war wirklich herzlich und nur ungern brachen wir auf, um mit dem Zug 1/2 8 Uhr abends nach Marburg zu gelangen. Dort trafen wir verabredungsgemäß mit Leutnant Watzinger und von Götz zusammen. Armer Götz, dich hat das Kriegsleben wohl zugrunde gerichtet. Auffallende Blässe und ganz veränderte Züge! Daß der Krieg so verändern kann, ahnte ich bisher nicht. Sein Wesen ist auch etwas hastig und nervös, sonst aber der alte Götz. Erinnerungen, Erzählungen und Zukunftshoffnungen!

22. Dezember – Morgens: Weiterfahrt nach Wien. Dort Bestellung unserer Verlobungsringe, Frühstück und dann nach Tulbing. — Gott, wie schön ist doch so ein Wiedersehen! Lottie mit dem kleinen Mäderl allerliebste Frau, Mama und Onkel unverändert lieb. — Diese Traulichkeit des Hauses und aller Personen ist entzückend. Heim! Dieser Begriff heißt Ruhe Glück Zufriedenheit. Da legt sich so ein Glückgefühl auf das Herz, wandert man durch Zimmer und Stube und sieht die guten alten Stücke von früher an seinem Platz jedes wohlbekannt. Ein Tuskulum für eine Seele die sich nach Aufheiterung sehnt. Alles machte mir Freude, und zu allem noch die tiefe Herzlichkeit, mit der mir von allen begegnet wurde! — Wie wohl das tut! Viel Familienglück hat der Krieg wieder aufgerichtet. Die lange Sorge führt die Herzen zusammen.

24. Dezember – Christabend! Der schöne Tannenbaum mit seinem glitzernden Schmuck, besteckt durch die vielen bunten Kerzlein, wirkt doch immer auf das Gemüt! Stille Nacht, Heilige Nacht, das griff mir unwillkürlich ans Herz, ja für manchen mag sie zur stillen Nacht geworden sein. Nachts besuchte ich die Mette. — Unsere Verlobungsringe waren leider nicht gekommen, obwohl wir sie auf diesen Tag bestellt hatten.

27. Dezember – Mitzi und ich fuhren morgens nach Wien. Besuch bei Frau Burgstaller. Ein reizendes Frauerl. Sie sieht auch bereits der ersten Mutterschaftslage entgegen. — Hernach Besuch bei Tante Theres und bei Etlinger. Herr Etlinger ist stark zusammengegangen, ein armer alter Herr der keinen Einfluß auf seine Kinder hat. Fräulein Mary, wie sie sich noch immer nennen läßt, ist in ihrem Glauben an ihre Künstlersendung nicht wankend geworden. Ob sich aber damit nicht etwas mehr sparsamer und hausfraulicher Familien-Gemeinschaftssinn verbinden ließe? Ich glaube ja, und dies würde sie sympathischer machen. Richard ist sehr fleißig, hat aber seine Stellung verloren. — Paula soll auch etwas ernster geworden sein. Freilich, die gewiße Eitelkeit haftet ihr unverändert an. — Frau Etlinger ist eine starke Natur in der Sorge um ihre Familie, eine zu schwache ihren Kindern gegenüber. Ihre ruhige Freundlichkeit hat sie nicht verloren. — Nach Besorgung mehrerer Einkäufe besuchten wir die Stephans-Kirche. Viele, viele Menschen, das betende Wien. Beide legten wir Beichte ab, ich fühlte mich daraufhin so gehoben so tief glücklich, daß mir dieser Tag zum schönsten des Urlaubes wurde.

Abends kam eine schöne Gesellschaft im Gasthof „Kaiserhof" zusammen. Pfarrer Preuß, Fräulein Paula, Frau Schmelz, wir wanderten auch noch in den Rathauskeller, wohin auch noch Ing. Turschner kam. Es waren gemütliche Stunden.

28. Dezember – Morgen Heilige Kommunion. — Das Grab Papas! Was möchte wohl dieser seelensgute Mann mir sagen? Da standen wir vor ihm, Kriegsbrautleute. In Waffen auf Urlaub nach 9

Unterstand auf P 1313 – Foto: onb

Monaten. Er in seiner glühenden Vaterlandsliebe hat das große Ringen nicht mehr erlebt. — Im Zweifel am Bestand der Monarchie ist er gestorben. Wie würde er jubeln, sähe er Österreichs herrliche Auferstehung.

30,5 cm-Mörser – Foto: onb

29. Dezember — So also war der Tag des Abschiedes wieder da. Mitzi hatte gestern abends noch bitterlich geweint; auch mir war es schwer ums Herz geworden, denn ob man will oder nicht, der Gedanke an den Tod, an das Nichtmehrsein stiehlt sich in den Sinn. — Und mein liebes Mäderl nicht mehr sehen, fern von Heimat und Lieben verbluten müssen, nachdem man erst den Wert des Lebens richtig einschätzen gelernt hat, das wäre doch ein trauriges Los.

5 Uhr früh: Mit Wagen nach [Langen]lebarn, dann nach Wien. 1/2 7 Uhr hastiger Abschied. Mitzi hielt sich stark, nur der lange liebe Blick sagte mir so deutlich: Komm wieder! — Einsame Fahrt nach Villach, dort kurzer Aufenthalt bei Angela und dann nach Tarvis, von dort um 1 Uhr nachts nach Predil.

30. Dezember — Vormittag auf P 1313. Peschka ging auf Urlaub ab. So war ich denn allein. Meine kleine Felly kannte sich vor Freude gar nicht aus. — So ein Hunderl ist doch ein liebes Tierchen. Wie einsam ich mich fühlte; ich konnte mich gar nicht in die neue Lage eingewöhnen. — Klares Wetter; des Tages über Ruhe.

8 Uhr: Feuerüberfall von Seite des Gegners am Rombonhang. Er unterhielt ein sehr lebhaftes Infanterie-Feuer, ohne jedoch zum Sturme anzusetzen. Eigene

Rombon – Foto: onb

Infanterie erwiderte kräftig. Um 12 Uhr nachts wiederholte sich das Spiel auf kurze Zeit.

31. Dezember – Sylvester — Klares Wetter. Ruhe. Einschießen des 1. Geschütz auf Csuklja durch Hr. Leutnant Gradl. Geringer Erfolg, da Schwierigkeiten bezüglich Überschießbarkeit vorhanden waren. Situation unverändert.

6 Uhr 30 Nachmittag hielten Herr Leutnant und ich mit der Mannschaft eine hübsche Neujahrsfeier ab. — Der Christbaum wurde entzündet, Herr Leutnant Gradl hielt eine kurze Ansprache und hernach teilte ich die Liebesgaben der Wiener Schulkinder aus. Wie anheimelnd einen diese Gaben berühren, so schlicht auch manche Päckchen sind. Da sind einige Zigaretten, vielleicht auch Taschentücher, Nadel, Zwirn drinnen, ein Messer oder Pfeifchen, kurz allerlei nützliche Dinge. Und welche Freude die Mannschaft damit hatte. Tee und Gebäck waren Zubuße. — Lange noch sangen sie heimische Lieder. Zu uns kam Herr Leutnant Graf Gleisbeck (Richter in Liesing) Schlag 12 Uhr wurde eine für diesen Abend gekaufte Sektflasche geöffnet und mit „Hurra" auf die Zukunft begrüßt.

12 Uhr 15 entwickelte sich im Tale ein Gefecht. 1 Uhr 45 heftiger Feuerüberfall der Geschütz-Tal-Artillerie auf die Infanterie-Linie von Flitsch. — Auf Csuklja ging der Gegner vor, wurde aber durch Infanterie Feuer und Granaten leicht abgewiesen. — So ist denn wieder ein Kriegsjahr um. Ernste gefahrvolle Tage gab es für unser Vaterland, aber mit Gottes sichtbarer Hilfe wurden sie überstanden und ein großes Übergewicht bei den Gegnern erzielt. Die großen Dauerkämpfe in den Karpaten, die herrliche Durchbruchsschlacht bei Gorlice, der siegreiche Vormarsch nach Russland über die vielen Festungen hinweg, die Abwehrschlacht gegen Frankreich, die vier Isonzoschlachten, der Anschluß Bulgariens, der Donauübergang und die furchtbare Niederzwingung Serbiens und die tapfere Abwehr an den Dardanellen – Erfolge über Erfolge! Gott hierfür an erster Stelle zu danken ist unsere Pflicht. Nur mit seiner Hilfe konnte dies erreicht werden. Bleiben wir würdig, daß er uns weiterhelfe.

1916 – Wirst du das Jahr des Friedens werden? Gott gebe es!

1. Jänner 1916 – Klares Wetter 11–12 Uhr Vormittags Einschießen des 1. Geschützes auf die italienische Linie vor Flitsch, auf den Anmarsch der Reserven westlich der Roten Kirche und auf der Straße bei P 410. Feuer wurde von mir geleitet. Die Resultate sehr gut. Die Welschen liefen. — 35 Geschoße.

2. Jänner – Schönes Wetter. 2 Uhr bis 4 Uhr Einschießen und erfolgreiches Wirkungsschießen auf das feindliche Lager bei der Brücke ca. 400 m westlich Bovec (Flitsch) und Einschießen auf ein 2. Lager von Bovec, beide an der Geländestufe südlich Flitsch. Wundervolle Volltreffer in die Baracken, allein sie schienen bei Tag nicht besetzt zu sein, da keine Bewegung sichtbar wurde. — Geschoße: 30 — Heute mit Studium für Rigorosum begonnen.

3. Jänner – 11–12 Uhr Einschießen gegen Podturo Geschütz durch Leutnant Gradl.

1 Uhr – 2 Uhr erfolgreiches Wirkungsschießen gegen Lager beim B v. Bovec unter meiner Feuerlei-

Weihnachten am Rombon – Foto: onb

tung. 6 Volltreffer, Feuer trotzdem eingestellt, da keine Bewegung zu sehen. — Schüsse: 5, Granaten: 15

4. JÄNNER – Situation unverändert, keine Gefechtstätigkeit.

5. JÄNNER – 10 – 11 Uhr Vormittag wirksames Feuer gegen italienische Schützengräben vor Rabelnik unter meiner Leitung. Die Beobachter ringsum waren entzückt über dieses Feuer. Hauptmann Birnbacher sagte, daß sie wenigstens 10 Tote weggetragen haben. Geschoße: 17, Granaten: 4

6. JÄNNER – Heiligen Dreikönig: schönstes Wetter, keine Tätigkeit.

7. JÄNNER – Klares Wetter, 12 Uhr: Feuer gegen Straßensenke ca. 600 m nordöstlich der Česoča-Brücke unter meinem Kommando, da stärkere Infanterie Bewegung sichtbar.

1 Uhr 30 bis 2 Uhr 30 nahm der 24 cm-Mörser Granaten auf den Artillerie-Beobachter östlich P 1661 unter wirksames Feuer. Eine Ecke der Hütte wurde weggerissen. Ein 16 cm Ges aus Žaga antwortete schwach. 4–5 Uhr lebhaftes Feuer der Gegner. Krasji Vrh. — Batterie: Schüsse: 25, Geschoße: 1

8. JÄNNER – Schönes Wetter. Eigene Gefechtstätigkeit: 11–12 Uhr Vormittags, Feuer gegen Straßensenke wie gestern und italienischen Kücken dort selbst. — Feuer gegen Svinjak-Batterie, gegen die Podturo und Plužna Geschütze. — Nach 12 Uhr Feuer unserer Schweren 3/5 auf Krasji Vrh.

3–4 Uhr abermaliges Feuer auf der Svinjak-Batterie gegen Plužna.

4 Uhr eröffnete gegnerische Leichte Batterie auf Krasji Vrh. neuerlich das Feuer, worauf eigene Schwere antwortete. Schüsse: 5

9. JÄNNER – 12 Uhr mittags 3 Schüsse Einzelfeuer gegen die Straßensenke nordöstlich der Česoča-Brücke.

4 Uhr wieder gegen dasselbe Ziel. Fünf oder sechs Italiener gingen gemächlich die Straße hinunter. Schon glaubte ich, meine Schüsse kommen zu spät- die Italiener waren gerade im Verschwinden, an der Straßenbiegung – da ein Volltreffer mitten unter Ihnen. Einer rannte noch auf die Seite, was mit den anderen war konnte ich nicht sehen, da die Baumwipfel die Aussicht behinderten, wahrscheinlich ist keiner Gesund geblieben. Schüsse: 8

11. JÄNNER – Nichts Neues.

12. JÄNNER – Schönes Wetter, keine Tätigkeit, marode 2 Mann.

13. JÄNNER – Keine Tätigkeit

14. JÄNNER – 11–12 Uhr wirksames Feuer gegen 3 Feld-Geschütz bei P 398, diese wurden unter konzentrisches Feuer fast aller Batterie genommen. Schwere 3/5 hatte mehrere Volltreffer.

Ein Geschütz ist zerstört, beim zweiten war es nicht zu konstatieren. Vermutlich ist es auch unbrauchbar gemacht. 12–13 Uhr Einschießen auf Geschütz beim

Gebirgsgeschütz – Foto: onb

Kaverneneingang – Foto: onb

ersten o von Podturo unter meiner Feuer-Leitung. 12 Uhr wirkte eigene Schwere gegen das Feldlager in der Senke ca. 300 m östlich des letzten Punktes von Podturo mit Erfolg.

1 Uhr 30 vormittags schoß das feindliche Geschütz hinter der Erdwelle bei P 398 auf den unteren Teil des Rombon, wurde jedoch bald durch unsere eigene Schwere zum Schweigen gebracht — Geschoße: 22 — Erhalte abends vom Batterie-Gruppenkommando Hauptmann Haslinger, Befehl, am 15. Vormittags mit Zeichenmaterial versehen bei Batterie-Gruppen Kommando einzutreffen, um Instruktionen für eine zu lösende Aufgabe entgegenzunehmen.

15. Jänner – Früh über Stock und Stein zu Tal. Begegne Herrn Hauptmann auf der Straße vor Sperre. — Aufgabe: Im Raume der Kompagnie 6/27 ist eine Artillerie-Stellung für 2 Gebirgs-Geschütze bestimmt, die die Aufgabe bekommen, flankierend die Italienischen Gräben vor Flitsch bis Česoča zu bestreichen. Skizzen über Wirkungsraum, Stellung und Meldung über die noch notwendigen Bauten sind vorzulegen bis 16. Jänner abends. — Bei Schwerer Haubitze 3/5 für drei Tage einquartiert. Mittag Gast bei Herrn Hauptmann Nejedly. — Stellung sehr schön gelegen auf 700 m Höhe in einer Felswand. — An beiden Kavernen wird bereits kräftig gearbeitet. Jedoch ist ein unterirdischer Verbindungsgang beider Kavernen äußerst notwendig, da sonst jeder Mann bei Ablösung oder beim Munitionszuschub leicht abgeschossen werden kann. Der italienische Posten ist nur 300–400 m entfernt und kann genau flankierend wirken. Außerdem ein Stall für zwei Tragtiere und Küche. Dieser Bau ist an der Straße auszuführen. Endlich noch eine Baracke für die Bedienung.

Abends in der Messe von Schwerer Haubitze 3/5 zu Gast. Die Herren sind äußerst liebenswürdig. — Leutnant Wank, Leutnant Gebidy, Kadett Kaufmann etc. spielten Rocca, ich lehnte bedauernd ab. Kaufmann soll Bankier sein.

16. Jänner – Wieder in Stellung. Bericht und Skizzen sind fertiggestellt und eingeschickt.

17. Jänner – Zur Besprechung zur Batteriegruppe befohlen. Erhalte dort das Kommando über diesen Zug zugesprochen. — Hauptmann Haslinger ein sehr energischer Herr. Sein Adjutant Leutnant Walther – ein Spitaler – hat alle 4 Tapferkeitsmedaillen, außerdem die Kleine drei Mal.

Nachmittag und abends Gast bei Batterie. Pichler erzählte mir viel trübes über Hauptmann, es ist schade um den Mann. Er soll häufig ganze Nächte mit der Mannschaft saufen und spielen, dann natürlich am Tage schlafen. Von den Batterie-Geschäften soll er schon lange keine Ahnung mehr haben. Zudem soll er von einer ziemlichen Frechheit mit höheren Stellen sein, kurzum er ist in der Rolle eines langsam versinkenden Mannes. — Schießen soll er oft ganz verrückt und wenn ihm vom Gruppen Kommando ein Rat erteilt wird, solle er trotzig das Gegenteil kommandieren. Ist das das Verfahren eines vernünftigen Menschens? Nein, das ist kindisch und läßt sich nur daraus erklären, daß er den Boden unter sich schwinden fühlt. Dann die Menage-Rechnungen! Er bestellt Wein, Bier und vertrinkt es mit der Mannschaft. Zahlen? Nun, da wird selbstverständlich redlich mit den anderen Offizieren geteilt. — Saß abends mit ihm zusammen bis

12 Uhr. Ging dann schlafen weil ich mir dachte, auch er habe genug gesessen. Allein? Bis 7 Uhr früh spielte er wiederum mit der Mannschaft. — Der Mann verlobt, hat eine Braut! Ja, denkt er denn gar nicht daran, daß er damit das Schicksaal eines anderen Wesens an das seine geknüpft hat? Daß sein Untergang auch ein zweites Unglück zur Folge hat? Denn daß er die Kraft besäße, sich aufzuraffen, glaube ich nicht, und was bleibt dann bei einer solchen Natur ohne sichtlichen Halt und ohne Energie und Glauben? Die Pistole. — Merkwürdig ist wohl auch die Auffassung, die Treue nur auf der Seite der Braut verlangt.

18. JÄNNER – Anforderung bei Gruppen-Kommando. Meldung bei Herrn Major Schränzel. Letzterer ist ein liebenswürdiger Herr. Er beglückwünschte mich zur schönen Aufgabe, die mir gestellt sei.

Ja er knüpfte an die Tätigkeit dieser Geschütze die Hoffnung, daß die Italiener ihre Linie im Tal weiter zurück verlegten.

Vormittag auf 1313, dort ist jetzt mein Bundesbruder Med. Lipp als Sanitäts- Fähnrich tätig. — Er erzählte mir ein furchtbares Erlebnis von einem Wahnsinnigen, den er erschoß und leider auch einen Gesunden, infolge einer Täuschung, die durch besondere Umstände herbeigeführt war.

Abends Gast bei Gruppenkommando. Dann Ritt nach Breth. Dort war Peschka, der vom Urlaub einrückte und Leutnant Saborsky, der auf Urlaub ging. — Herren der Batterie 4/3: Hauptmann Stenzel, Oberleutnant Schurli, Leutnant Fiska, Leutnant Gradl, Leutnant Saborsky, Fähnrich Bichler und Guggenberger, Libischer, Seiger, Treschl.

Abends wurde von Kompagnie 3/4 unterhalb unserer Kaserne eine italienische Vorstellung genommen. — Von dieser Tatsache schreibt Cadorna: Im Flitschenbecken errangen wir Erfolge! — Ist das

Die eingenommene italienische Stellung – Foto: onb

nicht lustig? Also nur noch tausend solche Erfolge und wir sind am Po.

Abends bringt das Telefon die Nachricht: Montenegro hat sich unterworfen! — Ja diese Freude, „Hurra, Hurra", erklang es auf der Linie. Vor P 806 fragten die Italiener, was denn schon wieder sei, und sagten auf unsere Aufklärung: Na endlich was Wahres. Bei uns ist nichts zu erfahren.

21. JÄNNER – Vormittag Befehlsentgegennahme beim Batterie-Gruppen-Kommando betreffs einer Aktion gegen die italienischen Stellungen im Slatenik-Graben. Traf auch Kamerad Tanzmeister aus der eigenen Schule. Ist ein schneidiger Bursch, als solcher im ganzen Abschnitt bekannt. Hat von Herrn Major Trojer die Kleine Silberne bekommen. Er kommandiert das Marine Geschütz 3/4 in Jablenca. Lernte auch Kadett Ecker kennen, der in Zivil Regisseur des Stauberger Volkstheaters ist. Er kommandiert Marine 1/3 bei Ravni Laz. Dieser erzählte auch von der Verkennung der Opfer Österreichs am Anfang.

22. JÄNNER – Messungen. Abends 9–11 Uhr italienischer Angriff auf Sandsack-Stellung vor Ravni Laz. Sie hatten herüben mehrere Tote und 12 Gefangene. Letztere äußerten sich sehr „schmeichelhaft" über König und Ministerium. „sono porchi!"

11 Uhr Nachts Plužna Geschütz 2 Schüsse auf 6/27. 2 Uhr nachts wieder mehrere Schüsse auf uns. Blieben aber ruhig liegen, wenngleich 40 m vor uns die Granaten einfielen. — Ein Gefangener sagte: „Das Ministerium hat mit Osterreich ein falsches Kartenspiel gespielt und wir müssen die Rechnung bezahlen."

23. JÄNNER – Abends 6 Uhr neuerlicher Angriff der Italiener auf Sandsackstellung. Bei Kompagnie 6/27 in meiner Kaserne, von wo aus der Minenwerfer schoß, krepierte eine Mine im Rohr. 1 Schwer- und 3 Leichtverletzte. — Letzthin bei der Montenegro-Feier auf dem Rabelnik, war ebenfalls ein Rohrkrepierer: 4 Mann tot, 4 Offiziere verletzt. Kadett Ertl dürfte sogar tot sein. Leutnant Unterräumer schwerverletzt. — Unser Geschütz M 15 wurde in die neue Stellung gebracht.

24. JÄNNER – Nichts Neues.

25. JÄNNER – Hauptmann Haslinger kam in meine Stellung und wies mir für die Aktion den Zielteil zu. Als wir bei der Kaverne unten waren, lagen noch im-

> **Der tägliche Cadorna.**
> Kriegspressequartier, 30. Jänner.
> Im Berichte des italienischen Generalstabes vom 28. d. heißt es: Besonders lebhafte Artillerietätigkeit an manchen Stellen der Front in Carnien. Am oberen Isonzo versuchte der Feind am Abend des 27. d. M. nach heftiger Artillerievorbereitung, uns aus unseren bedrohlichen Stellungen am kleinen Javorcek zu vertreiben. Er wurde einmal zurückgeworfen, erneuerte den Angriff mit frischen Truppen ein zweites, später ein drittes Mal, wurde aber immer mit schweren Verlusten zurückgeschlagen und schließlich in die Flucht gejagt. Auf den Höhen nordwestlich von Görz nahmen unsere Truppen einen Teil des in der Nacht auf den 25. d. verlorenen Geländes wieder in Besitz und setzten sich daselbst fest. In diesem Abschnitt gab es gestern nur Artilleriekämpfe, Maschinengewehrfeuer und Bombenkämpfe. Vom Karstplateau wird ein kühner Einbruch einer eigenen Abteilung in einen feindlichen Schützengraben südwestlich von San Martino gemeldet.

Zeitung vom 30. Jänner

mer die 7 Toten unbeerdigt vor den italienischen Stellungen, ja ein Verwundeter lag schon 48 Stunden ohne Hilfe, er schrie, es war deutlich zu uns zu hören, um Hilfe. Es gefiel mir sehr von Hauptmann Haslinger, daß er so Mitgefühl hatte. Um 6 Uhr abends wurde von den Unseren hinübergerufen, daß von 6–9 Uhr nicht geschossen würde, damit sie ihre Toten beerdigen können. „grazia" dankte ein Posten, allein es geschah dennoch nichts. Der Verwundete wurde von den unseren geholt. So schaut der kameradschaftliche Geist beim Gegner aus. 48 Stunden lassen sie den armen Teufel liegen und schreien. „Besaglieri soluto," die Kameraden rühren sich nicht. Italienische Schmach! — Ein Gefangener erzählte euch, daß ihr Major sie mit der Pistole herausgejagt habe mit der Drohung: Hier Tod oder vorne Tod!

26. JÄNNER – 10 Uhr 30 Granatfeuer des Plužna Geschütz gegen unsere Befestigungsarbeiten bei P 446.

10 Uhr 45 feuert Eigenes Geschütz gegen Westhang von P 806. — Erhalte Befehl auf P 806 zur Rekonstruierung des zugewiesenen Zielteils zu gehen. P 806 sehr schön hergerichtet. Die Italiener brannten unten ganz ruhig offene Feuer, ergingen sich auf der Wiese hinter ihrer Stellung lustwandelnd und sprachen, daß man alles verstehen konnte. — Es herrscht hier Gottesfriede! Kein Teil schießt, wenn nicht angegriffen wird. — Und soll das nicht furchtbar sein, zu denken, daß viele davon morgen ihr Leben lassen müssen, der und jener wird vielleicht sich schon auf den Urlaub freuen, und weiß nicht, daß in 24 Stunden sein Auge kein Leben mehr hat und glasig zum Himmel stieren wird. — Diese seelischen Konflikte zwischen den Menschen und Soldaten in uns sind wehevoll. Wer keinen solchen durchgemacht hat, kann dies nicht

nachfühlen. — Darf auf den P 806 auch die Kadett Hayder und Gerschach. Übernachtete bei der Batterie.

27. JÄNNER – Vormittag bei Gruppen Kommando, dann Meldung bei Herr Major Trager und endlich wieder einmal ein wohltuendes Bad. Traf Herr Major Trager auf dem Rückweg. Er freue sich, einen alten Bekannten in der Nähe zu wissen, meinte er. Daß ich aber bei der Aktion mitwirken solle, gefiel ihm nicht. Kurz vor 4 Uhr teilte mir Hauptmann Nejedly mit, das Abschnitts Kommando habe die Mitwirkung des Geschützes verboten. Ich wollte noch Aufklärung beim vorgesetzten Batterie-Gruppen-Kommando einholen, als auch schon der Befehl zur Feuer Eröffnung kam. Also begann ich zu feuern. — Es war eine schöne Kanonade gegen den Ausgang des Slatenikgrabens. Es feuerten 30,5 cm-Mörser, 24 cm-Mörser, 15 cm-Feldkanonen, Svinjak Batterie, Positions Batterie 1/35 Gebirgs-Geschütze 1/3 und 4/3 auf P 806, mein Geschütz, die Marinegeschütze. Ob es noch mehr waren weiß ich nicht.

Um 5 Uhr waren die Schrapnell fertig, um 5 Uhr 10 stellte ich auf Befehl mein Feuer ein. — Schüsse: 115, Geschoße: 14, Gesamt: 129 Schüsse. — Der Gegner hatte uns gleich und schickte aus Plužna 3 Fünfzehner herüber ohne uns zu schaden. Daraufhin wurde er sofort vom 1. Zug 4/3 unter Feuer genommen und verstummte. — Das übrige Artilleriefeuer verstummt erst um 8 Uhr 30. — Patrouillen der Infanterie und Artillerie Patrouillen stiegen zu den italienischen Stellungen ab und nahmen 1 Hauptmann und 26 Mann gefangen. Auf unserer Seite 15 Verwundete. Als Befehl gekommen war, Artillerie und Patrouillen sollen vorgehen, meldeten sich beim 1. Zug gleich 20 Freiwillige. — Italienische Infanterie hat Helme, wie festgestellt wurde.

28. JÄNNER – 10–11 Uhr Feuer des 1. Zuges 4/3 gegen italienische Beobachter unter den Csuklja. — 11–11 Uhr 30 zwei eigene Flieger, von den Italienern erfolglos beschossen wie immer.

11–12 Uhr 1. Zug 3/4 neuerlich gegen den Beobachter.

1 Uhr neuerlich eigener Flieger. 2 Uhr nun 3/4 wieder auf Beobachter. — Von Angela ein Paket, von Mitzerl einen lieben Brief. Hab schon sehr darauf gewartet.

29. JÄNNER – Der Gegner feuerte einige Granaten zu unserer Stellung, ohne Schaden. Auch sonst ziemlich ruhig. Abends neuer Scheinwerfer bei den Italienern oberhalb Česoča. Nachts noch einige ita-

Italienische Scheinwerfer – Foto: onb

lienische Grüße. — Kommetar von Tanzmeister, daß ihm gegenüber ein mir unbekannter Fähnrich mit Maschinen- Gewehr auf P 806 die Wirkung meines Geschützes sehr gelobt hatte. Wir seien in alle Falten tadellos hineingekommen. Sprach durch das Telefon auch mit Fähnrich Truml, wie man sich doch trifft. — Leider bekomme ich den elektrischen Bohrer noch immer nicht, sodaß der Kavernenbau zu langsam vorwärts geht. Küche und Stall ist fast fertig. Auch für Baracke wird bereits gearbeitet.

30. Jänner – Sonntag, einiges Infanterie-Geplänkel in Sandsackstellung. Die Italiener sind sichtlich nervös geworden. Der Minenwerfer der 3/4 Kompagnie richtete ausgezeichnet gegen das Nadelwäldchen südwestlich der Sandsackstellung. Heute Nacht auch das 99. Geschütz in Stellung gebracht.

Zum 27. Jänner Auszug aus dem Artillerie-Gruppen-Kommando-Befehl vom 28. Jänner: „Den Herrn Batterie-Kommandanten, sämtlichen eingestellten Offizieren, den Geschützbedienungen und der im Telefondienst verwendeten Mannschaft, meinen

Lageplan vom Slatenik-Graben

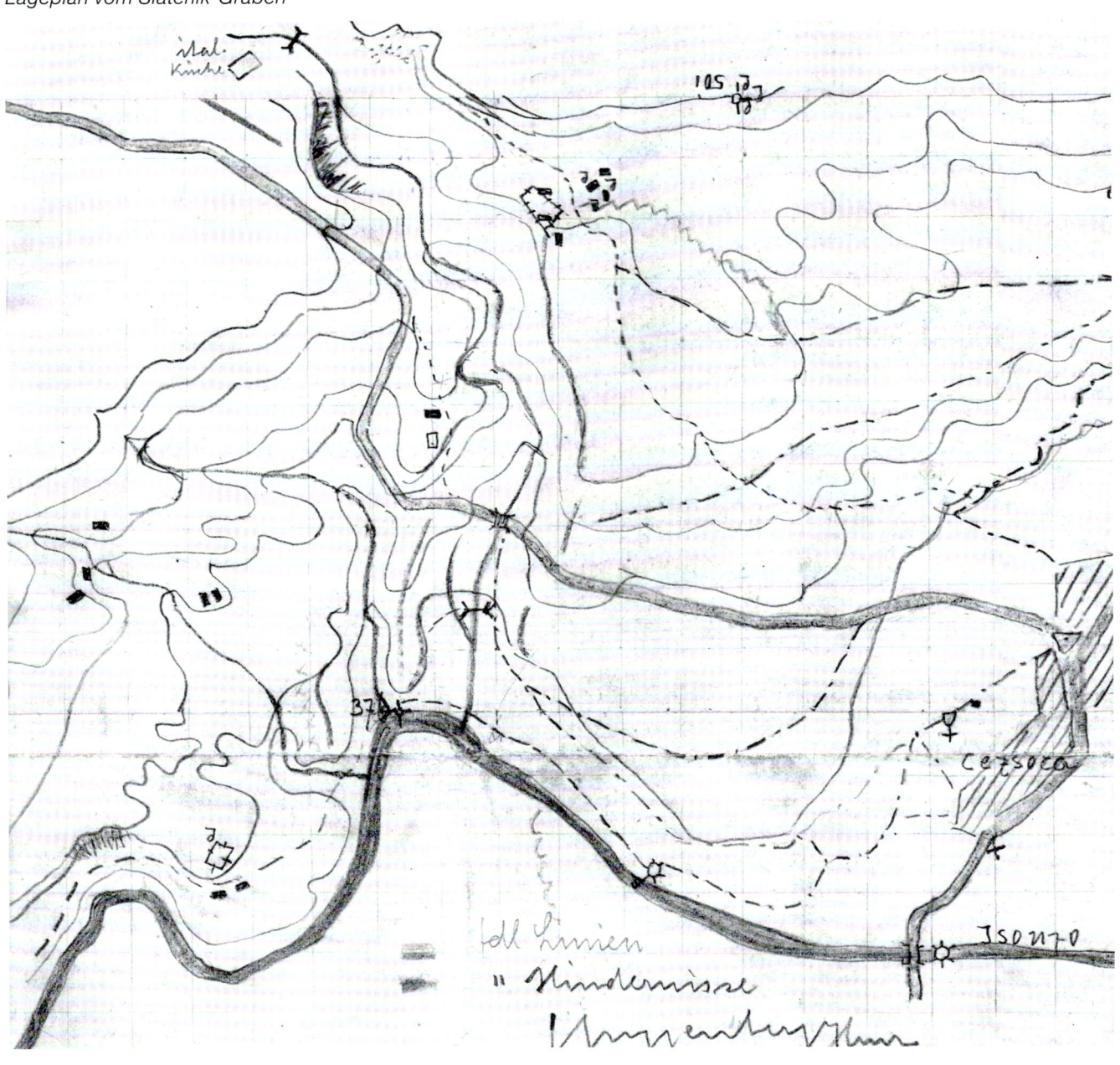

Dank und vollste Anerkennung für das geradezu künstlerisch vollendete Schießen und die präzise beispielgebende Bedienung zu übermitteln. Ganz hervorragend in der Wirkung waren die beiden Mörser Batterien und die schwere Haubitzen-Batterie." — Schränzel Major. — Die teilnehmenden Batterie-Kommandanten, sämtliche eingeteilten Offiziere und Mannschaften beglückwünsche ich zu obigem Befehle, und sage allen für ihre sehr guten Leistungen meinen herzlichsten Dank. — Haslinger Hauptmann M.P.

31. Jänner – Endlich rührte sich auch die italienische Artillerie wieder und zwar schossen Geschütze aus einer Stellung ca. 500 m südlich des 4 von P 364 und die Česoča Geschütze östlich der Sagamühle, ja auch das Žaga Geschütz. — Unsere Artillerie erwiderte kräftig und bald waren sie still. — Ich ließ auf dem Weg zur Kaverne von einem Teil der Leute Mauern aufführen um gegen das feindliche Infanterie-Feuer, dessen man hier schutzlos auf 500 ausgesetzt ist, einen Schutz zu erreichen. Ich saß vor der Kaverne als ich einen Aufschlag eines Infanteriegeschosses hörte. Gerade wollte ich den Leuten sagen, sie sollen vorsichtig sein, als ich schon zu meinem Schrecken einen dumpfen Fall hörte und sehen mußte, wie mein braver Kanonier Paulin getroffen den Hang hinunter kollerte, so weit das man ihn nicht mehr sehen konnte. Ich eilte zur 3. Kompagnie Um von dort aus seine Lage zu sehen, nahm die Rote Kreuzbinde und stieg mit dem Vormeister Steiner ab, um, wenn möglich, noch Hilfe zu bringen. Es war vergebens, ein Kopfschuß, außerdem war die Schädeldecke eingeschlagen. Der Sanitätsfähnrich kam auch herunter, konnte aber nur mehr den Tod feststellen. Bei Dunkelheit barg ihn die Sanität, da dies bei Tageslicht zu gefährlich gewesen wäre. Der Zug leistete noch die Ehrenbezeugung, dann wurde er nach Unterbreth transportiert, um im Soldatenfriedhof bestattet zu werden. 2 Seelenmessen ließ ich lesen. — Ja, heute rot morgen tot. Als wenn er etwas geahnt hätte, sagte er noch zum Kameraden Latzko am Vormittag: Du, wenn ich falle, schreibst du meiner Mutter. — Der Vorfall hat mich überaus erregt, denn von einem gewißen Vorwurf kann ich mich nicht freisprechen. Aber 5 Wochen wird dort gearbeitet, 3 Wochen gehe ich täglich 3–5 mal den Weg und kein Schuß war gefallen und darauf ließ ich bei Tage arbeiten.

1. Februar – Heute schien es mal einem höheren italienischen Herren nahegegangen zu sein. Oberfeldwebel Berger meldete, daß ein Motorfahrer und Zweirad, sowie ein Automobil in Flitsch eingefahren und bei den ersten Häusern ein Empfang stattgefunden habe. Flugs hatte Svinjak gleich einige Gra-

Der Ort Predil zerstört – Foto: onb

Ausblick Schützengraben Ravelnik Richtung Flitsch – Foto: onb

naten hineingefetzt, daß es nur so staubte. — Herr Hauptmann Nejedly sah noch einen Offizier wie irrsinnig die Felder querfeldein laufen. — Er behauptet auch, daß Vormittag in Flitsch die Straßen gekehrt worden wären, was allerdings auf einen höheren Besuch schließen ließe.

Nachmittag Kamerad Paulie in Predil bestattet. — Als Abordnung von Train 20 Mann.

3. Februar – Einige Schüsse des 1. Zuges gegen den italienischen Beobachter unter der Csuklja.

Vormittag war Herr Major Trojer mein Gruppenkommandant, mit Oberst Suschnig hier. — Letzterer verbot mir zu schießen, die Geschütze sollen unentdeckt bleiben, bis unmittelbar vor einem Vorstoß, um dann mit Erfolg die Gräben säubern zu können. Auch Major Trojer ist von dieser Anschauung beseelt. — Da hast es, auch der Bohrer kommt noch lange nicht. Ist das nicht ein wenig Österreichisch? — Zuerst Feuer und Flamme für einen Plan zu sein, und dann denselben halb an Mangel an Mitteln scheitern zu lassen. Oder ist wirklich der Kavernenbau für die neuen weittragenden Kavernen notwendiger als für meine Geschütze, die so nahe am Feinde und so überaus gut wirken könnten? Wenn man mich hier bis zur Offensive zur Untätigkeit verurteilt, warum ließ man die Geschütze bis dorthin nicht in ihren alten Stellungen, wo sie doch gut hätten wirken können? Das geht mir nicht recht ein.

4. Februar – Mit Tinte! Ja, Kultur dringt in die vorderste Linie. Keine sonderlichen Ereignisse. Der 1. Zug schoß ein wenig auf den Beobachter auf Csukja. Heute hab ich vom Hauptmann wieder einmal die gerichtliche Untersuchung an den Kopf geworfen bekommen. „Das ist eine grenzenlose Schlamperei, ich kenne mich in der ganzen Batterie nicht mehr aus" usw. — Gehandelt hat es sich um eine Telefon-Kassette, die bei mir hätte sein sollen. Ist aber freilich bei ihm gewesen, wie sich dann herausstellte. Na warte, ich werde mich beschweren.

Abends wieder die Torpedo Granaten der Italiener, ohne Schaden. Vor 2 Tagen fuhr ein solches Landtorpedo durch die Deckung, tötete zwei Männer und verwundete einen schwer, während der vierte heil blieb.

5. Februar – Samstag, Onkel Roman schickte mir wieder einen seiner lieben Briefe und „Waffen des

Lichtes" von Bischof zu Faulhaber. Er hat eine eigene Art zu schreiben, seine Freude, schalkhafte Güte, spricht aus jedem Wort. — Und Mama, auch sie sind alle so gut zu mir. Und wie einen ein solcher Brief freut kann sich niemand denken. — Den ganzen Vormittag war Ruhe.

Nachmittag gab das sogenannte Plužna Geschütz einige Granaten auf den Ravelnik Sattel ab und daraufhin ging es los. Der 1. Zug nahm den Beobachter unter Csuklja, der Positionszug 35 die italienische Küche bei der Česoča-Brücke, eine Schwere den italienischen Beobachter auf P 1230 zum Ziel, und als einige Schüsse gegen unseren 1. Zug gesetzt wurden, schoß auch die Schwere 3/5 gegen Podturo. — Gage: 10 Kronen Putzer, Raffler auf den Urlaub. — 45 Kronen Juwelier Kerbedle — 20 Kronen Reichpost — 20 Kronen „Rudolfina" — 160 Kronen Schwester Angela als Spargut. — Franz schreibt, daß er auch wieder im Schützengraben ist. Der Herrgott schütze ihm. — Habe heute eingegeben: Kamerad Paulie zur Lilt. 1. Klasse — VM Latzko 2. Klasse — VM Renner 2. Klasse — Auch mein lieber Leibbursch Ing. Langgas von Flott meldet sich mit einer Karte. Ist Zugsführer bei Tiroler Kaiserjäger.

Die Zeitungen bringen schöne Nachrichten. Einmal über Italien. England liefere ihm nur wenig und teure Kohlen! Nun aber hat Italien keine einzige Grube, seine ganze Industrie, Kriegs und Privatindustrie, Eisenbahnen, Gaswerke usw. ist auf die Kohleneinfuhr angewiesen. Der „sacro egoismo" ließ Italien seine Truppen nur an der eigenen Grenze verwenden, was aber wieder England nicht recht ist. England hat aber in der Kohle den Galgenstrick in der Hand und sagt Italien ganz kühl: „Wenn du dich nicht unseren Plänen fügst, gibt es keine Kohle und dann sieh zu, wie du fertig wirst." Recht so, das ist der richtige Judaslohn: „Rotes Italienisches Blut für Englands Geldsack" ja, ja und man kann auch zwischen 2 Sesseln auf dem Boden sitzen.

Und dann das Neueste! Ein deutsches Kriegsschiff, eine Ratte ist aus dem Loch ausgebrochen und versenkt den ahnungslosen Engländern im Atlantischen Ozean sieben Schiffe und schleppt ein achtes in einen amerikanischen Hafen! Die Deutschen sind doch Prachtkerle! O Meerbeherrschende Britannia, wie wird dir? „Nachbarin, das Fläschchen".

6. Februar – Sonntag, auch wieder Ruhe bis auf kurzes Artillerie-Feuer. Geschütz auf Žaga warf einige Granaten gegen unsere Stellung am Javorcek-

Kaverne einer Gebirgskanone am Javorcek – Foto: onb

Westhang, daraufhin der 1. Zug Feuer auf den Csuklja-Beobachter. — Auch die Schwere 3/5 wirkte mit einem Geschütz daraufhin, mit dem 2. gegen Podturo-Richtung. Auch der 30,5 cm-Mörser löste 5 Schüsse, von denen aber nur 2 krepierten. Nach meiner Ansicht ist der Boden an den Auffallsstellen zu weich gewesen.

Abends schickte die Welsche wieder Landtorpedo auf Landtorpedo. — Arbeiten: Zutragen von Bauholz, Bau eines zweiten Munitionslagers, nachts ausheben von Grund für neuen Beobachtungsstand.

7. Februar – Im Abschnitt Ruhe. Suchten und fanden einen hervorragenden Beobachter-Platz. — Artillerie Feuer gegen feindliche Vršic-Stellung, ziemlich heftig.

8. Februar – Ruhe. Italienischer Stollenbau. 6 m südlich des ersten von Planina Goričica, kleine Gruppe bei Stollenbau Richtung Koritnica Brücke. Ob Durchschlag bereits erfolgt, konnte von meiner Stellung aus nicht beobachtet werden.

Abends Nebel. Italienische Landtorpedo wie gewöhnlich. — Arbeit an der Unterkunftshütte und an meinem Beobachtungsstand.

9. Februar – Seit 4 Uhr früh fallen die weißen Flocken. Schnee, der erste, der im Tale fällt. Bei uns fielen etwa 40 cm. Sofort war auch schon bei der 9. Kompagnie über uns eine Lawine. 3 Mann tot, einer verwundet. — Der folgende Tag war ausgezeichnet für die Beobachtung, da man überall die Wege und Steige sah.

10. Februar – Klarer sehr kalter Wintertag. In beinahe alle Polovnik-Falten südlich und südwestlich Česoča-Wege und Trittsteige zu sehen. Eine Beobachtung, die mir Genugtuung einflößte, ist, daß die beiden von uns am 21. und 22. November beschossenen Lager beim B von Bovec und 300 m westlich davon zuverlässig unbesetzt sind, während alle anderen Lager besetzt blieben. Also sind ihnen unsere Granaten doch zu heiß geworden.

11. Februar – Mäßiges Artillerie-Feuer 11–12 Uhr, der Gegner wirkte gegen Großen und Kleinen Rombon. Eigene Haubitzen die bei Ravni Las Stellung bezogen hatten, schossen sich prachtvoll auf Podturo ein. Was wir jetzt an Artillerie da haben, ist unheimlich. Auch auf den Rombon sollen zwei Panzerhaubitzen kommen. — Die Italiener schießen nicht viel und es ist ungewiß, was sie an Waffen hier haben

12. Februar – Eroberung der italienischen Csuklja-Stellung: Das war eine Überraschung als um 7 Uhr früh vom Artillerie-Gruppenkommando die Nachricht kam, die feindliche Csuklja Stellung sei unser und der Befehl an alle Batterien, das Eroberte gegen den Gegner zu halten. Die Kompagnie 2 von No 4 unter Oberleutnant Mikel machte durch die Lücke der feindlichen Verteidigungslinie unter der Csuklja eine Umgehungsbewegung und nahm die feindliche Stellung. — Beute: 81 Gefangene und 3 Maschinengewehre. Eigene Verluste: 1 Leutnant und 3 Mann tot und 8 Verwundete. Hatte der Morgen der Infanterie gehört, der Tag gehörte der Artillerie von 7 Uhr früh ohne Pause dröhnten die Geschütze: Gebirgskanone Batterie 4/3, schwere Haubitze 3/5, Türkei- Haubitze, 24 cm und 30,5 cm-Mörser warfen ohne Unterbrechung. Die ganze Errungenschaft

Lawinenabgang – Foto: onb

Zeitungsausschnitte vom 12. und 13. Februar 1916

Zeitungsausschnitte vom 13. und 16. Februar 1916

von 5 blutigen Offensiven zurückgewonnen, hier mit der Csuklja ist es ein Gleiches. Das ist doch eine echt österreichische Niederträchtigkeit und kostet auch wieder einen General. Was wird der gute Cadorna etwa schreiben? War vielleicht die Lawinen Gefahr zu groß, sodaß die Stellung geräumt werden mußte? Wir alle sind schon neugierig. — Unser Beobachtungsstand ist nun auch fertig gebaut. Eingedeckt mit Buchenhölzern und Steinen kann er schon ein ordentliches Sprengstück aushalten. — Erst als schon fast die ganze Arbeit getan war, schoß der Welsche Posten mal her. Na so etwas hätten die unseren sehen sollen, wie wir da vor den Italienische arbeiten! Da hätten wir schon einige Nächte mehr notwendig gehabt. — Die Post brachte mir Brief und Karte von Mitzi, dann von Ludwig die Nachricht, daß ihm ein neues Töchterchen geboren wurde.

13. Februar – Sonntag, nachts über ständig Pansenfeuer von 28 cm aus [Sella] Nevea, unsererseits vom 1. Geschütz 4/3. Ein Gegenangriff ist bisher nicht erfolgt. Auch heute noch Artillerie-Kampf, aber schon bedeutet nachlässiger. Abends soll der Gegner dreimal gegen Csuklja gestürmt sein. Nachts entdecke ich viel Neues: 1 Geschütz steht in der Bachsohle unter dem N. von Plužna. — Beschießung östlich von Flitsch durch italienische Artillerie. — Es scheint jenes zu sein, das an der Waldparzelle und Flitsch vermutet wurde. — Ein 2. schweres Geschütz steht in den Auen südwestlich P 355. Auch nordwestlich dieser Note scheint ein weiteres zu stehen. Aber die Lichtblitze dieser 3 Geschütze waren derart schnell hintereinander, daß ich den letzten nicht mit Sicherheit feststellen konnte. — Ja, ja, die Welschen haben doch sehr viel Artillerie hier, man kommt erst langsam auf ihre Stärke. — Erst gegen 1 Uhr morgens hörte das Feuer auf und ich konnte die Klappe legen.

14. Februar – Das Artillerie-Feuer hielt beständig an, bald stärker, bald schwächer. Feind und eigene alles schoß auf Csuklja. In besondere gegen Abend wurde das Feuer heftig und ich dachte mir noch: „Jetzt wo fast alle Geschütze auf die Csuklja eingerichtet sind, wäre ein überraschender Vorstoß des Gegners vielleicht verlockend und möglicherweise nicht ohne Erfolg. Siehe da, um 5 Uhr 30 ruft plötzlich mein wackerer Oberfeuerwerker Berger: „Herr Fähnrich, vor der Rabelnik gehen die Italiener einzeln vor!"

Vor Aufregung suchte ich und sah sie wirklich, wie sie einzeln vorsprangen. Schnell die Meldung zur Gruppe und über Stock und Stein zum Geschütz. Von der Gruppe war schon der Befehl zur Feuereröffnung gekommen, da meldete Berger das Vorgehen einer starken Kolonne östlich der Galenik Brüche. Zieleingabe, Distanzeinschätzung und draußen war das erste Geschoß. Ich sah nichts, mit Distanzkürzung schoß ich weiter, konnte aber einzelne Schüsse vom Geschütz aus beobachten. Ich übertrug die Feuerleitung Berger und eilte wieder auf den Beobachterposten. Schon nach den ersten Schüssen waren mehrere Spuckerln gekommen. Zischend rasend 30 m vor dem Geschütz ein Aufschlag. Die anderen rund herum. Als ich oben ankam, krachten unsere Geschütze schon lebhaft auf die neuen Ziele, so auf die P 806, auf die Marine-Geschütze usw., wir überlegten das Feuer auf die Vorstellung vor 355, wo wir zuerst die gegnerische Bewegung gesehen hatten, und waren mit dem ersten Schuß im Ziel; ausgiebig heizten wir noch ein, bis der Befehl zum Feuereinstellen kam.

Abends kam auch die neue Lafette für das M 99-Geschütz, wie ich da hätte in der Patsche stecken können. Beim Transport des M 99-Geschützes war die Höhenrichtmaschine kaputtgegangen. Ich ersuchte damals Herr Hauptmann um den Artillerie-Werkmeister für die Reparatur, worauf er mich vertröstete: „Die neue Lafette ist schon in Kronau, du brauchst dich nicht zu kümmern," da der Kavernen Bau stillstand und außerdem Hr. Oberst Luschnig mir das Schießen ohne Befehl verboten hatte, drängte ich nicht weiter. — Einmal nur kamen mir noch Bedenken, was ich denn täte, käme eine gegnerische Überraschung und ich ersuchte abermals um den Werkmeister. An diesem Tage, es war gestern, wurde er aber beim 1. Zug benötigt, da eine Lafettenausbauung stattgefunden hatte. Nun auf den einen Tag wird es ja wohl nicht ankommen, dachte ich, und siehe da, gerade dieser eine Tag hätte verhängnisvoll werden können. Diese Lehre will ich mir merken. — Der heutige Tag enthüllte erst so recht, wie verschleiert bisher die gegnerische Kraft an Artillerie war. Südlich 364 stehen 4 Geschütze. — Südöstlich 410 an der Geländestufe (ca 5 m südöstlich 518) stehen 2 Klein-Kaliber-Geschütze, diese schossen auf das Geschütz und unter den Beobachtungsstand auf den Weg. Die Leitung unseres Telefons war in viele Trümmer gegangen. Wir bauten eine Reserveleitung. — Ein anderes leichtes Geschütz steht südlich 2 von Podturo. — Ein weiteres 2 westlich von P 410 — Am Ostrande der Waldparzelle von Flitsch steht eben-

Geschützstellung, Kaliber 15 cm – Foto: onb

falls ein klein-kalibriges Geschütz, dieses schoß auf die Feldwache bei unserer Kaverne. — Bei P 501 steht ein Geschütz vielleicht sogar zwei. — Auf Jablenca auch 3–4. Also zusammen mit den Schweren eine ganz hübsche Anzahl, und nun mag Hr. Leutnant Walter wohl auch einsehen, daß es auch andere Geschütze gibt, als er sieht.

Abends kam die neue Lafette für das M 99- Geschütz nun sind wir bereit. Gegen 12 Uhr wurde es ruhiger und wir bezogen die Klappe. — Wer weiß, was gewesen wäre, hätte Berger die Vorwärtsbewegung nicht bemerkt. Schwieriger wäre die Abweisung jedenfalls gewesen; freilich ein Durchbruch wäre ihnen wohl nie gelungen. Was werden die Generalstabsberichte bringen?

13. Februar – Vormittag wirkten mehrere Geschütze wieder gegen Rombon. Abends griffen die Italiener abermals die Csuklja an und wurden wiederum blutig abgewiesen. Um 2 Uhr 30 erwachte ich ob eines starken Infanterie-Feuers bei unserer Kompagnie 2/27. Ich hielt es für ein heftiges Posten-Feuer, und da es nach einiger Zeit verstummte, ging ich der Ursache nicht nach, obzwar es um die Bude nur so klatschte. Doch das ist man ja gewohnt. Erst am nächsten Morgen erfuhr ich, das 2 Züge von 6/27 vorgegangen waren, um die italienische Stellung zu nehmen. Den ersten Zug führte ein junger Fähnrich am rechten Flügel vor, am linken war Kommandant ein Zugsführer. — Was die wahre Ursache des Mißerfolgs war, ist nicht recht geklärt. Kurz und gut, der Fähnrich ging mit Schneid vor, sprang mit „Hurra" in den italienischen Graben und das war das Ende. 8 Mann tot der Fähnrich vermißt. — Der linke Flügel war langsamer vorgegangen, und als er von allen Seiten mit heftigem Feuer empfangen wurde und der Mißerfolg klar geworden war, von Hauptmann zurückgerufen. 8 der besten Leute tot. Die Italienische-Besatzung soll überaus stark gewesen sein, Mann an Mann, sagte ein Infanterist. — Auch heute strenge Bereitschaft.

16. Februar – Geschützfeuer immerzu. Meine Leute hatte ich zur Entlausung geschickt. Nachmittags und abends flogen die Granaten und Schrapnell über Csuklja gegen die Stellung des Sub-Abschnitts-Kommandanten Hauptmann Birnbacher. Die Explosionen entwickelten auf dem Steinboden ein furchtbares Getöse, das war wahrlich ein „Bersten". Eine Granate schlug in eine Deckung ein. Sprengstücke und Steine flogen bis zu unserer Deckung. Auch die 9. Kompagnie wurde von Saga mit kleinen Ge-

schoßen und Schrapnell bedacht. — Wenn ein 28 explodiert, ist das halbe Tal erleuchtet und es bietet sich ein sonderbares Schauspiel.

17. Februar – Untertags einiges an Infanterie Feuer. Nachts griffen die Italiener abermals die Csuklja an und wurden blutigst abgewiesen. Alle Maschinen arbeiteten und richteten bei den Angriffs- Kolonnen ein Blutbad an. Das Vorfeld sei 105 von Leichen bedeckt. Aber auch uns hat diese Stellung schon viel gekostet. Während bei der Erstürmung nur 4 Tote waren, hat das Artillerie-Feuer bereits 40 Leben und 90 Verwundete gekostet. Von der 2. Kompagnie welche die Stellung nahm, und über 200 Mann stark war, sind nur mehr 80 in der Stellung. — Kadett Peschka, der als Artillerie-Beobachter mit der Infanterie gegangen war, schrieb mir, er habe sich in einer Schlächterei vermeint, so sei mit Bajonett und Handgranaten gearbeitet worden. Die Schneemäntel bespritzt mit Blut.

18. Februar – Ziemlich Ruhe, nur geringes Artillerie-Feuer. Der 1. Zug hatte einen Rohrkrepierer, jedoch ist niemand verletzt worden. Da vor einigen Tagen auch das andere Geschütz unbrauchbar geworden war, ist der Zug nun ohne Geschütz.

Abends war ich bei der Batterie zu Gast. Es ist ganz unglaublich, an welch trivialen Bildern der Hauptmann Geschmack findet. In anderer Hinsicht soll er doch ein wenig zurückhaltender geworden sein, wie Schurli sagte. — Etwa 1400 m vor dem 5. Zuge ist ein Bau mit einer Schießscharte, anscheinend ein kleines Geschütz.

19. Februar – Vormittag zum Zuge zurück. Abends Nachtdienst, das Studieren will nicht gehen.

20. Februar – Ein herrlicher Frühlingstag, Sonntag dazu. Für die Leute Rasttag. Habe Messungen für alle Ziele vorgenommen und zwar auch für die Nacht. Bin nun auf alle Fälle gegen jede Überraschung gesichert und kann auch ohne Einschießen sofort auf allen Punkten meines Zeitabschnittes eingreifen. — Wie mir ein Kommandant von der Marine Batterie erzählte, soll über die gute Wirkung mei-

42 cm-Haubitzenstellung – Foto: onb

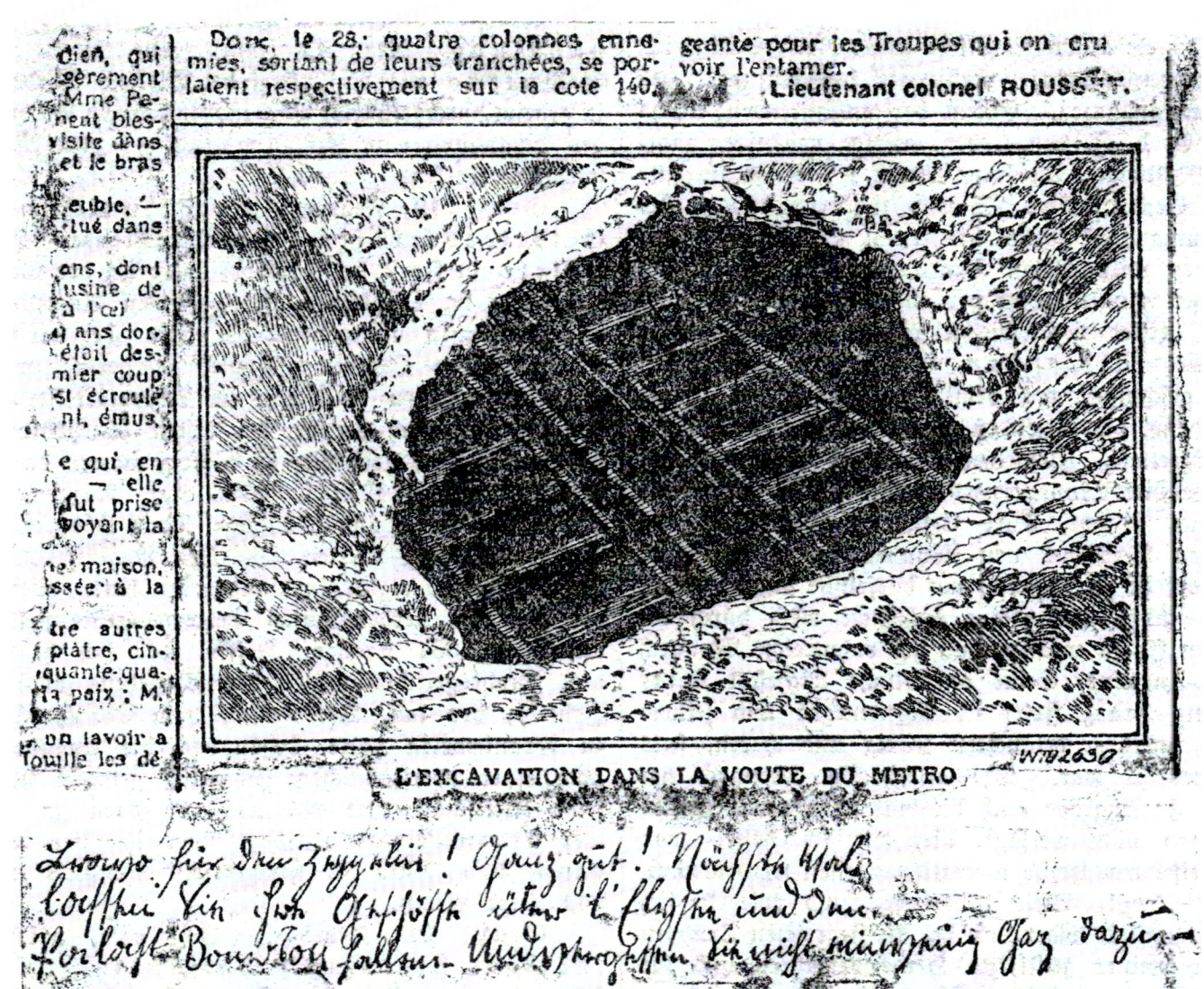

Zettel im Tagebuch mit dem Vermerk: „Hier ein Dokument das ich aufbewahren muß."

nes Geschützes zwischen Hr. Major Schränzl, dem Artillerie-Gruppen-Kommando und einem anderen Offizier ein langes Telefongespräch geführt worden sein. Auch bei der Batterie war man über jenes Schießen erfreut. Kommandant Ecker von Marine 1/5 erzählte, es sei dort alles liegen geblieben. — Heute abermals strengste Bereitschaft. — Beim Angriff am 17. Februar gefangen genommener Alpini sagte aus, daß ein ganzes Regiment angesetzt gewesen sei und die Italiener die Csuklja unter allen Umständen wieder nehmen wollten. Nun gut.

Das Geschütz von Herrn Leutnant Gradl hatte am 13. Februar am kleinen Rombon bereits nach 15 Schuß einen Volltreffer in das Schutzschild erhalten, das ganz durchlöchert ist. Dem Geschütz selbst ist nichts geschehen, auch der Bedienung nicht, es kommt wieder auf P 1313.

21. Februar – Herr Major Trojer war schon wieder mit einem Protokoll bei Hauptmann Nejedly wegen jenes Mißerfolgs. Man sieht ihm an, wie es ihn drückt.

Ein Kampf am Rombon.

Südwestfront, 15. Februar.

Der Monte Rombon und unsere Stellung dort oben in Himmelsnähe ist den Italienern ein Dorn im Auge. Schon oft haben sie alle ihre Schlauheit angewendet, sich seiner zu bemächtigen und Ströme von Blut geopfert, um mit vielfacher Übermacht für einige Stunden irgend ein Grabenstück unseren Händen zu entreißen. Umsonst. In der nächsten Nacht wurden sie erbarmungslos wieder herausgeworfen. Man muß der Zähigkeit, mit der sie sich immer wieder anschicken, sich trotz aller Mißerfolge dieser Stellung endlich zu bemächtigen, volle Anerkennung zollen. Der Rombon ist eine sehr wichtige Stellung. In 2110 Meter Höhe erhebt er sich wenige Kilometer von Flitsch und begrenzt das gleichnamige Becken im Norden. An seinem Ostfuße führt im Koritnicatal die Straße über Predil nach Tarvis durch die berühmte Flitscher Klause. Der Rombon schützt den Predil und das Seebachtal gegen Angriffe von Süden. Ihn überhöht die 2340 Meter hohe Consinspitze, über die die Reichsgrenze gegen Italien führt.

Wir haben unsere Stellungen trotz Kälte und Schnee im wahrsten Sinne im Schweiße unseres Angesichts erbaut und lieben sie, die uns im Laufe der Zeit für bescheidene Ansprüche ganz behagliche Aufenthaltsorte geworden sind. Hindernisse aller Art umgeben die Stellung. Jeder Tag bringt etwas neues. Der Krieg macht ungemein erfinderisch und Tätigkeit wird zum Bedürfnis, besonders hier oben zwischen Himmel und Erde. Kalt ist's. Einigen sind schon Hände und Füße erfroren. Aber je länger wir hier hausen, desto seltener werden Erfrierungen. Nicht das Aklimatisieren bringt das mit sich, man lernt sich schützen. Nur gegen die Bora, die so oft gegen die zackigen Felsenrisse braust, gibt es keinen Schutz. Rings um uns glitzern die Firne und leuchten mächtige Schneeflächen. In der gähnenden Tiefe brauen und wogen die Nebel. Hier oben bei uns schweben sie als dichte, flutende Schleier über unsere Häupter und hüllen die wildgezackten Hörner und Klippen in ein graues Nichts. In den Riffen und klaffenden Spalten glänzen Eisfelder in allen Farben des Spektrums.

Und als über Fels, Eis und Schnee die Nebel wallten und der Schnee trieb, da kamen sie wieder einmal mit Übermacht heran, die Welschen mit wildem Geschrei. Uns schlugen die eisigen Flocken in das Gesicht wie Messerstiche, sie nahmen uns die Sicht, da blieb am Ende des harten und zähen Kampfes trotz aller Tapferkeit und aufliegenden Minen ein Stück Graben in ihren Händen. Wir beißen uns die Lippen blutig vor Wut und schreien nach Rache. Der anbrechende Tag findet uns bereits im Sappenbau gegen das Grabenstück. In dem von mächtigen Schneemassen bedeckten Gestein eine schier nicht zu bewältigende Arbeit. Sie wird dennoch geleistet. Alle Fibern sind angespannt, die Schläfen pochen, die Muskeln sind zum Zerreißen geschwellt, der Schweiß tritt bei zehn Grad Kälte aus den Poren, das tut nichts, nachts muß der Graben wieder unser sein! Die feindlichen Geschütze brüllen und überschütten tagsüber die Stellung mit einem Hagel von Eisen. Am Nachmittag flaut das feindliche Feuer sichtlich ab. Mehrere Volltreffer unserer Batterien haben beim Gegner Geschütze demontiert; bei uns wird mit Ungeduld der Einbruch der Dunkelheit erwartet. Wohl hat die heftige Beschießung einige Schäden verursacht, ein Graben wurde verschüttet, von einem anderen die Brustwehr zerstört, Stein- und Felssplitter haben mehrfache Verwundungen verursacht, unsere Angriffslust wurde dadurch nur angefacht.

Von unserem Sappenbau merken die Italiener nichts, unsere Maulwurfsarbeit schreitet daher trotz des heftigen Feuers rüstig fort. Schon ist die flache Mulde vor dem Grabenstück erreicht, als der Dämmer sinkt. Das feindliche Feuer verstummt allmählich, in einem unserer Gräben spielt ein Zitherkünstler die bei uns jetzt populärste Melodie „Machen wir's den Schwalben nach, bauen wir uns ein Nest...." Wir haben gebaut. Wehe dem, der es rührt. Die es taten, werden es bitter bereuen. Die Melodie schallt weit hinaus in die Nacht. Die Italiener hören sie, denn an einzelnen Stellen liegen wir uns auf kaum fünfzig Schritte gegenüber. Nun singen sie drüben. Ein neapolitanisches Volkslied ist es. Wir haben es schon öfters gehört: „O sole mio!".... Ober uns schweben sich verdichtende Nebelfetzen, schwanken hin und her, kriechen ein Stück weiter, kehren langsam zurück und sinken dann schwer herab. Eintöniges, uferloses Grau hüllt Spitzen, Hörner, Risse und uns alle ein. Drüben blitzen Scheinwerfer auf, ihre Strahlen schlängeln sich mühselig durch den Dunst heran, den sie nur schwach zu durchleuchten vermögen. Die Italiener scheinen Gespenster zu sehen. Alle Augenblick kracht irgendwo ein Schuß ihrer Horchposten. Ein oder das andere Mal donnert sogar eine Salve durch die nächtliche Stille und bricht sich an den Wänden ringsum. Wen die Italiener beschießen, wissen wir nicht. Bei uns ist alles still.

Unser Angriff soll erst um Mitternacht ansetzen, in der Geisterstunde. Alles hat schon die Schneemäntel an. Die Sappe ist fertig. Unsere Minenleger sind bereit und harren des Befehls. Nach elf Uhr geht ein leises Rauschen und Singen durch die Luft. Auf der Insel im Himmelsraum, die unsere Stellung bildet, erhellt es sich ein wenig. Am Gipfel links von uns hebt sich der Dunst, einzelne Fetzen reißen ab und jagen südwärts. Ober uns guckt ein Stück Himmel hervor, Sterne glitzern und blinzeln. Der eine strahlt hell. Ist es der Sirius oder ein anderer.

Wir raten noch, da kommt der Befehl zur Bereitstellung der Angriffsgruppe. Alles vollzieht sich in tiefster Stille. Wir schleichen wie die Katzen und arbeiten uns in der Front heran. Links strebt eine Abteilung der Mulde zu, in der die Sappe vorgetragen wurde. Dann und wann blinzelt ein feindlicher Scheinwerfer schläfrig durch den Dunst, eine Leuchtrakete zischt auf, sonst Ruhe. Der Gegner hat spanische Reiter vor den Graben gerollt und einen Drahtverhau errichtet; zu weiterem Hindernisbau mangelte es an Zeit. Wir kommen ungesehen bis an das Verhau. Scheren knacken, Drähte springen klirrend zurück. Da schießt ein feindlicher Horchposten. Im nächsten Augenblick

Zeitungsausschnitt vom 15. Februar 1916, wurde von den Autoren der Lesbarkeit halber zusammengefügt.

22. F<small>EBRUAR</small> – Kadett Peschka auf Rombon verwundet. Kadett-Aspirant Cep wird von meinem Zuge ab auf den Rombon kommandiert. Das ist nun bereits der zweite Beobachter den es von unserer Batterie auf dem Rombon trifft. — Sonst Ruhe, wenn auch strenge Bereitschaft. — Mitzi hat schon lange nicht ernsthaft geschrieben, fast bin ich verstimmt.

23. Februar – Nebel, Schneefall, ca. 40 Sprengarbeiten.

24. Februar – Nebel, Regen, ein furchtbarer Quatsch. — Abends schoß ein Geschütz an der Geländestufe 410, hinter die Kompagnie 6/27 auf die Steinhalde. Obwohl nicht weit von der Baracke war bei uns keine Wirkung.

25. Februar – Der Morgen begann recht unruhig. Regen und zeitweise Nebel. So gegen 8 Uhr begann das gestrige Geschütz neuerlich sein Feuer auf uns. Neun Aufschläge bei unserer Baracke 15–30 m. Im Umkreise des Oberen Geschützes auch etwa 7, dann beim Kompagnie- Kommando, und einer gegen die Deckung des Stabfeldwebels. Mit einem Worte ein ganz hübsches deckendes Feuer. Da auch die Infanterie ziemlich unruhig war, ordnete ich Feuerbereitschaft beider Geschütze an. — Jenes Geschütz das uns beschoß, steht in einem Stollen und wurde von eigener Artillerie bald als Ziel genommen. Nach einem Volltreffer vor dem Stolleneingang wurde es gegen 11 Uhr ruhig. — Ein neues Geschütz schoß am Karrenweg 3 m südlich des letzten o. vor Podturo. Auch dieses fand in unserer Schweren bald den überlegenen Partner. — Also noch das Kavernen Geschütz bei P 902, Marine richtete 2 ihrer Geschoße daraufhin. Und auch die Schwere 3/5 vollzog mit Erfolg das Einschießen auf die feindliche Linie im

Soldatenfriedhof Tolmein – Foto: onb

Buchenwäldchen vor uns, da dort 2 1/2 Kompagnie zusammengezogen worden seien. Soll bei uns die Vergeltung kommen für die Csuklja? Es wird auch hier ein Mißerfolg werden! — Zwei meiner Kanoniere Steiner und Kren, konnten es nicht lassen, auf die unten umspringenden Welschen zu schießen, und haben richtig drei getroffen. Gestern soll Ablösung gewesen sein und die neuen Truppen sprangen unten ganz blödsinnig offen umher. Sie haben auch dafür ihre Denkzettel erhalten.

Heute Abend kam die Verstärkung von 120 Mann. Dies muß vom Gegner bemerkt worden sein, denn alsbald sausten wieder die Geschoße herüber. Verstärkung! Also man erhofft hier etwas. — Herr Hauptmann Nejedly erzählte furchtbares aus einem Bericht einer Gesundheits Kommission (Sanitäts-Kommission), also einen höchst offiziellen Bericht, den er in Kronau beim Sanitäts Chef gelesen hatte. — Es handelt sich in dem Bericht um die ehemalige Italienische Stellung auf der P 588 bei St. Luzia bei Tolmein.

Diese Stellung war von unserer Artillerie derart unter Feuer genommen worden, daß sie vom Gegner geräumt werden mußte. Als dann den unseren der Befehl gegeben war, sie zu besetzen, weigerten sich unsere Kommandanten wegen der grauenhaften Zustände, die dort herrschten. Es wurde darum eine Gesundheitskommission zur Untersuchung geschickt. — Aus dem Bericht erzählte der Hauptmann: Es lagen dort an die 1400 beerdigte Italienische Leichen, 800 davon wurden von uns begraben. Die Gräben voll von Toten, voll häßlichen menschlichen Unrates und von Speiseresten. Die Unterkünfte verschmutzt, Papier und Speisereste (sogar ein Menschenkopf) überall. — Ja, auch in den Offiziers-Unterkünften Haufen Unrates in den Ecken, in einigen sogar Exkremente. Da fand man auch eine verdächtige Stiege. Die Untersuchung ergab, daß Leichen als Stufen mit Sandsäcken darüber benutzt wurden. Die Latrine übervoll. Aus einer ragte ein Fuß hervor, man zog, es kam eine Leiche zutage. Ein Lokal, anscheinend Verbandslokal – das in der Ecke Haufen alten blutigen Sanitäts-Materials zeigte. Diese Hütte hatte gegen die Böschung hinaus eine Luke und unterhalb derselben lagen auch an die 15 Leichen 1 Leichnam stak mit dem Fuß noch in der Luke, somit sind wohl die Toten nach ihrem Ableben, einfach zur Luke hinaus geworfen worden. Moder und Leichengeruch zum Übelwerden. — Eine Kammer zeigte ein anderes Schreckensbild. Gefesselte Leichname von Offizieren, Offiziersaspiranten und Mannschaft.

ohne Kommentar – Foto: onb

Gefesselt, jeder mit einigen Schüssen-Justifizierte! — Und an den Verletzungen durch die Fesseln selbst mag man die Todesangst dieser Gerichteten erkennen! Bei einer Leiche war der Strick bereits verfault. Traurige Bilder welscher Kampfes-Freudigkeit, und welscher Kultur und Pietätssinnes. — Gottes Arm schlägt den Verräter.

26. Februar – Im allgemeinem schöner Tag. Schwere schoß gegen das erste Geschütz westlich P 410. Später gegen ein Geschütz bei der Sägemühle südlich Plužna. Auch die Feldartillerie 1/40 schoß gegen das Kavernen Geschütz 750 m vor uns, und soll einige Geschoße direkt in die Stellungen hineingebracht haben. Allein abends gegen 11 Uhr schoß es wieder gegen den 4. Zug herüber. Eine Granate blieb in einer Buche stecken, ein Schrapnell durchschlug eine andere glatt, ohne daß die Farbe der Hülse litt. Das macht er so, bei Tag gibt er Ruhe, morgens und abends, wenn er meint, die Deckungen seien besetzt, knallt er rüber. — Heute endlich kam ein Brief von Mitzi, sie hat also einen von mir nicht erhalten, denn sie schreibt, daß sie 19 Tage gewartet habe. Die Zensur hat ihn wohl vernichtet.

27. Februar – Sonntag, schlechtes Wetter, abends Schneefall. Die Italiener stehen schon im Wasser. — Die Ebene ist voll großer Lacken und Tümpel. Das Grundwasser ist jetzt der größere Feind als wir. Durazzo gefallen! — Lovcen der Beginn, Durazzo eine Etappe, Valona das klägliche Ende der italienischen Adriapolitik. Wie sich doch Verrat selbst straft. Italien glaubte recht schlau zu sein, als es uns in den Rücken fiel. Und doch war das unser Glück, wir gewannen erst damit die notwendige Ellenbogenfreiheit für die Lösung der Adriafrage nach unseren Interessen. — Italien als unser Bundesgenosse wäre unser größter Feind gewesen, Italien als Gegner stärkte unsere Kraft; denn die italienische Gefahr für uns sind nicht die Italienischen Gewehre, sondern die Rosenketten seiner „Freundschaft". Dieses politische Bündnis war eine Spottgeburt der Verlegenheit, des Mangels an Selbstvertrauen. Gott sei Dank, daß wir seiner ledig sind. — Eine Lawine hat wiederum einen Offizier das Leben gekostet. Leutnant Haupt von der schweren Haubitze 3/5. Unser Kamerad Zauner kam unter dieselbe Lawine, konnte sich jedoch retten und auch noch einen Infanteristen herausarbeiten.

28. Februar – Vormittag Ruhe. Nachmittag beschießt Žaga den Rabelnik-Graben. Zwei neue Geschchütze, anscheinend nordwestlich 355, schossen gegen Feld Kanone 1/40 und sollen einen Volltreffer bei einem Geschütz erzielt haben. Schwere 3/5 wirkte einige Zeit gegen Podturo, ein anderes westlich P 410, endlich aber warf sich alles: 24 cm-Mörser, Schwere 3/5 Türkeihaupitze 5 auf ein neues Ziel nordwestlich P 355.

Dort sollen diese Geschütze stehen. Für mich bedeutet dies insofern eine Genugtuung, als ich dieses Geschütz schon vor ca. zwei Wochen gesehen und gemeldet hatte, jedoch beim Adjutanten der Batterie Gruppe keinen Glauben gefunden hatte. Nun mußte man es mir doch zugeben.

29. Februar – Nichts von Bedeutung. Vormittag wirkte der Gegner gegen die Kavernen. Einige Schüsse aber sonst kein Erfolg.

Allgemeine Offensive des Vierverbandes im März?

London, 26. Februar.

Der Korrespondent des „Daily Telegraph" in Rom telegraphiert, daß Telegramme aus Rußland von einer Wiederaufnahme der Offensive seitens der Russen in Galizien und Polen berichten. Auch die Tätigkeit der Italiener an der Alpenfront soll erhöht werden. Von den Balkanfronten werden Vorbereitungen für eine bevorstehende Offensive gemeldet. Die Alliierten seien auf eine große allgemeine Offensive vollständig vorbereitet. Ein Diplomat äußerte die Ansicht, daß der Monat März die Entscheidung in dem Kriege bringen dürfte; jedenfalls werde dieser Monat reich an Ereignissen sein.

Zeitungsausschnitt vom 26. Februar 1916

1. März – Schneefall und dichtester Nebel. Vor- und Nachmittag Schule. — Von Mitzi einen lieben Brief und Bilder. Das Patscherl ist gekränkt, weil ich auf den Karten nicht „dein Sepp" unterschreib. Wem soll ich denn sonst gehören als dir lieber Schatz. — Gage:

Beobachter – Foto: onb

260 Kronen, Medaillenzulage 7,5 Kronen, Einkäufe: 19,26 Kronen, Rest: 248,24 Kronen — Las heute Pastor: Conrad von Hötzendorf. — Der Mann des modernen Österreich. Ein Soldat, das Ideal eines solchen. Tiefstes Pflichtbewußtsein, stärkste Energie, sachlich und eben darum frei von Formalismus mit einem intuitiven Blick für Stärken und Schwächen unserer militärischen Erziehung. Dabei das glückliche Temperament eines Strategen, nämlich gleich weit entfernt von Optimismus und Pessimismus. So tritt uns dieser hellsichtige starke Mann aus dem Buche entgegen. — Begeistert blickt die Armee auf zu ihren Führern, insbesondere aber zu ihrem Conrad und dieser Name verbürgt uns den Sieg, wenn Gott ihm seine Hilfe leiht. — Das Buch streift aber auch noch eine andere Persönlichkeit, unseren starken Franz Ferdinand. Und was da von ihm gesagt wird, muß auch jene Kreise zum Nachdenken bringen, die auch die albernsten Märchen glaubten, sofern sie Franz Ferdinand betrafen. Sein gesunder Blick schenkte Österreich den rechten Mann für seine schwerste Zeit und diese Tat allein müsste uns schon zu ewigem Dank verpflichten. — Hier eine Notiz, die uns eine schwere Zeit ankündigt, die wir aber mit Gottes Hilfe auch noch bestehen werden. Und dann wird Frieden werden. — Der Erfolg des deutschen Bundesbruders bei Verdun stellt sich als schwere Drohung der französischen Front dar, der große Generalstab ist den Gegnern wieder einmal zuvorgekommen und zwingt sie unter seine Initiative. So war es immer: Die Gegner redeten, die Unseren handelten. Ob nicht die ganze große Offensive, die oben angekündigt ist, auch wieder so enden wird?

2. März – Schnee und Regen. Einiges an Artillerie-Feuer, sonst nichts. Abends plötzlich bei Infanterie blinder Alarm. Im Raume nordwestlich des Ziegelofens, hätten die Italiener auf je 20 m ihre Drahtverhaue geöffnet. Allgemeine Bereitschaft. Auch wir richteten beide Geschütze darauf ein, allein es kam zu nichts.

Nachmittag teilte mir Herr Hauptmann Nejedly mit, daß morgen der elektrische Bohrer für mich kommen soll. Na endlich einmal.

3. MÄRZ – Heute früh konnte ich mich überzeugen, daß jene Meldung vollkommen falsch war. — An den spanischen Reitern ist nicht das mindeste verändert worden. Diese Lücken sind alt. Man sieht auch gar keine Spuren im Schnee zu den Öffnungen hinzu. Also, blinder Alarm. 2 Uhr 30 morgens 7 Schuß gegen die 1. Kaverne. Kein Schaden. Aus der Ferne war um 12 Uhr nachts starker Kanonendonner zu hören. Wo mag das Gefecht gewesen sein? Schnee und wieder Schnee. — Herr Hauptmann Nejedly behauptete aber nochmals, daß die Reiter tatsächlich geöffnet und erst bei Morgengrauen wieder geschlossen worden seien.

4. MÄRZ – Samstag von Gruppe kommt die Nachricht, daß der elektrische Bohrer für die Kaverne kommt. Skizze, Skizze Wir sind noch immer „west", ganz gewiß. Das schönste Beispiel sind doch meine Kavernen. Ich stehe nun schon genau 1 3/4 Monate hier. — Schneefall, Lawinen gingen mehrmals schon ab. Zwei kamen abends bis nahe an die Hütte.

5. MÄRZ – Schneefall, wieder Lawinen. Ich fürchte nur, daß jetzt vielleicht doch ein Unglück geschieht, da der Schnee schon 60 cm tief ist.

6. MÄRZ – Vormittag Schneefall und Nebel. Nachmittag heitert sich der Himmel einigermaßen auf und bald beginnt darum auch das Artillerie-Feuer von Saga und Geschütz nordwestlich 355 in die allgemeine Richtung Svinjak. Ein neues leichtes Geschütz feuerte aus dem Raume 410 Podturo gegen Rombon, ohne daß es uns gelungen wäre seine Stellung zu finden. Auch vor uns entwickelte die italienische Infanterie Tätigkeit und belästigte uns mit dem Stollengeschütz östlich 902 durch Lufttorpedos. Von letzteren krepierten jedoch viele infolge der Schneedecke nicht.

7. MÄRZ – Schnee Nebel, Vormittag scheint kurz die Sonne und darauf ging Lawine auf Lawine nieder. Insbesondere auf italienischer Seite konnte man solche hören. Auch bei unserer Hütte kamen schon an 5–6 herunter, jedoch die Schutthalde ist unser Schutz, da jede Lawine sich darauf teilt, infolge der Reibung den Schwung verliert und so unschädlich wird. — Das Ereignis des Tages! Die Kompagnie 6/27 wird von einer Landsturm Kompagnie abgelöst und erhält in Breth vollständige Gebirgsausrüstung! Dabei soll es nicht bleiben, es soll die ganze Division herausgehoben werden! Was bedeutet dies? Offensive in Südtirol? — Eine Landsturm Kompagnie kommt hierher. Wird sie halten? Ich bin auf alle Möglichkeiten gerüstet. — Schon wieder plagt mich der Durchfall. Darmkatarrh ist ja so leicht zu bekommen. Die Bude ist überhitzt, man öffnet die Tür und erkältet sich. — Mizzi schrieb mir wiederum. Von Fräulein Marwanger kam Butter und Früchtebrot.

8. MÄRZ – Einige Lawinen, nichts von Bedeutung. Abends marschierte Kompagnie 6/27 ab. — Wechsel im Batterie Kommando. — Eine überrumpelnde Überraschung brachte der Nachmittag. Herr Hauptmann Stenzel sagte mir durchs Telefon: „Ich verlasse für einige Zeit die Batterie, ich wünsche euch alles Gute!" — Sofort durchzuckte mich eine Ahnung, daß das ein Abschied für immer sei, und das befürchtete Verhängnis ihn erreicht habe. — Und doch dauert mich sein Geschick um seine Eltern und seiner Braut willen. Was sagte ich am 17. Jänner? Möchte er sich doch halten können.

9. MÄRZ – Mit dem elektrischen Bohrer ist schon wieder nichts. Nun, am besten ist's noch immer, auf seine eigene Kraft zu vertrauen, und darum arbeite ich selbst mit meinen Leuten weiter.

Abends meldete das Telefon: Mit heutigen Tage hat Hauptmann Luzian Schiller das Batterie Kommando 4/3 übernommen. — Die Krankheit hält an. Opium soll ich nehmen, nein, lieber etwas länger leiden.

Vormittag Ruhe, nun einiges an Geschütz-Feuer auf eigener und gegnerischer Seite.

10. MÄRZ – Vormittag Nebel, Nachmittag begab ich mich zuerst zur Artillerie-Gruppe. Herr Major Schränzel erkundigte sich über den Eindruck, den die neuen Truppen auf mich gemacht haben. Ich äußerte einige Besorgnis, die er teilte. Bezüglich der Kavernen sagte er mir, daß die Angelegenheit noch keine Erledigung bei der Division gefunden habe. Ich legte nun meine Bedenken bezüglich der Festigkeit des Gesteines, bezüglich der Gefahr der Telefonleitungen, durch die gegnerische Artillerie usw. vor. — Es wurde mir nun folgender Bescheid erteilt: ohne weiter zu warten auf die Division, wird mir eine Sprengabteilung zugewiesen, die mit Handbetrieb arbeitet. Die Telefonleitung wird in Röhren in das Gestein eingelassen, und zwar würden mehrere Leitungen gelegt. Der Verbindungsstollen als eine Ausgestaltungsarbeit würde zuletzt gebohrt werden.

Zum Schlusse erinnerte er mich nochmals an die schöne Aufgabe, die mir zuteil geworden sei. Über meine Belohnungsanträge betreffend Renec und Latzko erklärte er, sie weitergeleitet zu haben. Zum Schlusse fragte er mich um das Datum meiner Aufzeichnungen und fügte das Bemerken hinzu, daß er bei der nächsten Metion auf mich nicht vergessen würde. Hernach sprach ich beim Batterie-Gruppen-Kommando vor, Herr Hauptmann Haslinger war sehr liebenswürdig. Hierher kam auch gerade Herr Hauptmann Schiller, unser neuer Batterie-Kommandant. Er machte auf mich einen äußerst günstigen Eindruck. Bei der Batterie meldete ich mich sodann. Ich trug ihm alle Bedenken und Wünsche vor und erlangte bei ihm vollstes Verständnis und kräftige Unterstützung. Er billigte den Plan, auch bei einem Mißgeschick meiner Kompanie die Stollen zu halten. Gewehr, Munition, Reserve-Patronen wurden mir zugesprochen. — Welcher Unterschied zwischen ihm und dem Stenzel. Ein kleiner schmächtiger Mann mit feinen Manieren; in seiner Denkungsart ritterlich, ein Offizier, wie ich ihn mir vorstelle. Als Akademiker gebildet, gleich als Militär und in zivilen Fächern. Nicht ein „nur Militär," sondern ein Mann, mit dem man auch sonst sprechen kann. Er setzte sich von allem bis ins Kleinste in Kenntnis, studierte insbesondere die artilleristische Aufgabe aller Geschütze. Ich bin entzückt von ihm und der Vergleich zwischen einer Unterhaltung mit Stenzel und ihm drängte sich geradezu auf. Dort Flachheit wenn nicht gar Banalität, hier fühlte man sich aber wohl, man fühlte sich frei und auf einem anderen Niveau. Liebenswürdig und doch zurückhaltend von vornehmer Ruhe. — Kurz und gut ein Mann ist uns gegeben, dem man mit Freuden gehorchen wird, weil man seine Führerfähigkeit spürt. — Herr Hauptmann Stenzel ging nach einem Regimentes Rapporte als krank ins Spital ab. Er war wieder einmal bis 8 Uhr morgens mit der Mannschaft gesessen, dies wurde Oberleutnant Schurli zu viel und er erstattete die Anzeige. Am nächsten Tage fühlte sich Herr Hauptmann sehr krank und ging abends in das Spital ab.

Abends große Vorstellung: Leutnant Sabrofsky, Kadettaspirant Cep, Dipetto und Offizier Stellvertreter Cruko, letzterer fühlt den Boden unter sich etwas wackeln und mit Recht, denn bald wird er in die erste Linie kommandiert werden und dann dürfte er wohl auch krank werden.

24 cm-Mörser – Foto: onb

Polonik gegen Česoča Slatenik-Graben – Foto: onb

11. MÄRZ – Nebel und Regen. Nachmittag Bad bei Koritnica-Brücke. Besuch bei HerrEcker mit dem ich über allerlei plauschen konnte. Abends noch ein Besuch bei Oberleutnant Draxlmeier, bei dem ich die beste Aufnahme fand. — 6 Sappeure sind gekommen, aber ohne Werkzeug und ohne Munition.

12. MÄRZ – Sonntag. Ein kräftiger Regentag. Zu Mittag schreckte mich das ungewöhnlich starke Donnern einer Lawine aus der Hütte und entsetzt sah ich eine Wolke von Steinen, Erde und Schnee mit Fauchen und Krachen über die Wände herunterstürzen. Diesmal glaubte ich unsere Hütte verloren, im Augenblick waren meine Leute herausgeeilt, doch auch diesmal brach sich die gewaltige Kraft auf der Schutthalde und nur die erste Welle kam herunter bis auf den Weg. — Heute teilte ich 700 Gewehrpatronen, 92 Fleischkonserven und 36 kg Zwieback aus. — Leutnant Labrofsky erzählte mir am 10. März von einem Russen, der mit uns am Vršic kämpft, er ist „Zar Schütze" und als solcher hat er eine fabelhafte Treffsicherheit. Sobald ein Hut oder ein Arm zu sehen war, machte er Anschlag wie ein Jäger und schon saß die Kugel. Er wurde einmal verwundet-Kopfschuß, wobei die Kugel an der Stirne

Der tägliche Cadorna.

Im italienischen Kriegsbericht vom 15. d. heißt es u. a.: In der Gebirgszone vom Tonale bis zur oberen Fella steigerte sich die Tätigkeit unserer Artillerie zu neuer Heftigkeit, unterstützt durch Angriffsunternehmungen der Infanterie, welche unserer Artillerie nützliche Ziele aufstöberten. An der Isonzofront gestern lebhaftes Artillerieduell und neue Infanterieangriffe. Fortschritte wurden im Rombonabschnitte (Flitscher Becken) und auf der Lucinico überragenden Höhe erzielt. Südöstlich von San Martino griff der Feind nach starker Artillerievorbereitung bei Morgengrauen die von uns tags zuvor eroberten Stellungen an und bewog uns, in der Nacht die kleine Schanze zu räumen, um unnütze Verluste zu vermeiden. Die Stellung wird fortwährend von unseren Geschützen unter Feuer gehalten. In kühnen Ausfällen unserer Infanterie wurden etwa 30 Gefangene, darunter 3 Offiziere, gemacht, Gewehre, Munition und anderes Kriegsmaterial erbeutet.

Zeitungsausschnitt, März 1916

eindrang, unter der Schädeldecke, ohne das Gehirn zu verletzen, entlang glitt und am Hinterkopfe austrat. Für seine Tapferkeit wurde er vom Armee- Oberkommando mit einer Goldenen Uhr und Kette, vom Offizierskorps LIR 21 mit einem gleichen Geschenke ausgezeichnet. Bezeichnenderweise – wohl weil in Russland so Brauch, meinte er, die Sanitätsleute würden ihm diese Kostbarkeiten stehlen und er schlug wütend um sich, um sie zu verteidigen. Jetzt sei er wieder geheilt und selbstverständlich auch am Vršic. Er sagt, ich bin nicht mehr Russe, ich bin Österreicher. — Gerade ging 300 m östlich eine furchtbare Lawine nieder. Felsblöcke, Erde, Rasen, Schnee wälzte sich mit erschreckender Gewalt hernieder. Hoffentlich ist kein Unglück geschehen. — Am Mojstrovka-Paß wurden 70 Russen, am Vršic 40 Soldaten, am Rombon 4 Soldaten verschüttet. Jetzt im Frühjahr treten die Schrecken der Berge erst hervor.

Heute Nachmittag ging es an dieses. — Auf Befehl der Batterie Gruppe mußten wir für 24 cm-Mörser „Mizzi" und schwere Haubitze 11/7 beobachten. „Mizzi 2" hatte mit dem 2. Schuß einen Volltreffer, am nördlichen Stollen-Ausgang, leider gingen ihre anderen daneben. Schwere Haubitze 11/7 hatte an diesem Ausgange ebenfalls 2, ebenso die „Sperre".

Auf die Stollen-Mitte fiel eine Schwere, zum südlichen Stollenausgang zwei Schwere und drei von „Sperre". Es wurde ganz gut geschossen, aber trotzdem hat der Stollen anscheinend nur am Nordausgang gelitten.

6 Uhr 30 bis 6 Uhr 40 schoß das Geschoß, das 300 m südwestlich P 410 am Karrenweg westlich der Reichsstraße steht.

Abends wurde es unruhig. 9 Uhr 30 bis 9 Uhr 50 entwickelte sich im Slatenikgraben ein heftiges Infanterie Geplänkel, das mich veranlasste, Bereitschaft anzuordnen. — Herr Oberleutnant Draxlmaier eröffnete mir, daß um 3 Uhr nachts kleine Unternehmungen im Becken stattfinden sollten. Allein der Tanz ging schon früher unfreiwillig los, denn um 11 Uhr 30 begannen plötzlich in unserer und der 3. Kompagnie-Stellung ein kräftiges Gewehrfeuer beiderseits, in das sich die Minen mit tosendem Krachen alsbald vermischten. Auch das Stollengeschütz östlich P 902 gab einen Schuß ab, jedoch die Minen wurden so genau zum Stolleneingang geworfen, daß den Kanonieren der Mut verging. So dauerte der Gefechtslärm mit Unterbrechung bis 1 Uhr 30. Meine beiden Telefonleitungen zum Beobachtungsstand, wo ich Nachtdienst hielt wurden abgeschossen, sodaß ich schließlich keine Verbindung mehr hatte. Von 1 Uhr 30 bis 2 Uhr 45 legte ich mich schlafen, jedoch war das Aufstehen umsonst, denn die Unternehmungen fanden nicht statt und so krochen wir um 3 Uhr 45 wieder in die Klappe.

13. März – Wieder Regentag. Um 11 Uhr erhielt ich wiederum Befehl zur Beobachtung. Die Schwere 11/7 gab zuerst einige tadellose Treffer auf das Stollengeschütz P 410; um 2 Uhr 30 begann der 1. Zug 4/3 ein ausgezeichnetes Wirkungsschießen auf die gegnerische Linie hinein, daß es eine Freude war. Doch das vertrug der Gegner nicht und plötzlich eröffnete das Stollengeschütz P 902 ein kurzes Schnellfeuer auf den Raum zwischen der unteren und oberen Geschütz-Kaverne meines Zuges. Die Kum-Batterie (Lvinjak) jagte plötzlich hierauf um 4 Uhr 30 ihre Granaten auf dieses Ziel und brachte mehrere zum Eingang und in den Stollen hinein. — Die Schwere 11/7 sollte das Geschütz m Karrenweg südwestlich P 410 unter Feuer nehmen, hatte aber entscheidendes Mißgeschick dabei, denn von allen Schüssen konnten wir nur 2 Kurzschüsse beobachten. — Der Gegner wollte sich rächen und schickte aus Žaga von 9 Uhr 50 bis 4 Uhr 10 Granaten zur Kompagnie 3/41. Von 4 Uhr 15 bis 5 Uhr 20 wirkte endlich das Geschütz am Karrenweg südwestlich P 410 gegen den Ziegelofen; scheinbar mit wenig Wirkung. — Strömender Regen und Nebel zwang schließlich beide Seiten zum Einstellen der Tätigkeit. Ansonsten brandelte es ein wenig bei der Infanterie.

14. März – Wiederum Artillerie-Feuer. 3 Uhr 50 nun gab das Stollengeschütz östlich P 410 ein kurzes Schnellfeuer auf unsere Stellung ab, wurde jedoch sofort von der Sperre beunruhigt. Um 4 Uhr 45 machte das Geschütz am Karrenwegs westlich P 410 es nach, schoß bum, bum bum gegen den Ziegelofen. Schwere 11/7 Kum Batterie schossen darauf, jedoch viel schlechter als wir wünschten. Die Schwere traf nichts. Auch ein 3. Geschütz feuerte beharrlich auf den Rombon, wie um uns zu ärgern, weil wir es nicht finden können. Dann natürlich noch Saga, unsere 4/3 usw. Wie gewöhnlich.

Abends einige Male Maschinengewehr sonst nur das übliche Postengeknalle.

15. März – Nebel und Regen schon seit 3 Wochen. Um 4 Uhr plötzlich Feuerbereitschaft. Doch es kam zu keinem Angriff. An vielen Stellen verrieten Rauchschwaden Lagerplätze. Um 4 Uhr 30 kam wiederum ein kurzes Schnellfeuer auf unsere Stellung, jedoch von einem Geschütz das wir nicht entdecken konnten, obwohl es mehrmals das Spiel wiederholte. Unsere Artillerie wurde wütend und fetzte gegen den Graben westlich 410. — Sprach heute mit Bundesbruder Bernsteiner, der zu Feldkanonenbatterie 1/40 transferiert ist, durchs Telefon. Haben uns ein ganzes Jahr nicht gesehen. Wie wohl das seelisch tut, mit einem Menschen wieder sprechen zu können, dem man sich ideenverwandt, sozusagen als geistiger Bruder fühlt. Denn die gemeinsamen Erinnerungen an Menschen und Zeiten frischen auf. Kurz und gut diese kurze Zwiesprache war mir ein Erlebnis.

16. März – Auch am heutigen Tag erhöhte Artillerie-Tätigkeit. Es schossen außer den Žaga Geschütz wohl noch 2 neue Geschütz, die vom Graben zwischen dem letzten o von Podturo und dem 4. von P 410. Sie wurden von mehreren Batterien unter Feuer genommen. 2 Uhr 30 eröffneten am Karrenweg südwestlich 410 zwei Geschütze en kurzes Schnellfeuer gegen den Ziegelofen. Das neue steht 15 m südwestlich vom alten, bereits bekannten. Auch dahin wirkte unsere Artillerie, ohne jedoch etwas auszurichten. — Sonstige Ziele für dieselbe waren, Podturo, die Česoča-Batterie. — Abends: Regen und Nebel.

17. März – Vormittag Ruhe, Nachmittag Artillerietätigkeit.

1 Uhr 45 wirkt Žaga mit einigen Schüssen auf P 806. War es ein Einschießen für kommende Angriffe, da sich an der unteren Front bereits Kämpfe entwickelten?

2 Uhr 15–3 Uhr belegte der 1. Zug den Hang südlich P 902 mit Granaten, die Schwere 11/7 wirkte gegen

Podturo. 2 Uhr 30 verlegte Žaga das Feuer in Richtung Svinjak-Süd. 2 Uhr 45 eröffnete die Türkei-Haubitze das Feuer gegen eine neue Geschützstellung in der Rachel, wo der Karrenweg südwestlich P 410 in einen Fußsteig übergeht, zwischen Podturo und Podklopca.

3 Uhr 50–5 Uhr 30 wirkte Mizzi gegen die Česoča-Batterie und die große Rachel nördlich des Isonzosteges und der Česoča-Mühle.

5 Uhr 15 entdeckten Oberfeldwebel Berger die Gruppe und der 1. Zug 4/3 gleichzeitig das lang gesuchte Geschütz, das gegen den Rombon wirkt. Es steht am Plattenrande unter dem r von Podturo. Es schossen darauf auch noch die Krn Batterie und Feldkanone 1/40. Getroffen hat keine Batterie. 5 Uhr 35 verlegt 4/3 das Feuer auf Rombon.

Um 6 Uhr bestreicht Mizzi den Raum Podturo-Podklopca.

42 cm-Haubitze – Foto: onb

Abends schoß das neu entdeckte Geschütz neuerlich auf den Rombon, worauf die Krn-Batterie antwortete.

18. MÄRZ – Die italienische Artillerie hielt heute Nacht merkwürdig ruhig. Vormittag war überhaupt nichts los, Nachmittag provozierten unsere Batterien ohne Erfolg. 4/3 schoß auf die italienische Linie vor der Sandsackstellung, später gegen Goričica, Türkei-Haubitze gegen das Geschütz unter dem von Podturo. Ansonsten Marine 2 gegen P 638.

Nachmittag wurde ich von Artilleriegruppenkommando gefragt, ob ich morgen aus dem Stollen bereits schießen könne. Soll es also losgehen? Wir übersiedelten mit dem 15 cm-Geschütz in die neue Kaverne, Munition wurde bereitgestellt, Telefonleitung verlegt. Ob es wahr wird?

TESTAMENT
von Leopold Guggenberger

(auch in die künftigen)
Werte" die drei Kinder meiner Schwester Angela Salzer,
k. k. Oberkommissärsgattin, Villach Koschatstrasse 16,
nämlich Josef, Herbert und Angela Salzer zu gleichen
Teilen als Erben treten.
Abgesehen von Büchern, Kleidern, Wäsche u.s.w. besitze ich
an Werten derzeit:

1./ 400 K übersandt an Angela Salzer aus Varannó (Ungarn) im Mai 1915.

2./ 400 Nominale dritte steuerfreie 5½% oest. Kriegsanleihe Rentenbuch N° 439.288 der k.k. Postsparkassa in Verwahrung der Frau Angela Salzer

3./ 186 K in Verwahrung der Frau Angela Salzer aus meiner Gage nach Abzug der Schuldigkeiten.

4./ 300 K in Verwahrung der Frau Rosa Engl, Kötschach.

Was von den Beträgen unter N° 1 und N° 4 an meinen Bruder Franz Guggenberger ausgeliehen wurde ist von diesem zu _angemessener_ Zeit einzufordern da er nach meiner Ansicht bei seiner Stellung eines Geschenkes nicht bedarf.

Es ist nicht viel, was ich meinen Neffen u. meinen Nichten geben kann, aber es soll meine tiefe Dankbarkeit gegen meinen guten Schwager Salzer und meine Schwester Angela bezeugen, die mir jederzeit ihre volle Unterstützung geliehen haben. Daß ich anordne, den Betrag von 300 K von meiner Schwester Rosa Engl einzuziehen, hat seine Begründung in dem Verhalten meines Schwagers Engl, der in einer Zeit der traurigsten finanziellen Lage für mich nicht einmal erbetene 100 K als <u>Darlehen</u> übrig hatte. Der Betrag von 300 K ist gewiß für seine Verhältnisse eine Lächerlichkeit, aber es wäre ja auch ein Darlehen von 100 K eine Lächerlichkeit für ihn gewesen.

An Passiven sind zu leisten:
1./ 30 K an Buchhandlung „Tyrolia" Bozen
2/ Einen mir nicht genau bekannten Betrag an den Schuster Ortner in Liesing (Lesachtal)
3/ 24 K an Das Hedersche Konversationslexikon ist der Buchhandlung „Hedersche Verlagsbuchhandlung" Wien I. zurückzustellen.

Sonstige Schuldigkeiten besitze ich <u>nicht</u>.

Ich bitte meinen Bruder Karl, diesen meinen letzten Willen in jeder Hinsicht zu achten.

Meiner Braut Frl. Mizzi Poristka, Tulbing Post Koenigstetten, N.Oe. ist als Andenken zu überlassen, was sie sich als solches wünscht.

Und nun zum Abschied grüße ich Euch meine lieben Geschwister, Dich meine wahr geliebte Braut u. Deine Mama, Onkel Schwester u. Schwager und Euch meine Neffen u. Nichten nochmals mit einem „Gott befohlen!"

Trauert nicht um mich, es lag in Gottes Willen, daß mein Leben für mein herrliches Vaterland geopfert werden mußte. Da es sein Wille war, bringe ich es gerne über mich.

Als Letztes mahne ich Euch lieben Jungen:
Werdet <u>positive</u> Katholiken, werdet <u>positiv-fühlende</u> Oesterreicher und denkt, daß nicht im <u>Genusse</u>, sondern im frohen Schaffen der Wert des Lebens liegt.

Es lebe das Vaterland!
Euer Onkel
Feldpost 220, 18.III.1916. Ihnr. Leopold Guggenberger

Abschrift vom TESTAMENT

Bisher habe ich in Ermangelung eines Besitzes nicht nötig gehabt, an Verfügungen für den Todesfall zu denken.

Es ist mein Wille, daß meine sämtliche Habe und Werte (auch die künftigen) die drei Kinder meiner Schwester Angela Salzer KuK Oberkommissionärsgattin, Villach, Koschatstraße 16, nämlich Josef, Herbert und Angelika Salzer zu gleichen Teilen als Erben antreten. Abgesehen von Büchern, Kleidern, Wäsche usw. besitze ich an Werten derzeit: was unter den Beträgen 1 bis 4 an meinen Bruder Franz Guggenberger ausgeliehen wurde, ist von diesem zu angemessener Zeit einzufordern, da er nach meiner Ansicht bei seiner Stellung eines Geschenkes nicht bedarf.

Es ist nicht viel, was ich meinen Neffen und Nichten geben kann, aber es soll meine tiefe Dankbarkeit gegen meinen guten Schwager Salzer und meine Schwester Angela bezeugen, die mir jederzeit ihre volle Unterstützung geliehen haben. Daß ich anordne, den Betrag von 300 Kronen von meiner Schwester Rosa Engl einzuziehen, hat seine Begründung mit dem Verhalten meines Schwagers Engl, der in einer Zeit der traurigsten finanziellen Lage für mich, nicht einmal erbetene 100 Kronen als Darlehen für mich übrig hatte. Der Betrag von 300 Kronen ist gewiß für seine Verhältnisse eine Lächerlichkeit, aber es wäre ja auch ein Darlehen von 100 Kronen für ihn eine Lächerlichkeit gewesen.

An Passiven zu leisten ist: Ich bitte meinen Bruder Karl, diesen meinen letzten Willen in jeder Hinsicht zu achten. Meiner Braut Fräulein Mitzi Poriska, Tulbing, Post Königstätten, ist als Andenken zu überlassen, was sie als solches wünscht.

Und zum Abschied grüße ich euch, meine lieben Geschwister, Dich, meine wahr geliebte Braut, und deine Mama, Onkel, Schwester und Schwager und euch, meine Neffen und Nichten nochmals mit einem „Gott befohlen", trauert nicht um mich, es lag in Gottes Willen, daß mein Leben für mein herrliches Vaterland geopfert werden mußte. Da es sein Wille war, bringe ich es gerne über mich.

Als letztes mahne ich euch, lieben Jungen:

Werdet positive Katholiken, werdet positive fühlende Österreicher und deutet, daß nicht im Genusse, sondern im frohen Schaffen der Wert des Lebens liegt!

Es lebe das Vaterland!

Euer Onkel Fähnrich Leopold Guggenberger

19. März – Sonntag, Eroberung P 638 — Heute früh kam die Instruktion von Batterie- Kommando. Also nicht der Welsche, sondern wir gehen an.

Um 12 Uhr begann eine Batterie nach der anderen ein langsames Einschießen auf die ihnen zugewiesenen Zielteile. Nach 1 Uhr krachten unsere Geschütze in Zeiträumen von 5–10 Minuten. — Oberfeuerwerker Berger kommandierte das 99 Geschütz, ich das M 15 vom Bildstock-Isonzo und benötigte 7 Schüsse. Um 2 Uhr war alles ruhig. Um 3 Uhr sauste eine schwere 24 cm-Bombe gegen die Hütten bei P 638, eine 2. barst mit Getöse, dann kamen 15 cm dazu, kleinere Kaliber sangen dazwischen, und als wir um 3 Uhr 30 auch den Feuerbefehl bekamen, tobte der Kampf längs der ganzen Linie vom Rombonhang- Isonzo. Bald war meine Telefonleitung in Trümmer und ich eilte zum Geschütz, um unabhängig von den Launen des Telefons meiner Aufgabe gerecht werden zu können. Ausgestorben schien die ganze Stellung unserer Kompanie, kein Mensch zu sehen.

Und dann ging es los. Einen Schuß nach dem anderen setzten wir in die Haupt und Vorstellungen, das es eine Freude war. Oberfeldwebel Berger hatte gleich gute Erfolge. Es ist schade, daß die Linie nur dünn besetzt war. Zugleich mit uns schoß noch eine andere Batterie und 2 Marine Geschütze auf dasselbe Ziel. Allgemach trat auch der Gegner aus seiner Reserve heraus und ließ auch seine Artillerie in Wirkung treten. Gegen den Raum unserer Stellungen schossen 2 Geschütze aber zu weit oder zu hoch. Bei Dämmerung kam ein Oberleutnant von Linie 4 mit einer Maschine, die er bei der Feldwache aufstellte. Er klärte mich auch über den Zweck der Mission auf. Es sollten die verfallenen Hütten bei P 638 von den unseren genommen werden, als erster Teil der Aufgabe.

Darum auch das schwerste Feuer auf diesen Punkt, daß die Italiener ausziehen und laufen mußten. Voll Spannung spähten wir durch das Halbdunkel hinunter, ob das Detachement unter Herr Oberleutnant Schaffer vorrückte. Wegen der hatten wir Feuer eingestellt. Da plötzlich begann es aus den italienischen Gräben zu knattern, unser Maschinengewehr spie die Geschoße hinunter, über uns, unter uns, die Ebene entlang knallten die Gewehre. Unsere Artillerie verstummt. „Hurra!" Tönt es herauf. Der Gegner schoß wie wütend auf die „Vierer", doch die waren drinnen in den Hüttenresten, und wo die sitzen, sind sie nicht mehr herauszu-

Befehl zum Angriff

bringen. — Der Gefechtslärm schwoll an, nahm ab, verstummte auf kurze Zeit und flammte dann neuerlich auf. In der Dunkelheit waren eben die gegnerischen Verstärkungen in die Stellungen geeilt. Wir traten um 10 Uhr 30 vom Geschütz ab. Um 4 Uhr 30 erwachte ich ob starken Lärms und mußte sehen, daß der Kampf wieder in vollem Gange war. Also Alarm und hinunter. Jedoch zum Schießen kamen wir nicht. Eingerichtet hatten wir auf die vorderste Linie auf ein Maschinengewehr, das ich gestern abends gesehen hatte, das aber anscheinend durch unser Gewehr und Minen bereits vertrieben war. — Herrn Oberleutnant von der Maschinengewehrabteilung erzählte mir, daß dieses Häuflein bisher 123 Gefangene gemacht, 3 Maschinen-Gewehre und eine Unmenge von Handgranaten usw. erbeutet hatten. — Und die Unseren hatten 3 Leichtverwundete. Nicht gerechnet sind aber noch die Toten durch das Feuer unserer Artillerie, die prächtig geschossen hatte.

Als es Licht wurde, sahen wir die Welschen längs der Mauer zurückschleichen, zu zwei verfallenen Hütten. Außerdem entdeckten wir allmählich in der Schutthalde eine dichte italienische Linie. Wir meldeten dies sofort der Artillerie-Gruppe und unsere Artillerie schoß Vormittag kräftig hinein. Ich war nicht unten, aber Berger erzählte, daß gewiß 200–250 Mann in heilloser Flucht davonjagten, heftigst beschossen von unserer Infanterie und meinen Kanonieren. Von diesen will fast jeder einen oder 2 getroffen haben. Berger sah einen ohne Arm, den anderen ohne Fuß davonhumpeln. Ein anderer lag am Boden und wälzte sich hin und her, aber obwohl 40–50 Kameraden über ihn hinweg flüchteten, nahm ihn keiner mit. Aus wahnsinniger Angst schrien und jammerten sie, daß man es deutlich hörte. Oberfeuerwerker Berger, ein Mann, der seit Anfang im Felde steht und wie selten einer berechtigt die Größe trägt, sagte: „Das war wie das Jüngste Gericht" — Aber auch die italienische Artillerie zielte heute besser. Um unsere Hütte krachte es fort und fort, ein Schuß legte alle Telefonleitungen in Trümmer, ein Zünder steckt in einen Baume bei der Hütte, Hülsen, Sprengstücke, Füllkugeln flogen auf Dach und vor die Hütte, Bäume und Äste wurden gefällt und doch geschah uns nichts. Das ist der Schutz Gottes, dem in Demut gedankt sei für seine Güte. — Es beschossen uns 2 Feldkanonen und eine Schwere. Ein Volltreffer war in meiner früheren Hütte durch Dach und Pritsche gegangen, ein anderer Schuß in ein Gott sei Dank geräumtes Munitionslager. Unsere Kompagnie 2/4 hatte einen Toten.

Vormittag: Rettenbacher hatte brav gearbeitet. Obwohl die Artillerie ohne Unterbrechung herfetzte, die Weitschüsse der Infanterie pfiffen, machte er sich ruhig jedes Mal auf, um die Schäden zu beheben. Und das war nicht einmal, das war mehrmals.

Na um 1 Uhr 30 war die Schwere bereits auf 10 m an der Kaverne. Natürlich mußte sie gerade in die Telefonleitung fallen. — Und es ging wieder los. 24 cm-Granaten, 15 cm-Krn-Geschütz belegten das südwestliche Angriffsfeld bei P 638 mit einem Hagel von Eisen. Die Feldkanonen 1/40, der 1. Zug 4/3 Türkei-Haubitze und Marine 2 und 3 den Raum östlich P 902 vor unserer Kompagnie 2/4, andere Batterien gegen die italienischen Reserven in den Racheln nördlich Flitsch, die Rachel nördlich des Isonzo, die Batterien usw.

Der Kampf steigerte sich zu größter Intensität bei Einbruch der Dunkelheit. — Der Gegner wirkte mit großer Gewalt gegen die Kompagnie 3/41 und

42 cm-Haubitze – Foto: onb

gegen unsere Kompagnie aus mittleren und großen Kalibern. — Da das Feuer nicht gegen die Infanterie-Linie, sondern in Richtung auf unsere Kavernen ging, dürfte es wohl uns gegolten haben. Fort und fort platzten die Schrapnelle und Granaten. Ein neuer Volltreffer in der Munitionshütte, ein Sprengstück schlug das Dach unserer Hütte ein, Aufschläge in nächster Nähe, kurz, ein nettes Durcheinander. Die Telefonleitung zu den Geschützen wurde fort und fort abgeschossen. — Kogler, der in der Hütte Telefondienst hielt, wurde vom Luftdruck einer Granate umgeworfen und kam ganz bleich mit einer Meldung zu mir. — Die Italiener stürzten aus ihren Deckungen, wahnsinnig gestikulierend liefen sie zurück, sobald wieder eine Schwere barst, verfolgt vom Feuer unserer Vierer, die bei uns heroben das Maschinengewehr bedienten und mancher fiel vorn über, ohne wieder aufzustehen. — Nach einem Schuß der Schweren in die Schutthalde lösten sich plötzlich 6 Gestalten und liefen zu uns über. Und wie sie sich dort hinter einen Stein duckten. Man schickte sie allein zurück und merkwürdig schnell fanden sie den Weg. Gestern stieg die Gefangenenzahl auf 2 Offiziere und 151 Mann, heute Nacht ergaben sich neuerlich 53. — „Die West- Artillerie ist furchtbar!" sagten sie, „Arme, Beine, Leiber, Fetzen liegen umher" ein Gefangener sagte, daß der 28 cm-Mörser in Neval von einem französischen Offizier kommandiert würde. Im übrigen seien sie sehr zahm und verschüchtert, sagte mir Herr Kadett Eckert. — Also der Gang der Kampfhandlung war im weiteren Verlauf folgender: Knapp vor Mondaufgang hätte unsere Infanterie gegen das schmale Wäldchen an der Mauer, die sich von P 638 ca 400 m südwestlich hinzieht, vorgehen sollen. Die Artillerie pfefferte, dann wurde es still, allein es kam zu nichts. Dafür ging es aber auf der Csuklja los, wo die Italiener angriffen. Es war ein unaufhörliches Blitzen der krepierenden Geschoße. Der Angriff wurde abgeschlagen.

Unsere Kompagnie 9, frühere 16, drang um 10 Uhr nachts in die gegnerische Hauptstellung westlich des J vom Jablenca ein, machte 1 Offizier und 73 Gefangene, hielt den Graben gegen den Angriff eines italienischen Ravons, das zurückgewiesen wurde, ging aber morgens wiederum zurück. Um 12 Uhr nachts erhielt ich Befehl, gegen Slatenikgraben das Feuer zu eröffnen.

Ich ließ 7 Schuß dorthin, konnte aber nur 2 beobachten, weil die Rauchschwaden einer in Brand geschossenen Baracke bei Kompanie 3/4 jede Beobachtung beeinträchtigten. Auch das M 99 ließ ich 7 Schuß auf die Linie nordöstlich und südöstlich P 477 abgeben, wo ein starkes Gefecht im Gange war. Um 12 Uhr befahl das Batteriegruppenkommando das Feuer einzustellen. Aber kaum hatten wir geschossen, begann eine Kanonade gegen unsere Stellung. Jede 2–3 Sekunden 1 Schuß. Ist mir jetzt erklärlich. Der Gegner fürchtete wohl, daß unser Feuer seine Gräben in der Ebene ausräuchern und unsere Infanterie vorgehen wollte, da die 9. Kompanie bereits eingedrungen war.

Um 2 Uhr nachts legten wir uns in der Kaverne schlafen. Selten in letzter Zeit schlief ich so gut, als auf den harten Munitionsverschlägen heute, nämlich bis 9 Uhr 30 morgens. — Verschossen: Minen 15, 7 Geschoße, 99 Schüsse — Verluste: 9/4 Kompanie: 4 Tote, 11 Leichtverwundete — G. K. Bt Kpl Dibetto leichtverwundet.

21. MÄRZ – Heute regnet es in Strömen. Den Tag über war volle Ruhe. Abends kam Kadett Singer, ein Grazer Burschenschaftler, in Zuteilung zu meinem Zuge. Wir plauderten ruhig bis 9 Uhr, als plötzlich lebhafter Gefechtslärm von unserer Stellung bis zum Rabelnik einsetzte. Die Artillerie sprach kräftig von beiden Seiten drein. „Alarm!"

Sprungweise eilte ich zur Kaverne, Mannschaft mir nach, doch nicht alle. Mit der Gruppe war keine Verbindung infolge der Schlamperei des Telefonisten Kogler, ich aber mußte annehmen, daß die Leitung wieder abgeschossen sei, und ließ das 99 Geschütz auf eigene Verantwortung das Feuer auf die Linie und den Bildstockes östlich Flitsch eröffnen. Auch mit dem 15 cm-Geschütz schoß ich darauf. Von der Mannschaft blieben viele aus. Ich fürchtete schon einen Volltreffer in der Baracke, da bekam ich endlich Meldung, daß mein braver Putzer Kamerad Nöst durch einen Stoßspiegel und ein Sprengstück am Oberschenkel auf dem Weg bei der Baracke verwundet worden sei. Mehrere hatten ihm geholfen. Aber die anderen? Einer nach dem anderen kam endlich, als es ruhiger wurde, an. Jeder wollte dem Nöst geholfen haben, jedoch bei einigen war mir Feigheit die Schuld. Den Kamerad Bergmann verhaftete ich. Das Gefecht verstummte gegen 9 Uhr 45 Vormittag. Herr Hauptmann Haslinger, der Batterie-Gruppen-Kommandant, berief mich zum Telefon und stellte mich wegen der Feuereröffnung zur Rede. Er verkehrte sehr scharf mit mir, weil ich mich auf die Instruktion durch Herrn Major Schrenzel, falls die Verbindung mit Batterie-Gruppe nicht funktioniere, auf eigene Verantwortung zu handeln, berief. Weil er nur die weiten und hohen Schüsse eines feindlichen Geschüt-

111

zes sah, glaubte er, mich wegen meines Ausdruckes „heftiges Feuer" ironisieren zu müssen. Es tat mir doch etwas weh. — Verschossen: M 99, 18 Schüsse, 8 Granaten. — M 15: 5 Geschoße, 2 Granaten.

11 Uhr 40 – 11 Uhr 45 Vormittags flammte der Gefechtslärm neuerlich mit Heftigkeit auf. Auf unserer Seite Trompetensignale bei P 638, anscheinend Regimentsruf, über dessen Bedeutung wir uns nicht klar wurden. — Verluste: Kamerad Nöst — Das Dach meiner Bude 3 Löcher, der Mannschaftsraum auch 2. Ein Aufschlag in der Schutzmauer, einer knapp vor der Hütte, Fenster zertrümmert.

22. MÄRZ – Vormittag: Einiges Artillerie-Feuer, Mittag Untersuchung. Sie ergab klar die Schuld Bergmanns. So sehr ich mit Schärfe an diese Bedrohung der Gefechtsdisziplin anrücken mußte, tat mir innerlich doch das Herz weh mit dem Menschen. Er selbst sagte, daß er sich wegen des Artilleriefeuers zuerst bei der Baracke, dann beim provisorischen Munitionsunterstand und endlich in der Munitionskaverne gedeckt habe und erst zum Geschütz gekommen sei, als das Infanteriefeuer zu Ende und das Artilleriefeuer nur mehr sehr mäßig war. Ich nahm in Gegenwart der übrigen Mannschaft ein Protokoll mit ihm auf. Die Kanoniere Kogler und Zwan hatten ein ähnliches Verhalten an den Tag gelegt, kamen jedoch noch früher zum Geschütz als Bergmann. Gegen ersteren (Bergmann) erstatte ich die Anzeige an das Batterie-Kommando, übersandte das Protokoll, jedoch mit der Bitte, womöglich disziplinierter gegen ihn vorzugehen. Über die Kameraden Kogler und Zwan erstatte ich Meldung an das Batterie-Kommando. — Den Kogler, der als Telefonist so unglaublich gedankenlos war, die Leitung nicht einzuschalten, sodaß die 2 Telefonisten im Feuer heraufrennen mußten. 2 Stunden durch 2 Tage anbinden. — Es hielt nichts, nachsichtig zu sein, lasse ich diese Symptome milde beurteilt, wird nur der Zug letzten Endes einmal versagen und das darf nicht sein, darum Härte. Abends hielten wir Feuerbereitschaft in der Kaverne. Um 0 Uhr 30 ließ ich abtreten, jedoch kaum waren unsere Eigene bei der Baracke angelangt, ging es unten los. Zum zweiten Male traten wir ein, das Feuer verstummte jedoch, ohne daß wir eingriffen. Um 4 Uhr Früh stiegen wir in die Klappe — Regen.

23. MÄRZ – Vormittag Ruhe. Nachmittag, Artilleriefeuer. Eigene Artillerie schwere und leichte, bestreute die Racheln und die Schutthalde westlich P 638 mit gutem Erfolg. Vom Gegner wirkten vor 2 Uhr 15, bis 2 Uhr 30 die Saga-Geschütze gegen unsere Stellung südlich Ravni Laz und Rabelnik.

Aufgenommen während des Gefechtes – Foto: onb

2 Uhr 20 schlug eine italienische Schwere in ihre eigene Linie P 902 ein, anscheinend 21 cm. Hierauf verlegten 2 italienische Schwere ihr Feuer auf den Rombon. Gegen 3 Uhr 30 kamen von P 410 einige Schrapnelle gegen die Reservestellung am Rombonhang. Regen in Strömen. Nachts volle Ruhe.

24. MÄRZ – Regen und Nebel. Nachmittag zum Batterie- Kommando befohlen. Mitteilung, daß Offizier Stellvertreter Cruko zur Einführung zugewiesen. Strömender Regen und Gewitter. Herr Hauptmann sehr lieb. Fähnrich Peschka hat durch Herrn Major Schrenzel die Goldene bekommen.

25. MÄRZ – Vormittag Kadett Dvorak auf Besuch. Machte ganz gelunge Portraitaufnahmen von uns. Pichler zum Train, um diesen marschbereit zu machen. Nachmittags zum Artillerie-Gruppen-Kommando, dort herzliche Belobung durch Herrn Major Schrenzel, der mich zur Auszeichnung vorschlagen will. Auch mein Hauptmann will Eingabe über mich machen. Oberfeuerwerker Berger wurde zur Goldenen, die Vn. Steiner und Rettenbacher zur Silbernen Kleinen eingegeben. Über diese Anerkennung darf ich mich gewiß herzlich freuen. Der Herr Major hat das Schießen selbst mit angesehen und war damit überaus zufrieden. Bei strömendem Regen unter Blitz und Donner mußte ich mit Felly nach Hause wo ich waschelnaß um 10 Uhr ankam. Nachts Ruhe.

26. MÄRZ – Vormittag meldet Offizier-Stellvertreter Cruko sein Eintreffen. Hab jetzt schon eine schöne Sammlung: Feuerwerker Veith, Cruko, 2 „Helden". Dichtester Nebel. Der neue Abschnittskommandant Major Thalhofer war in der Stellung. Er kennt das Lesachtal vom Frieden her, wo er 2 Jahre in Birnbaum stationiert war. Hat jetzt das Landsturm-Batailon. — Gestern schlug eine Schwere gerade bei einem unserer Vorposten ein. Beide Füße ab, das Gesicht total verbrannt wurde er von einem Sanitäts-Unteroffizier verbunden, starb jedoch schon auf dem Transport.

27. MÄRZ – Ein klarer sonniger Tag. Vormittag Feuer einer Feldkanone westlich P 410 gegen unsere Stellung. Visitierung durch Herrn Hauptmann Tailler. War sehr zufrieden, machte mehrere Aufnahmen. Rapport: Gegen Bergmann die Strafanzeige an das Regimentskommando. Für Kanonier Kogler 2 Stunden, für Kanonier Zwan 4 Stunden „Anbinden bei Nacht" als Strafe. — Nachmittag feuert ein neues Geschütz am Karrenweg unter dem O von Podturo gegen unsere Stellung. Ein Aufschlag hinter dem M 99-Geschütz, Berger durch Sprengstück beinah verwundet. Gegen Abend einiges Artillerie-Feuer auf beiden Seiten. Marine 1 wurde von Saga heimgesucht. Nachts Ruhe. Von Mitzi ein lieber Brief.

28. MÄRZ – Bewölkter, aber sichtiger Tag. Vormittag Ruhe, mit Ausnahme des Feuers einer Feldkanone gegen unsere Stellung. Ein neues Geschütz vermeindte ich im Wäldchen am Straßenknie. 4 m südlich des R vom Podturo entdeckt zu haben. Gegen 2 Uhr Nachmittag plötzlich Feuer aus 2 schweren Geschützen und ein Feldgeschütz auf dem Weg zum Geschütz. Meine 2 Helden offenbarten sich, als ich zum Geschütz hinunter ging. Der Fähnrich Veit hockte hinter einem Stein, und der Offizier Stellvertreter Cruko kam ganz bleich so nach einer Viertelstunde hinterher. Er konnte sich gar nicht erholen. Sonst Minenkampf aus dem Wäldchen beim I von Goričica, gegen den rechten Flügel der Kompanie 2/41 und unseren Beobachtungsstand. Žaga mit einigen Schüssen auf Rabelnik. Endlich noch um 4 Uhr 2 Schuß des neuen Geschütz, das ich Vormittag beobachtet hatte. Es steht also doch eines dort.

29. MÄRZ – Vormittag: Minenkampf gegen den 1. Zug Kompanie 2/41, ein Mann wurde ganz zerfleischt. Unsere Artillerie nahm das Wäldchen kräftig unter Feuer, insbesondere die 4/3, sodaß sich auch Žaga mit einigen Schüssen gegen die Schutthalde Vergeltung schaffen wollte. Gestern Nachts sollten aus der Talstellung 200, vorgestern 120 Italiener zu uns übergelaufen sein. Ganz naß und verdreckt ob des vielen Schlammes. Ihr eigenes Maschengewehr verfolgte sie.

30. MÄRZ – Regen und Nebel. Fast volle Ruhe. Der Kamerad Bergmann ist Gott sei Dank ins Spital abgegangen. Ich bin froh, den Kerl los zu ein. Artillerie-Feuer gegen das Wäldchen von Kompanie 2/41.

31. MÄRZ – Ein herrlicher Frühlingstag mit Sonnenschein und Vogelsang. Einiges an Artillerie-Feuer. So vom Rombon gegen das Koritnica-Tal, ferner aus einem neuen Geschütz am Polinik-Hang gegen Positionszug. Ein anderes neues Geschütz tauchte beim Punkt des Karrenwegs unter dem letzten o von Podturo auf. Es wurde von eigener Artillerie unter Feuer genommen. Der 24 cm-Mörser brachte einen Schuß in allernächste Nähe, dann einige die 15 cm-Haubitze und ein neues eigenes Geschütz, sonst ging alles daneben. Nachmittag wurde ich marod. Eine fette Konserve tat ihre Wirkung. Erbrechen, 38,4 Temperatur.

Tagebuch III
vom Frontkämpfer am Isonzo zum Fliegerbeobachter

Aufstieg zu den Gebirgsstellungen – Foto: onb

1. April 1916 – Herrlicher warmer Frühlingstag. Vormittag einige 28 cm-Granaten aus [Sella] Nevea gegen den Rombonhang und die Straße bei den Küchen. Eine krepierte am Weg zum Abschnittskommando zur 9. Kompanie, also in ungemütlicher Nähe. Nachmittag feuert ein Gebirgsgeschütz von der Jama Planina gegen die Senke von Marine 1 und Positionszug 35 sowie gegen Kompanie 3/4, die es flankiert.

2. April – Nichts Neues. Herrlicher Tag mit Sonnenschein und Vogelgezwitscher.

3. April – 1. Geschütz Im Raume Podturo wirkte von 8 Uhr 30 bis 9 Uhr gegen die Csuklja. — War auf Rekognoszierung bei Kompanie 9 lin 4. Steil aber schöne Steige. So ein bißchen Bergsteigen mit Bergstock in lachender Frühlingssonne, fast hätte ich vergessen können, daß der Aufstieg nicht zum Vergnügen,

sondern dem Dienste galt. Eine echte Gebirgsstellung hat die Neunte. — Eingesprengte Wege mit Draht- oder Seilsicherung, Holzleitern an manchen Stellungen führen in steilem Aufstieg zu den Stellungen. — Da kleben die Hütten an den Wänden, aus Brettern und Pappe, eine über der anderen, gepölzt, untermauert, wagemutig gebaut. Steinmauern mit gut ausgebauten Schießscharten, Laufgänge, mit harter Müh dem Felsboden abgerungen und alles das hart an einem Lawinenweg. — Aber erst die Leute! Voll Humor, lustig, das Herz auf dem rechten Fleck. Eine Harmonika spielt der eine, der andere markiert mit 2 Löffeln, die er auf dem Menageschalendeckel und dann wieder an ein Glas schlägt, die Trommeln oder Tschinellen, ein dritter kratzt mit dem Bajonett an der Wand den Bass, die anderen jodeln und singen, kurz, das ist ein Leben. — Der Posten hat kein Aug und Ohr dafür, der äugt nur noch dem „Katzlmocha".

Karntna-Bubi und Mander, voll Stolz auf Edelweiß und Spielhahnstoß! Prachtburschen. Und dann die Aussicht in das sonnenglänzende Tal! Italienischer Flieger über Javorscek.

4. April – Auf Befehl des Batterie-Gruppenkommandos neuerlich zur Neunten, um die 3/4 auf den Minenwerfer einzuschießen. Vormittag wurde jedoch nichts daraus. Wir spielten ein Schach, sangen lustig vom Felsbankerl, tranken, rauchten und schwatzten im Kaffeehaus „Felseneck". — Leutnant Horn Kompanie-Kommandant — Leutnant Scherer Zugskommandant

6 Uhr Früh Einschießen. Ging schnell und glatt. Alles stand am Gewehr und sobald einer drüben zu laufen begann, krachten die Stutzen. — Oberfeldwebel Berger ist für eine Spezialaufgabe abkommandiert, an seiner Stelle kam Kadett Steiger. Es ist wieder was in Vorbereitung, da mir noch ca. 200 Schuß für M 15 zugeschoben werden. Die Haubitze 2/3 von Hauptmann Kaufmann bezieht am Javorscekhang Stellung.

5. April – Im allgemeinen Ruhe.

6. April – Auf Befehl der Batterie-Gruppe hatte ich die Stellung am Rombonhang mit genauer Angabe der Maschinengewehre, Minenwerfer und Reserve Stellungen zu zeichnen. Also wiederum zur „Neunten", dort wiederum dieselbe freundliche Aufnahme. Auch eine Menge Fotografien wurden mir geschenkt. Kadett Moro hielten wir zum Besten: Es war nämlich Major Thalhofer angemeldet. Da dieser absagte, setz-

Gebirgsstellungen – Foto: onb

te ich eine Landwehr Mütze auf, nahm Regenmantel und stapfte in dieser Verkleidung zu ihm. Stramm meldete er sich, aber das verdutzte Gesicht zu sehen war gar zu lustig!

7. April – Vormittag mit Zeichnung zur Batteriegruppe. Dort Erklärung. Zu Mittag Hauptmann Haslinger und Hauptmann Kaufmann (Haub. 2/3) zu Gaste. Tadellose Speisekarte. Nachmittag Zeichnung des Rombonhanges nach Ansicht. Abends Ablieferung bei Batterie-Gruppen-Kommandanten, Haslinger überaus freundlich. — Haubitze 2/3 geht am Javorscekhang in Stellung. Bei 4/3 beziehen 2 M 75-Feldkanonen Stellung und stehen unter Kommandant 4/3. Ein 30,5 cm-Mörser ist auch wieder gekommen. Jedoch scheint der Generalstoß hier im Becken einstweilen noch aufgeschoben worden zu sein. — Nachts zurück. Plausch bei Ecker. Ankunft 2 Uhr morgens.

8. April – Vormittag Ruhe. Nachmittags von 2 Uhr 30 bis 3 Uhr 05 wirkt ein Feldgeschütz vom Plateaurande von Podturo gegen Ravni Laz-Stellung. Kein Erfolg.

3 Uhr 30 bis 3 Uhr 45 Feuer eines leichten gegnerischen Geschützes. Gegen Koritnica und Rabelnik, Stellung nicht gefunden. Unsere Artillerie schoß in den Graben unter Plužna. 3 Uhr 45 bis 4 Uhr 10 feuern 2 schwere Geschütze von der Geländestufe vom Podturo. Eigener schwerer Mörser wirkt dorthin. 1. Schuß gut, die anderen zu weit rechts.

Nach 5 Uhr Feuer der Jama Planina Geschütze gegen Ravni Laz wie gewöhnlich. — Eigene Artillerie

Die zerstörte Ortschaft Kal – Foto: onb

wirkt noch gegen das Wäldchen östlich P 920 vor unserer Stellung, dann 4/3 gegen das Scherenwäldchen unter P 1583 usw.

9. April – Sonntag. Herrlicher Frühlingstag. Vormittags Ruhe bis auf eigene Artilleriewirkung. 4 Uhr bis 5 Uhr wirkt Jama Planina gegen Ravni Laz. Haubitze 2/3 schießt sich auf das Scherenwäldchen ein. Als unsere Artillerie die Jama Planina unter Feuer genommen hatte, eröffneten auch die beiden gegnerischen Schweren vom Podturo das Feuer auf die Küchen an der Straße. Der 24 cm-Mörser wirkte gegen sie. Ein Schuß scheint knapp eingefallen zu sein. — 6 Uhr eröffnet das Geschütz in der Mulde westlich P 410 ein kurzes Schnellfeuer gegen Rombon.

10. April – Einiges Artilleriefeuer von 0 Uhr 15 bis 1 Uhr eines leichten Geschützes gegen Kal, von 1 Uhr 30 bis 2 Uhr aus Žaga gegen die neu ausgebaute Stellung südlich Rabelnik, wo gearbeitet worden war. Nachmittag 4 Uhr 30 wird das Feuer auf eigener und gegnerischen Seite lebhafter. Die beiden Podturo-Geschütze haben Ravni Las zum Ziel, jedoch hat das nördliche Stellung östlich des Anderen bezogen. Der Mörser nahm die Bekämpfung auf und brachte einen Schuß ziemlich nahe. — Gegen 1 Uhr morgens wurde ich geweckt, ein Dienststück vom Batterie-Gruppen-Kommando bringt mir Instruktionen für eine Aktion am 11. April. Beginn 9 Uhr vormittags.

11. April – Um 9 Uhr waren wir gefechtsbereit. 30,5 cm-Mörser leitete die Aktion ein, indem er mehrere Häuser in Plužna, in denen Kommandanten vermutet wurden, unter Feuer nahm. Ihm schloß sich der 24 cm-Mörser an, mit dem Ziele Verzeljnom. Endlich wirkte auch die 15 cm-Haubitze gegen eine Häusergruppe westlich der Kirche Česoča. Wir hatten dorthin zu lauern, gaben jedoch einige Schrapnelle ab, da von Bewegung nichts zu sehen war. Mit Erlaubnis des Batterie-Gruppen Kommandos verlegte ich das Feuer auf einige schöne Baracken an der Stufe südöstlich von Česoča. In eine der 3 ein Volltreffer, zur Schönsten brachte ich nur knapp hinten Geschoße hin, eine andere scheint in ein Dach gefahren zu sein. Unterdessen hatte die Schwere gegen Dvor Feuer verlegt. — Um 2 Uhr begann Batterie das einschießen auf die beiden Wäldchen westlich unserer Stellung, dem Angriffspunkte unserer In-

Mörser bei Gebirgsstellung – Foto: onb

Stellung in Talnähe – Foto: onb

fanterie. Um 4 Uhr 45, als die generische Artillerie bereits wütend mit schwerem und leichtem Kaliber die Stellung unserer Kompanie unter konzentrisches Feuer genommen hatte, begann die welsche Infanterie unter uns aus den Gräben rückwärts heraus auf die unseren heroben zu schießen. Kanoniere raus, Schwarmlinie! Aufsatz 900! Salve! Wir pfefferten lustig hinunter und brachten diese Linie zum Schweigen, zudem war vom Batterie-Gruppen-Kommando Erlaubnis für einige „Beruhigungsschüsse".

Ich ließ einige Minengranaten hinunter, eine schlug in eine Deckung, ein Hauptnest, aus dem 3 Welsche herausgeschossen hatten. Indessen waren das eigene und das gegnerische Feuer auf dem Angriffskamm fürchterlich geworden. Die Ekrasit-Granaten barsten mit Getöse, Steine, Felsblöcke rollten, Baumstämme krachten, die Sprengstücke sausten, ein Heulen und Pfeifen, sodaß man weder eigene noch gegnerische Geschütze unterscheiden konnte. Und dazu in der Dämmerung das Aufblitzen an allen Ecken des Tales, das Sprühen, die Feuergarben der Explosionen von Granaten und Schrapnells aller Kaliber – die fürchterliche Musik des Kampfes. Als in der Linie südlich des Bildstockes die Besetzung stattfand, eröffneten wir um 6 Uhr 30 das Feuer aus beiden Geschützen dorthin. Die Wirkung war sehr gut, ein Volltreffer nach dem anderen traf die Linie.

7 Uhr 20 stellten wir das Feuer auf dieses Ziel ein. Die eigene Artillerie schwieg plötzlich gegen 6 Uhr 50, die Gegnerische steigerte ihr Feuer bis zum Trommelfeuer aus allen Geschützen gegen uns. Doch trotzdem hörte das streng lauschende Ohr den kurzen „Hurra-Schrei" der Unseren. Gegen das obere Wäldchen führten die Angriffs-Kolonne Oberleutnant Draxlmaier und Oberleutnant Kohn von Kompanie 2/41. Diese Kolonne stürmte ohne Schuß, drang ein, nahm einen Offizier und 34 Gefangene mit, machte Beute und zerstörte die Gräben. — Im unteren Wäldchen drang die Kompanie 10/27, welche in der vergangenen Nacht herangezogen war, vor, fand einigen Widerstand, in der Hauptsache aber waren die Gräben leer. Sie zerstörten die Linie, nahmen 5 Gefangene mit und dann kehrten beide Kolonnen in die Ausgangsstellung zurück. Die Gegner waren so mürbe, daß sie den Unseren vor Freude um den Hals fielen und sie abküssten. Während der Aktion hatte die Reservelinie 4 die Stellung der Kompanie 2/41 besetzt gehalten. — Unter dem schwersten Sperrfeuer kehrten die Angreifer zurück. Der Gegner unterhielt dasselbe noch lange fort.

Von 7 Uhr bis 8 Uhr nachmittags unterhielten meine Geschütze Sperrfeuer gegen die Isonzo-Rachel. Auf der ganzen Linie zündelte es. Ein Maschinen-Gewehr, das aus einem Laufgraben westlich P 435 spiel-

Kolonne stürmte vor, machte Gefangene und zerstörte die Gräben – Foto: onb

te, brachten wir mit dem M 15-Geschütz zum Schweigen. — Endlich gegen 8 Uhr trat Ruhe ein. Strenge Feuerbereitschaft hielt uns in der Kaverne, wo wir auf Munitionsverschlägen schliefen. Die Baracke hatte aus einem 15cm Geschütz einen Volltreffer erhalten, das Menage-Tragtier wurde mir vor derselben durch ein Sprengstück getötet. Der Beobachtungsstand hatte einen Volltreffer durch ein Guckloch herein und in die Ostwand. Der Boden von Füllkugeln übersät. Wären wir oben gewesen, wären wir geköpft worden. — Unsere Schutzmauer lag umgeworfen, Aufschläge in der Feldwache und in allernächster Nähe.

12. April – Gleich morgens kamen einige Schwere zu uns herüber, aber dann war voll Ruhe. Das Bild der Verwüstung war greulich. Bäume geknickt, die Steige aufgewühlt, mit Steinen und Felsblöcken und Sprengstücken besät, Blut, blutiges Verbandszeug, Munition, Waffen und Gehänge, Munitionsstücke, alles lag kunterbunt durcheinander. — Eigene Verwundete: 6 Tote, 18 Schwer- und zahlreiche Leichtverwundete. Die Toten boten einen traurigen Anblick. Da lag ein Bündel Fleischbrocken, dort lag einer mit aufgerissenem Bauch, ein Italiener war ohne Kopf, nur die Zunge und ein Teil der Schädeldecke war zu sehen. An einen Baum hing ein Fuß, Gedärme Fleischstücke lagen herunten.

Kein Kommentar – Foto: onb

Dazu das Jammern der Verwundeten in der Sanitätshütte. Da lag ein Kadett mit Kopfschuß. Bewußtlos wälzte er sich hin und her und rief fortwährend: „Jesus Maria". Die anderen stöhnten, wimmerten – das furchtbare Leid des Krieges, soll das nicht zu Herzen greifen? Wenn doch mancher Bruder Leichtsinn öfters derartiges sehe! — Nachmittag belegt uns ein Feldgeschütz aus der Richtung Verzeljnom mit Granaten. Obwohl ich bei der Beobachtung offen am Steige stehen mußte und die Granaten ganz nahe in das Gestein fuhren, hatte ich ein nie gekanntes Sicherheitsgefühl. Steine, Sprengstücke flogen um mich herum, aber alles ging neben mir nieder. Ich schreibe diesen Schutz dem Gebete meiner Lieben zu, dies schützte mich bisher immer. Ein anderes feindliches Geschütz hatte die Ravni Laz-Stellung in der Arbeit.

13. April – Um 3 Uhr kommt vom Batteriegruppenkommando Befehl, den Zug mit wenigen Kontrollschüssen auf die Stellung vom Bildstock östlich Flitsch nach Norden einzuschießen. 4 Uhr bis 4 Uhr 45 Einschießen. Kaum hatten wir begonnen, wirkte schon die Podturo-Schwere und ein Feldgeschütz gegen uns. Drei 15 cm-Granaten krepierten am Stolleneingang des M 99-Geschützes, Gott sei Dank ohne Schaden. Bei uns schlugen sie auf die Spitze auf, nur Steine trafen uns. Dabei hatte ich wieder Schußbeobachtung. Wie gestern und wiederum war mir derselbe Schutz zu teil. Auch die anderen eigenen Batterien schossen sich auf diese Linie ein. Während aber gestern unser Zug eine Nebenrolle hatte, war ihm heute die Hauptrolle der Zerstörung zugedacht.

7 Uhr bis 8 Uhr Wirkungsfeuer beider Geschütze, das Feuer bei M 15 stand unter meiner, jenes der M 99 Kanone unter Kadett Steigers Leitung. Die Wirkung muß furchtbar gewesen sein, denn ein Granatschrapnell nach dem anderen, eine Granate nach der anderen flog in die Deckungen. Alle Artillerie, eigene und gegnerische schoß. Jedoch blieb merkwürdiger Weise das Feuer gegen uns, das beim Einschießen so gut gesessen hatte, aus. Es war wiederum dasselbe Getöse wie gestern. 8 Uhr kam Befehl, Sperrfeuer nach rückwärts zu verlegen. Unsere Infanterie war beim Bildstock eingedrungen, fand jedoch die Gräben leer. Dann Befehl, Feuer auf Ostausgang Flitsch zu verlegen.

Zu diesem Zwecke mußten wir frei auffahren. 3 Schüsse nur, dann Gegenbefehl: „Feuer einstellen!" Und gut war es, denn schon kamen 2 Saga-Schwere eine tief, eine höher. Das wäre ein Fressen für sie gewesen, denn bei längerem Feuer hätten wir ganz gewiß eine aufs Dach bekommen. 8 Uhr 20 trat au-

119

genblickliche Ruhe ein. Aus der beschossenen Stellung war beinah kein Schuß gefallen, als unsere vorgerückt waren. Auch diesmal kehrte die eigene Infanterie wieder in die Ausgangsstellung zurück. Heute wiederum Nachtquartier in der Kaverne. Die Kanoniere voller Freude über die Wirkung.

14. April – Vormittag auf Befehl des Batteriegruppenkommandos Schußbeobachtung für 15 cm-Mörser gegen Stollengeschütz östlich P 410. Ich beobachtete, meldete. Da ruft mich Hauptmann Haslinger und schimpft, daß er durch meine Beobachtung ganz verwirrt würde. Mit bestem Gewissen konnte ich antworten, daß ich ganz genau melde und wurde dabei auch ein wenig grob. Zum Schluß ließ er mir aber wieder seinen herzlichen Dank für „die ausgezeichnete und präzise Schußbeobachtung" ausdrücken. Sonst Ruhe.

15. April – Kavernenleben. Heute bauten wir einen Ofen ein, der doch ein wenig Wärme gibt. Ja, noch etwas. Gestern hatte ich bei der Station gemeldet: „Nach Postenmeldungen heute Nacht Ablösung der Bersaglieri durch Alpini stattgefunden". Bald ein Mords Krawall, überall muß ich Erklärungen abgeben. Abends halten wir Untersuchungen bei Hr. Oberleutnant Draxlmeier. Die Posten werden zitiert und schließlich stellt sich heraus, daß sie sowas wie Aufschlagen von Bergstöcken auf Gestein gehört hätten. Einer, der gar behauptet hatte, Abschiedsrufe wie „Addio Austriaci" gehört zu haben, leugnete ab. Ein Tscheche! Der Major hatte eine Nase bekommen, der Oberleutnant Draxlmeier auch, kurz und gut ein Mords-Wirbel. Na, da wird die Meine nicht schlecht ausfallen! — Bei einer Stellung der Marine-Geschütze ein neuer tief eingelassener Bau. Am Polovnik anscheinend einen Beobachter entdeckt. Abends plötzlich von Batteriegruppenkommando Alarmruf, daß nach besten Quellen heute Nacht der Gegner angreifen wolle, aber es kam zu nichts.

Palmsonntag. Kathete Steiger befördert. Vormittag Ruhe und Sonnenschein. Nachmittag beginnt 3/4 und Feld-Kanone Feuer gegen die Stellung im unteren Wäldchen südöstlich P 902. Alsbald sendet uns Žaga Granaten. — Ein Sprengstück war mir fast bestimmt. Eine Granate schlug 3 große Stücke beim Fels der M 15 Kaverne ab, die gerade auf meinen ge-

Stellungen Flitsch – Foto: onb

wöhnlichen Standpunkt fielen. Und gerade vor diesem Schuße war ich dort weggegangen. Die Felsblöcke warfen die Mauer um und sind derart groß, daß ich sie sprengen lassen muß. — Soll man da von Zufall und nicht von Gottes Schutz sprechen? Dieser ist zu augenscheinlich in letzter Zeit mir zuteil geworden. Gott, ich danke dir und bitte nur, mich deiner Güte würdig zu machen.

Dienst: 8–2 Uhr, 12–5 Uhr Kadett Steiger, 15–9 Uhr Feldwebel Veith. Auch heute blieb die Front ruhig. Gestern wollte eine italienische Patrouille beim Ziegelofen die Drahthindernisse durchschneiden. — Der Posten ließ sie ganz nahe heran kommen, tötete 2, die übrigen nahmen Reißaus.

Zwei Beispiele italienischer Kultur und Zivilisation: Beim Sturm am 11. April wurden hier 2 Verschläge Dum-Dum-Geschoße erbeutet! — Die Leichen vom 20. Jänner liegen noch vor der Sandsackstellung. Von zweien ist bald nichts mehr zu sehen, da das Wild die Teile verschleppt hatte. — Gestern schossen wir auf einen großen Geier, der sich dort herumtrieb. Getroffen wurde er, aber getötet nicht.

Gegen Abend nahm eigene Artillerie die Rachel an der Geländestufe südlich von Česoča unter wirksames Feuer. ca. 20 Mann rannten den Hang herab in ein Wäldchen, allein auch da schlug eine Schwere ein. Da jedoch trotzdem keine weitere Bewegung zu sehen war, dürfte sich dort wohl ein Zufluchtstollen befinden. Wenn nicht eine optische Täuschung trügt, ist jetzt ein geräumiger Bau mit einem Erkertürmchen zu sehen. — Feuerbereitschaft wie bisher.

17. April – Das Schlafen im nassen Stollen zeitigt immer mehr Kranke in meiner Mannschaft. — Tagsüber mäßiges Artilleriefeuer. Gegen Abend plötzlich der alarmierende Befehl von Seite des Batterie-Gruppenkommandos, den Zug in den Raum vor die eigenen Drahthindernisse einzuschießen.

5–6 Uhr einschießen: — M 15: von der Isonzo-Rachel bis rote Kappelle. — M 99: rote Kapelle bis Bildstöcke östlich von Flitsch. — Auch andere Batterien schossen sich auf verschiedene Räume der Front ein. — Strenge Feuerbereitschaft, es ereignet sich jedoch nichts.

18. April – Regen, sogar Schnee. Die meisten von uns wachten ganz durchnäßt auf. Husten und Schnupfen haben fast alle. Trotzdem strenge Bereitschaft.

Zeitungsausschnitt vom April 1916

Kaverneneingang – Foto: onb

19. April – Diese Nacht brachte uns eine neue Aufregung. Wir alle erwachten ob eines fürchterlichen Röchelns und ziehen des Kameraden Hofer. In der Meinung, daß ihm ein schwerer Traum drückte, wollte ich ihn wecken lassen. Sein Kamerad brachte ihn aber nicht zur Besinnung, und als er ihn anleuchtete, war der Mann schon ganz bläulich im Gesicht. Der eilends gerufene Sanitäts-Unteroffizier Veith erkannte sofort, daß ein Erstickungsanfall vorhanden sei, riß ihm die Kleider auf und drückte ihm die Kinnbacken auseinander, sodaß er Luft bekam. Und dann kam doch wieder Leben in den Körper des bereits Bewußtlosen. Wirr redete er durcheinander, niemanden erkannte er. Erst allmählich kehrte das Bewußtsein zurück. Er erbrach dann noch und wurde schließlich ganz munter, redete aber wie ein Betrunkener. Zuerst hatte er geweint und gebetet, wenn er sterbe, seine arme Mutter nicht zu verlassen. Endlich schlief er ein.

Vormittags kam der Doktor, der aber nichts finden konnte. Erst auf meine energische Vorstellung hin schickte er den Mann zur Konsultierung ins Spital.

Nachmittag schoß sich eigene Artillerie auf die Drahthindernisse der Lattenhausstellung ein. Ein Schuß lag derart kurz, daß ich mich zur Meldung veranlasst sah, die eigenen seien gefährdet. Daraufhin erhielt ich vom Hauptmann Haslinger eine ellenlange Nase über diese verwirrende Meldung, mit dem Bemerken, daß er ein für allemal derartige Meldungen verbiete. Na, ich hab Gott sei Dank beim Militär schon eine dicke Haut bekommen, sodaß mich Derartiges nicht mehr aufregt.

21. April – Marode, eigene Artillerie den ganzen Tag gegen Rombon und Slatenik-Graben. 17–8 Uhr feuert eine italienische Feldkanone beim Rand vom Podturo gegen die Stellung der Kompanie 4/4. Schwere nahm sie unter Feuer, schoß zuerst aber weit, dann lag ein Aufschlag aber sehr gut, ein zweiter nahe, der Rest ging kurz. — Gefechtsbereitschaft wie immer seit dem 11. April.

22. April – Dichter Nebel, Regen. Gestern Abend schoß ein Posten gegen meine Leute, als sie aus dem Stollen Material förderten. — Der Kavernenbau schreitet günstig vorwärts. Ich hoffe in 10–12 Tagen soweit zu sein, daß wir mit der Auskleidung beginnen können. Zu diesem Zwecke habe ich gestern 250 Stück Bretter, anfordern lassen. — 4 Packungen 70 mm Drahtstifte, 18 Rollen Dachpappe, 1 Packung Dachpappgenstifte, 30 Klammern ange-

Arbeiten im Stollen – Foto: onb

fordert. — Zur Auszeichnung habe ich dem Batteriekommando vorgeschlagen: — Rener, Latzer, Roskar — Der Marodenstand nimmt entsprechend zu. Heute gingen Steiner und Kamerad Zwirner zur Behandlung auf den Hilfsplatz. — Bernsteiner ging vorgestern mit seiner Batterie R. F. K. 1/40 mit unbekanntem Bestimmungsort von hier ab. Er beförderte mir meine Beutestücke: 1 italienischer Stutzen, 1 Bajonett-Scheide, Patronentaschen und Patronen, ferner ein ausgeschriebenes Tagebuch und Fotografien zurück. — Seinen Zug übernahm unsere Batterie und zwar erhielt das Kommando Leutnant Biehler.

23. April – Ostersonntag. — Ein Tag mit Regen und dichtem Nebel, voll Unfreundlichkeit. Nichts erinnerte an den hohen Festtag. Als kleine Ostergabe erhielt die Mannschaft von mir Zigaretten, Zigarren und für 2 Mann eine Offizierskonserve. Sie war darüber mehr erfreut als ich annahm. — Ein Mann ging ins Spital ab, hingegen rückte Kamerad Hofer von der Krankenstation wieder als gesund ein. — Der heutige Tag blieb ruhig.

Ostern, die Gedächtnisfeier des Leidens und Todes Christi, und endlich des Sieges über die Materie, der sieghaften Auferstehung aus dem Dunkel der Grabkammer zu neuem wirklichem Leben. Der Menschheit wurde der Schlüssel zum Himmel wiedergegeben, denn der Heiland hatte den Vater versöhnt, seine erbarmende Liebe hatte sich für uns geöffnet. Eine Karwoche lastet über der Menschheit schon bald 2 Jahre. Allzu viel war ihr Blick auf den

Stoff gebannt, ihr Sinnen und Trachten vom Streben nach Reichtum und Gütern gefangen gehalten gewesen. Der Sinn für das Ewige, für das Abhängigkeitsverhältnis von Schöpfung war immer mehr und mehr geschunden, die glanzvollen Errungenschaften des menschlichen Geistes in der Wissenschaft, der Technik, auf dem Gebiete der Kunst machten die Menschheit stolz. Die Abkehr von Gott und die Selbstverherrlichung des Menschen, nicht mehr des Bruders, sondern der Maschine, Arbeitssklaven wurden sie, die nur so lange Wert hatten, als die Kraft genutzt werden konnte. Gold war das Endziel des Strebens. — Und wer sich anmaßte, dasselbe auf dem gleichen Wege zu suchen, wurde zum Gegner, Widersacher, der mit allen Mitteln bekämpft werden mußte. — Und so schwand die Liebe und die Freude aus unserem Leben.

„Bete und arbeite!", sagt das Bibelwort. „Bete", das heißt, vergiß nicht auf deine übernatürliche Bestimmung. Vergiß nicht auf das Geistige in deinem Wesen, erhebe dich bei all deinem Tun und Handeln über das Alltägliche, lasse dich in der Sorge um das tägliche Brot nicht zur bloßen Rechenmaschine erniedrigen.

Aber es heißt auch: „Arbeite!", nütze die Zeit als Herr der Schöpfung, schaffe zu Nutz und Frommen deines Hauses und der Menschheit, suche die Erdengüter, aber es heißt ja: Bete und arbeite – werde nicht zu ihren Sklaven, halte dich so ihren Lockungen gegenüber innerlich frei. — Wäre dieses Bibelwort von der Menschheit besser verstanden worden, es wäre diese furchtbare Karwoche nie über sie gekommen, denn es wäre der Neid der Anstifter dieses Weltbrandes nicht zu solcher Macht und Blüte erwachsen. — So aber muß sie durch diese Nöte und Leiden zur Selbstbestimmung, zur Rückkehr und Einkehr gebracht werden. Gebe doch Gottes Gabe, daß sie bald in seliger Friedensfreude aufjauchzen darf das Halleluja der Erlösung, gebe Gott, daß der Ostersonntag mit strahlender Sonne, mit jubelndem Singen und Klingen und voll tönendem Friedensgeläute bald anbreche!

24. April – Schöner Ostermontagmorgen. Vormittag eigene Artillerie-Tätigkeit gegen verschiedene Ziele. Im Schützengraben beim C von Česoča hatte sich eine Revolverkanone bemerkbar gemacht. Neben anderen Batterien bekam auch unser Zug Feuerbefehl auf dieses Ziel. Wir wirkten von 1–2 Uhr Vormittag mit sehr gutem Erfolge dorthin. Häufig wurden die Schüsse durch: „Sehr Gut" vom Batterie-Gruppenkommando gelobt und zum Schluß gratu-

22 cm-Minenwerfer – Foto: onb

lierte Hauptmann Schiller: „Das Schießen war sehr schön!", eine Anmerkung von Seite des Batterie-Kommandos, das uns alle sehr freute. Waren wir doch die Einzigen, die ordentlich trafen. Die Schwere brachte nur einen Schuß dorthin, alle anderen gingen kurz und weit. Eine italienische Feldkanone aus der Richtung — Za-Verzeljnom wirkte zwar von 2 Uhr 45 bis 3 Uhr um gegen unsere Kompanie 2/41, aber ohne Erfolg. Später schwenkte sie auf Csuklja ab und Jama Planina schoß gegen Jablenca. — Verschossen: M 15: 45 GS — Der letzte Schuß krepierte knapp vor der Mündung, ohne daß ein Schaden entstand.

25. April – Der Feldpater war schon gestern abends zur Abnahme der Osterbeichte gekommen. Heute Vormittag ging ich mit 4 Mann zu ihm. Nach und nach kamen noch Kanoniere, sodaß die Hälfte der Mannschaft der österlichen Pflicht genügte. — Es gewährt mir einigermaßen Genugtuung, daß anscheinend mein Beispiel doch etwas gewirkt hat. — Sonst gewohnte Artillerie-Tätigkeit. Vom Gegner schoß ein Flankierungsgeschütz im Wäldchen am Karrenweg unter dem T vom Podturo gegen Kompanie 2/41, hernach folgte seinem Beispiel noch ein anderes Za Verzeljnom. Der Besitz von Kavernen bringt sie aber um jeden Erfolg. — Am Rombon-Hang östlich Goričica Plateau tauchte ein neues Flankierungs Geschütz auf, das gegen die Stellung an der Straße und Rabelnik wirkte. Es steht in einer Kaverne, wie Leutnant Walther mir sagte. Ob sein Dasein von langer Dauer sein wird, ist wie bei jener südlich und südöstlich P 902, wohl nur eine Frage unserer prächtigen Artillerie.

26. April – Eroberung des Scherenwäldchens am Rombonhang — Schon vor Mittag begann unsere Schwere mit 3/4 ein äußerst wirksames Feuer gegen das Wäldchen. Ohne Unterbrechung explodierten die Schweren und leichten Granaten mit größtem Erfolge. Bretter, Bäume, Steine flogen durch die Luft, ganze Steinlawinen rollten den Hang hinunter. Steine und Sprengstücke flogen bis zu uns. Ein Welscher kollerte den Hang herunter, andere flüchteten mit Sack und Pack gegen Westen. War das Feuer zuerst gegen die Mitte der Stellungen gerichtet, so wurde dasselbe dann gegen Osten verlegt und langsam verstärkt. Unterdessen war auch die italienische Artillerie erwacht und begann aus dem 2. Flankierungsgeschütz beim r vom Podturo aus 2 Schweren beim P vom Podturo aus – 2 Feldkanonen ca. 50 m von dieser Stellung und endlich aus der Schweren am Westhang der bewaldeten Kappe 300 m und 100 m westlich Haus Podklopca, sowie aus Feldkanone westlich Za Verzeljnom gegen die Stellung der Kompanie 3/41, zu feuern. Unsere 4/41 war aber schon vorgegangen, hatte die Stellung besetzt, 25 Gefangene gemacht und viel Material erbeutet. — Die Gefangenen waren von der 14. Kompanie des 2. Alpin-Regiments. Sie waren ganz kopflos durch die Artillerie-Wirkung,

Rascher Stellungswechsel des Geschützes während des Kampfes – Foto: onb

winkten mit weißen Tüchern und gaben sich ohne Widerstand gefangen. Die Stellung wird von uns gehalten und ausgebaut. Tatsächlich hat sie großen Wert als Flankensicherung der Csuklja-Stellung und damit der ganzen Rombonstellung. Ein Gegenangriff ist Nachts nicht erfolgt. — Landsturm gegen Alpini! Wer hätte dies für möglich gehalten. Nun, auch diese Eroberung fällt zu 3/4 der Artillerie zu, obwohl man später wieder andere Erzählungen hören wird. Unsere Infanterie vergißt ihre hilfreiche Schwester nur allzu bald und streicht den Ruhm allein ein. Manchmal packt einem wahrlich schon der Ekel, denn jeder grasgrüne Kadett, der kaum in die Front geschmeckt hat, vergißt sich schon, mit bedeutsam geringschätzigem Achselzucken zu sagen: „Ja, die Artillerie!" — Und wer hat den Durchbruch von Gorlice, die Eroberung Belgrads, des Lovcen, die Wiedereroberung des Kleinen Pal, Findenigkofel, [Cima Val di] Puartis, usw. bewerkstelligt? — Die viel geschmähte Artillerie! — Freilich bei alten erfahrenen Offizieren ist das Urteil anders.

27. April – Schöner Tag, wenn auch teilweise bewölkt. Vormittag Ruhe bis auf 2 Schüsse einer italienischen Schweren gegen Kal und einen Schuß einer Feldkanone gegen den Rombonhang. Letztere soll einem Transport von 17 Überläufern, die in der Nacht zu uns kamen, gegolten haben. Sonst mäßiges eigenes Artillerie-Feuer. — Die heutigen Zeitungen bringen das Ultimatum der Amerikanischen Union an Deutschland. Soll das Ringen wirklich die ganze Welt erfassen? — Warum stehen alle ringsum gegen uns auf? Welchen Grund hat dieser Haß? Oder soll Amerika, das nun militärisches Kriegsmaterial an unsere Feinde lieferte, das den Aushungerungsplänen Englands, den unzähligen Gewalttaten dieses Landes in Indien und Ägypten, der Knechtung der Neutralen fast widerspruchslos zusah, soll man diesem Lande das Recht zugestehen, im Namen der Menschheit gegen das Deutsche Reich aufzutreten? Wahrlich, England hat einen guten Sekundanten gefunden! Gott wird uns, auch wenn es sein muß, gegen den achten Feind noch helfen! — Der Col di Lana in italienischen Händen! Mir ist nicht bange, bald wird er wieder uns gehören. — In Klagenfurt geht das Gerede, der Offensivplan gegen Italien sei durch Dr. Gohn, Grafenauer und 2 slowenische Geistliche verraten worden. Wem mag dies wahrscheinlich scheinen? Böswillige Verleumdungen verursachen Verhaftungen und sofort ist die geschäftige Fama der Klatschbasen da, die Spionage und dergleichen riecht. Ekelhaft ist nur die heimtückische Rachsucht, die meist zu solch erlogenen Anschuldigungen führt.

Zeitungsausschnitt vom April 1916

Politischer Neid und Geschäftsneid sind meist die Ursache. — Dr. Gohn ist ein reicher Mann, Grafenauer und die 2 Geistlichen als Slowenen natürliche Feinde der Italiener.

Es wäre wirklich an der Zeit, solchen erbärmlichen Lästermäulern das Handwerk zu legen, denn es ist ja niemand mehr seines guten Namens sicher. — Meinen bedauernswerten Onkel Huter ließ die Fama mindestens bereits dreimal gehenkt sein, eingesperrt wurde er schon x-mal, ein unterirdisches Telefon wollte man im Keller gefunden, Spionagetätigkeit aufgedeckt haben und so fort. Ohne Gewissensskrupel aus sorgsam gehütetem Hinterhalte schießt man giftige Verleumdungspfeile ab gegen den ehrlichen Namen, die Familie, das Haus des verhaßten Gegners. Pfui, wie erbärmlich! Welches Strauchrittertum!

28. April – Heute fand eine Patrouille im Scherenwäldchen 12 tote Italiener hinter einem Felsblock, anscheinend waren alle 12 die Opfer einer einzigen Granate. 13 andere Alpini wurden hinter Steinen hervorgezogen und gefangen genommen. Seit dem 26. April waren sie dort versteckt, ohne sich hervorzutrauen. Nachmittag schossen 2 Flankierungsgeschütze aus neuer Stellung bei P 364, und zwar das eine an der Terrain-Stufe 5 m/m südwestlich, das andere im Bachbett 1 m/m westlich P 364.

Abends Artillerie Aktion gegen den Rombonhang, später konzentriertes Feuer gegen die Stellung westlich der Lattenhäuser. Ich wunderte mich, den obwohl die Ekrasit Granaten höchst nahe einschlugen, sah man zunächst keine Bewegung. Aber plötzlich wurde es lebendig und in heller Angst verkrochen sie sich hinter einen großen Felsblock in eine Deckung. — Ich schoß mit meinen Kanonieren um die Wette und einige scheint es verwundert zu haben. Darauf wurde auch die Linie in der Schutthalde lebendig. Doch auch dahin fanden Granaten, worauf alsbald weiße Tücher, auf Stöcken emporgehalten, zu sehen waren. An die 30 liefen Hals über Kopf zurück. Doch auch die italienische Artillerie war am Platze und eröffnete ein Sperrfeuer gegen die 3. Kompanie und den Weg zu den Lattenhäusern, auch diese Stellung selbst war Ziel. Einige Verwundete sah man von uns aus. Ein Vorgehen war aber nicht in der Absicht unserer gelegen. — Neue Geschütze verrieten sich: Am Polovnikfuß südlich des Westendes Česoča, 2 Gebirgsgeschütze am halben Polovnikhang südlich P 364. Die italienische Artillerie ist verhältnismäßig stark und es fragt sich nur, was davon noch unbekannt ist?

29. April — Das war heute ein Tag! Es wurde um 5 Uhr 45 ein allgemeiner Feuerüberfall auf die italienischen Linie westlich und östlich des Slatenikgrabenausganges anbefohlen und wir waren daran mit beiden Geschützen beteiligt. Kaum hatten wir das Feuer eröffnet, nahm uns auch schon die italienische Artillerie aus 1 oder 2 Schweren und mehreren Feldgeschützen unter Feuer. Das M 99 schoß auf die Gräben westlich, das M 15 auf jene südöstlich der Slatenikbrücke. Es ging alles gut und ich hatte gerade wieder „Ausfeuern" kommandiert und die Augen gegen den Feuerstrahl geschlossen, als mich ein Krach und Klimpern an den Schutzschildern aufschauen ließ. Eine schwarze Wolke hüllte uns ein, mir brannte es im Gesicht und schon war mir klar, daß ein Treffer vor dem Geschütz erfolgt war. In diesen Augenblick stürzte auch schon Kanonier Lussitz mit blutenden Kopfe zurück und auch anderen rann das rote Blut aus den Wunden. Ihrer 4 waren verwundet: Lussitz durch ein Sprengstück an der Schädeldecke, Quendler Paul im rechten Oberarm, Reßler Johannes und Hofer Mathias durch Splitter im Gesicht.

Anlieferung der Geschoße für 42 cm-Haubitze – Foto: onb

Sie wurden im hinteren Stollen verbunden, als schon der Befehl: „größte Feuerschnelligkeit" durchs Telefon kam. — Mein Gott, ich hatte noch 3 Leute: Renner am Aufsatz, Gabrosck als Mädchen für alles beim Laden und Abziehen, Latzko beim Tempieren. Also nur weiter. Es kracht ein Schuß nach dem anderen, da wieder die schwarze Wolke und noch einmal, aber justament: „Ausfeuern" und das Glück war mit uns. Trotz der neuen Aufschläge vor dem Geschütz war uns nichts mehr geschehen. Der Kanonier Reßler war gerade vor mir gestanden und so hatte er erhalten, was mir bestimmt schien. Ein anderer Glücksfall war beim M 99-Geschütz. Schon bei Beginn des Schießens hatte ich Befehl erteilt, mit dem Geschütz zurückzufahren. Während des Gefechtes erfuhr ich erst, daß dieser Befehl noch nicht ausgeführt sei und gab nochmals diese Weisung. Sie zogen das Geschütz zurück und kurz hernach war schon ein Schuß in der Mauer, hinter der sich Kadett Steiger und der Richtvormeister gewöhnlich deckten. Durch die Befolgung dieses Befehls waren sie dem Unheil entgangen. Aber wie sah die Stellung aus! Steine, Staub, Geröll lag davor, eine 2 m dicke Mauer umgeworfen, die Feldwachstellung durchschossen, die äußere Schießscharte umgeworfen, darüber die starke Mauer zu einem Haufen umgelegt. — Alle vier gingen in das Spital ab. Zudem verlor ich an diesem Tag durch Transferieren noch Feldwebel Veith und Kamerad Zwang, also 6 Leute an einem Tage.

30. April – Vormittag Ruhe. Nachmittag ruft mich Hr. Hauptmann Haslinger und fragt mich, ob ich als Kommandant einer Artillerie Patrouille gegen die Stellung westlich Kompanie 2/41 vorgehen wollte, mit der Aufgabe, Gefangene und Beute zu machen. Selbstverständlich zögerte ich nicht mit der Annahme. Doch gab es Schwierigkeiten mit der Infanterie, die in keiner Weise verständigt war. Es wurde hin und her telefoniert, Hauptmann Haslinger befahl mir so, Major Thalhofer wieder anders. Ich muß gestehen, daß mir doch etwas bange war, da die ganze Unternehmung ja unvorbereitet war. Die 30 Artilleristen sollten um 6 Uhr kommen, darauf Artillerie Vorbereitung einsetzen und endlich der Sturm vorgetragen werden, ohne daß nur 1 Mann außer mir die Stellung jemals gesehen hatte. Zudem ohne Handgranaten, da ja keiner damit umgehen kann. Und diese Gedanken ängstigten mich um der Leute willen. Zum Glück kam Regen und etwas Nebel, sodaß wegen „Unsichtigkeit" die Aktion aufgeschoben wurde. Das ist mir recht, denn dann kann was daraus werden, da man Vorbereitungen treffen und mit ruhiger Überlegung Dispositionen erteilen kann.

Verwundetentransport in Flitscher Klause – Foto: onb

Bestückung der Schweren – Foto: onb

Morgen früh muß ich zu Herrn Hauptmann Haslinger zu einer Besprechung. Da wird die Sache ja klar werden.

Nachmittag: Der liebe Gott wird mich ja wohl in Schutz nehmen. Wie er will, so geschehe mit mir. Sollte mir der Tod beschieden sein, so lebt wohl, ihr meine Lieben! — Weine nicht, meine treue Mitzi, es hat ja der Herrgott so haben wollen. Mama und Onkel, ich danke euch, vergeßt mich nicht. Und haltet gute Freundschaft zu ihr. — Und ihr meine Geschwister, seid bedankt für eure Liebe. Der Herrgott segne eure Familien!

Mein 1. Sturm als Artillerist!

1. Mai – Vormittag war ich bei Hauptmann Haslinger, der mich kurz fragte, wie sich gestern die Infanterie-Kommandanten verhalten hätten, und mir mitteile, daß die Aktion heute stattfinden dürfte. War zu Mittag bei der Batterie zu Gaste. Um 2 Uhr 30 kam Befehl, sofort in die Stellung einzurücken und bei Major Thalhofer um Einteilung der Patrouille zu bitten. Und ich wanderte an blühenden Bäumen vorbei über grüne Wiesen, am rauschenden Bächlein vorbei, der Frühling lachte mir so lockend entgegen und der Gedanke: „Vielleicht siehst du dies zum letzten Male", entbehrte nicht der Wehmut. Vorbei ging es bei Dr. Ecker und schon stiegen die Kanoniere einzeln den Weg zur Kompanie 2/41. Ich klärte Kadett. Höpflinger von der Marinekanonen-Batterie über die Angriffsart auf und als wir zur Baracke kamen, war schon eine große Zahl der Artillerie-Mannschaft versammelt. Es war schon 6 Uhr, als ich mein Arbeitskleid anzog, eine letzte Zigarette anzündete und zum Weingläschen griff. Dann noch kurze Beratung mir Oberleutnant Draxlmaier und Oberleutnant Kohn. Danach sollte gegen das obere Wäldchen ein Zug Infanterie und die halbe Artillerie Patrouill, mit Oberfeldwebel Berger unter Befehl des Leutnant Katscher 2/41 bereitgestellt werden, gegen das untere Wäldchen, die andere Hälfte der Artillerie-Patrouille, verstärkt durch 10 Infanteristen mit Handgranaten unter meinem Kommando. — Nach Disposition des Abschnittskommandanten Major Thalhofer, sollten die Patrouillen erst vorgehen, wenn Zeichen der Bereitwilligkeit zur Übergabe bemerkt werden.

Um 7 Uhr gingen wir in die Bereitschaftsstellung. Kohn und ich beobachteten von der Maschinengewehrstellung aus. Um 7 Uhr begann die Artillerie-Vorbereitung, der ich mit größter Spannung folgte, alsbald trat auch die italienische Artillerie auf und belegte unsere Stellung mit Granaten aus kleinen und mittleren Kalibern. Eine Granate, die knapp hinter uns am Kaverneneingang einschlug, tötete einen Mann, einem anderen wurde ein Auge ausgeschlagen, einem dritten die Hand abgeschlagen. In das obere Wäldchen war die Artillerie-Vorbereitung von größter Kraft, gegen das untere wir aus kleinem Kaliber … — Und als mich Oberleutnant Kohn fragte: „Genügt dir diese Vorbereitung?", mußte ich gestehen: „Nein." Mehrmals wiederholte sich die Frage. Ich suchte meine Gedanken zu sammeln und schloß meine Rechnung mit dem Herrgott. Es wurde 8 Uhr und noch immer keine Schwere. Da, endlich 1, 2 oder 3 Ekrasit-Granaten in den hinteren Flügel. Für oben genügt es mir. Nun noch einige in den linken Flügel und ich gehe vor. Aber dorthin kam keine. Da mahnten mich die Worte des Oberleutnant, daß es schon zu dunkeln beginne, an die Notwendigkeit eines schnellen, vollen Entschlußes. Noch einmal ein kurzes Herzensgebet, ein „Lebt wohl meine Lieben" und dann zu Oberleutnant: „Die Vorbereitung genügt mir, wir gehen vor!" Dann im Fluge zur Kaverne: „Laden, Bajonett auf! Mir nach im Sturm! Pioniere Sturmgassen öffnen!"

Die italienischen Granaten schlugen vorne ein, die kleinen Sprengstücke flogen, die Schweren der Pioniere krachten, daß eine Granate in den Haufen vor dem Ausfallstor einfallen könne, doch nun war die Gasse frei und mit festem Willen stürzte ich hinaus. Im Sturmlauf ging es 200 m bis in eine Mulde nieder! Mit klopfendem Herzen, aber merkwürdig klarem Denken schaute ich zurück. Da stürmte schon Höpflinger daher. Granaten barsten, Felsblöcke rollten herunter und schon schien die Kolonne zu stokken. Manche fielen, andere hielten an, die letzten waren noch nicht aus dem Ausfallstor.

„Mir nach! Mir nach!", nur einen Augenblick und schon stürmten die Braven nach. Als alle neben mir waren, kurzes Atemholen. „Auf!", mit Windeseile kamen wir in die 2. Mulde 30 m vor der italienischen Stellung. „Nieder!", kurzes Atemholen. „Schwarm Höpflinger nach rechts! Die anderen mir nach, auf!", und hinein geht's in die Drahthindernisse, ein kurzes Reißen und ich hatte einen spanischen Reiter losgerissen; die Gasse war da, zwei Sprünge und ich war als erster im Laufgraben.

Nichts zu sehen. Ich stürzte zu einem Loche, das ich kannte, hebe das Zeltblatt auf, nichts! Dann den Graben zur Postentstellung am linken Flügel, leer! Wieder zurück. Da, eine Deckung. Die Pistole an-

Artilleriesturm – Foto: onb

gesetzt schrie ich: „Avanti! Heraus!", deute mit der Hand. „Niente! Avanti! Niente Patrone! Heraus!", da ein Schuß, und schon blitzte meine Pistole und die Karabiner der Kanoniere, ein kurzes Röcheln, die drei waren nicht mehr. So, von einer Deckung zur anderen. Da kroch einer raus, hob die Hände, da schoß wieder einer, Pistole und Karabiner gaben blutige Antwort. Gewehre, Munition raffte ich zusammen. Das Geschrei und Schießerei bei Höpflinger! Wir eilten hinauf um zu helfen, aber auch hier war die Arbeit getan. Widerstand mit Gewehr und Bajonett, Schüsse, Kolbenhiebe, und der Schwarm war Herr der Lage. In den rechten Flügel schlugen

der Direktion auf unsere Geschützkavernen. Ein Gefangener blieb schwer verletzt auf halbem Weg liegen, meine ganze Mannschaft und 5 Gefangene erreichten glücklich den Stollen. Unterdessen feuerte unsere Artillerie ein rasendes Sperrfeuer nach rückwärts, die Italiener auf unsere Stellungen. — Einer der Gefangenen hatte sich verirrt und kam unter der 99 Kaverne hervor. „Pardon, Pardon!" rief er vergeschreckt, als die Kanoniere den Stutzen entgegenhielten, um ihm heraufzuhelfen. — Zwei von den 5 eingebrachten Gefangenen waren schwer verwundet. Der eine hatte einen Unterleibsschuß und Armbruch, der andere einen Lungenschuß. Sie wur-

Eingenommener italienischer Laufgraben – Foto: onb

schwere Granaten ein, darum ließ ich nicht weiter hinaufgehen. 3/4 der Stellung waren so ausgeräumt, die Aufgabe schien mir erledigt und zudem wurde es dunkel. Darum drei Pfiffe, das Zeichen für den Antritt des Rückzuges. Und im Laufschritt ging es unter der Flugbahn der wütend einschlagenden Geschoße längs des oberen Randes des Steilfalles zurück mit

den verbunden und gelabt. — Als ich der Batterie-Gruppe unser Einrücken gemeldet hatte, fragte mich Hauptmann Haslinger, ob wir die Linie denn nicht besetzt gehalten hätten, da die Infanterie ja vorrükke. Erstaunt mußte ich antworten, daß mir ein solcher Befehl nicht erteilt worden sei. Er befahl dann, sofort eine starke Patrouille nach vorne zu senden,

Armeebefehl an Fähnrich Guggenberger

um auszukundschaften, ob die eigene Infanterie vorne sei. Ich beauftragte Kadett Steiger und 9 Freiwillige, diesen Befehl durchzuführen.

Den schwerverletzten Italiener fand Zugsführer Kuchwalek (ein Wiener Zuckerbäcker, 9. Franz Josefsstraße) leider schon als Leiche, als er ihn bergen wollte. — Die Unternehmung im oberen Scherenwäldchen war gescheitert. Schuld daran war das Abschnittskommando. Leutnant Katscher durfte erst auf dessen Befehl vorrücken. Bis aber dieser Befehl kam, war die Artillerie-Vorbereitung schon lange durch Wiederbesetzung der Linie ausgeglichen. Berger war todunglücklich. Als dann die Infanterie den Befehl bekam, die italienischen Gräben zu besetzen, war es schon zu spät. Sie begann die Vorrückung erhielt aber im oberen und unteren Wäldchen heftiges Feuer und mußte an beiden Stellen zurück. — Eine unglaubliche Schlamperei in der Befehlsgebung, unklare Dispositionen, die so und so gedacht werden konnte, kurz, ein Schulbeispiel, wie es nicht gemacht werden darf. — Über eine Absicht, eine Stellung zu besetzen, muß man sich doch klar sein. Um 7 Uhr 30 aber erst wurde der Kompagnie 2/41 dieser Befehl erteilt und in einer halben Stunde inmitten des schärfsten Artillerie-Feuers soll eine Kompagnie zum Angriff bereit gestellt werden. Solche Befehle verdienen tatsächlich eine gerichtliche Untersuchung. Das Ergebnis war auch dem entsprechend. — Leutnant Katscher hatte zum Schlusse vor der italienischen Linie 5 Leute! Alle übrigen hatten Reißaus genommen. Oberleutnant Draxlmaier führte gegen das obere Wäldchen, verlor aber zum Schlusse auch die Herrschaft, als er den letzten Anlauf nehmen wollte. Die Leute gingen ihm nicht. Und die ganze Vorrückung wurde so zu einem Debakel. Zudem hatte die Kompagnie 1 Toten und 11 Verwundete. — 5 Gefangene: 1 Sergante und 4 Infantristen. — 5 Gewehre, 5 Bajonette, 9 Patronentaschen, alles wurde zum Gruppenkommando geschickt. — Dann mußte ich noch Munitions- Meldung erstatten, schreiben usw. — Glückwünsche erhielt ich ausgesprochen von Hauptmann Haslinger, Hauptmann Schiller, Oberleutnant Draxlmeier, Fähnrich Dr. Ecker usw.

Welches Gefühl man bei einem Sturm hat? Ich weiß nicht, was der einzelne Mann empfunden haben mag, bei mir als Führer war die ganze Persönlichkeit nur dem einmal gemachten Entschluß untergeordnet. Ich war mir klar, daß nur ein ganzer Entschluß gefaßt werden dürfe und dieser dann ohne Umdeutung restlos durchgeführt werden müsse, sollte ein Erfolg erreicht werden. 27 Menschenleben waren mir anvertraut, jedes Schwankendwerden hätte da zum Unglück werden müssen. Als ich einmal den 1. Schritt aus dem Ausfallstor getan hatte, war ich ein Anderer, nur mehr Wille! Daß es uns so glücklich auslief, ist Gottes Gnade gewesen. Er stand mir mit seiner Macht bei. Und wie soll ich dir danken, lieber Gott? Das schönste Freudengefühl liegt aber mir in der Tatsache, daß keiner der Braven zurück blieb und keiner am Platze blieb. So hab ich dich also wieder, mein süßer Schatz, ich gehöre euch wieder, meine Lieben. Um 5 Uhr morgens endlich zur Ruhe.

2. MAI – Schöner Tag und im Gemüte ach so wohl. — Aber die Müdigkeit kam erst heute. Abends gab es wieder eine Schießerei. Die Infanterie sollte besetzen, es wurde aber nichts daraus. Die

M 15 Geschützstand – Foto: onb

italienische Artillerie verhielt sich ruhig, bis auf den Moment, wo sie glaubte, der Sturm beginne. Das Stollengeschütz Ö 410 heizte uns wieder ein. Ich beobachtete für Leutnant Neuroth, mehrmals sausten Granaten knapp über mich. Aber erst, als eine 1 m neben mir in den Stein fuhr und ich die Steinsplitter ins Gesicht bekam, dachte ich ans weggehen. Abends noch mehrmals Maschinengewehrrattern im Tale.

3. MAI – Abgabe von Belohnungsbefürwortungen. Ein italienischer Flieger warf diese Proklamation ab. Wir lachten uns fast krank, als ich sie den Kanonieren vorlas. Wie einfältig. — Oberleutnant Draxlmeier ging heute ins Spital ab. Er machte wirklich den Eindruck eines Menschen, der mit seiner Leistungsfähigkeit zu Ende ist, wenngleich er meinen Empfindungen nach „abgesägt" wurde. Aber ich muß offen gestehen, daß ich ihn bedauere, denn er war gewiß immer auf der Höhe und für den Mißerfolg am 1. Mai wäre wohl nicht er, sondern andere Herren zur Verantwortung zu ziehen. Die Fehler lagen an Stellen, die vom Abschnittskommando nach oben gehen.

Abend wurde die Linie Lattenhaus – P 477 – unter starkes Artilleriefeuer genommen, ohne daß ein Vorrücken geplant gewesen wäre. Die gegnerische Artillerie schwieg bis auf den Zeitpunkt, wo sie glaubte, daß der Angriff ansetze. Um 9 Uhr 33 Vormittag trat Ruhe ein. Nun schoß ein neues Feldgeschütz Stellung: 12 m östlich und 4 m südlich Brückencode 410. Da zwei Wagenspuren zu sehen waren, dürften sogar zwei an diesem Abhang stehen. Diese zwei könnten uns gerade in die Kavernen schießen. Eigene Artillerie nahm sie zwar gleich aufs Korn, hatte aber wenig Erfolg. — Der Gegner schoß lebhafter als gewöhnlich aus mehreren leichten und schweren Geschützen gegen Csuklja. Auch der 28iger machte mit.

4. MAI – Heißer Sonnentag. Vormittag Ruhe. Nachmittag eigenes Artillerie-Feuer. Hier Peschkas Ehrenblatt aus der karnisch-julischen Kriegszeitung.

Nachmittag schoß italienische Artillerie vereinzelt auf Csuklja. Ein neues Feld-Geschütz verriet sich am Polovnikhang 9,5 m südlich Haus Podklopca. Um 6 Uhr abends begann eine größer angelegte Aktion gegen Csuklja. — Die ganze eigene Artillerie unterhielt ein energisches Feuer gegen den Rombon-Hang von Csuklja bis Lattenhaus. Auch die Maschinengewehre und die Infanterie unterhielt auf der ganzen Linie ein lebhaftes Feuer als Verschleierung des eigentlichen Angriffspunktes. Da es aber bei den Welschen schon einmal so ausgemacht ist, wenn irgendwas und irgendwo losgeht, zuerst uns zu befetzen, wich er auch heute nicht von dieser Gepflogenheit ab. Ich glaube, wenn am Javorscek eine Aktion stattfindet, kriegen auch wir zuerst die Bohnen. — Also auch heute waren wir das erste Ziel und so mußte ich leider den Beginn des Kampfes in der Kaverne mitmachen. Nebst der Flankier Kanone östlich P 410 probierte auch die 15 cm-Kanone aus Žaga ihr Glück und warf uns richtig die Mauer vor dem Stollen des M 15-Geschütz und an meinem Beobachtungsplatzerl um. Geschehen ist zwar nichts weiter, als daß mein Stuhl zerschlagen wurde.

Später verlegten sie ihr Feuer und wir konnten den Kampfe folgen. Die ganze italienische Artillerie schoß. Auch eine Revolverkanone in der Isonzo-Rachel. Und alles gegen Rombon -Hang. Das war wieder einmal ein tüchtiger, richtiger Gefechtslärm. Erst gegen 1 Uhr wurde es ruhiger. Im Scherenwäldchen sollen die Unseren beim Vorgehen große Verluste gehabt haben. Sicheres ist noch nicht bekannt, doch feuert die eigene Artillerie wieder gegen den Hang. Auch der Welsche 28iger wirkte. Es gelang den Unseren, in die Gräben einzudringen und einen Teil besetzt zu halten, jedoch sollen die Verluste schwer gewesen sein. Da alle Offiziere gefallen oder verwundet waren, mußte ein Artillerie-Leutnant das Kommando über die Reste der 3 Kompanien übernehmen.

Schwarmlinie Rombonhang blick auf Flitsch – Foto: onb

5. Mai – Ablösung. — Mittag teilte mir Hauptmann Schiller meine Ablösung vom Kommando des Rombonzuges durch Fähnrich Schlammberger und meine Neueinteilung als 1. Offizier in der Geschütz-Station am Javorscek – Hang mit. Nach der Übergabe an Schlammberger nahm ich Abschied von meiner Mannschaft. Mit Genugtuung nahm ich wahr, daß er ihr nicht minderschwer wurde als mir. Kpl. Remec` dankte mir in ihrem Namen einfach und herzlich und ich gestehe, mir wurde es naß in meinen Augen. Mit Sack und Pack und Felli rückte ich um 2 Uhr nachts am Beobachtungsstande ein.

Nachts lebhafter Gefechtslärm auf der Csuklja - ein Angriff der Welschen, der glücklicherweise mißlang.

6. Mai – Vormittag in die neue Geschützstellung. Sie gefiel mir nicht, denn die Geschütze stehen am Waldrande in einer Senke und knapp nebeneinander. Zu bewundern aber ist, was Oberfeldwebel Berger in wenigen Tagen aus dem Steinhaufen machte. — Waffenstillstand auf der Csuklja zur Bergung der toten und Verwundeten. Sonst einiges Artillerie-Feuer.

7. Mai – Waffenstillstand auf Csuklja. Einschießen des Zuges auf verschiedene Ziele, Arbeiten, Arbeiten!

8. Mai – Vormittag: Einschießen und Stellungsausbau. Gegen Abend plötzlich heftige gegnerische Artillerie-Vorbereitung gegen Csukljastellung. und hernach Sturm der Welschen in dichten Kolonnen, leider – mit Erfolg. Wir schossen zurück, allein es half nichts mehr, die Artillerie war für dieses hohe Ziel zu schwach. Die alten Spritzen der Positionszüge konnten auf diese Höhe nicht kommen und so waren nur wenige Schwere und wir, die feuern konnten. Bis 2 Uhr 30 nachts dauerte der Kampf. — Die Csuklja war verloren! Verschossen 718 Schuß. — Wie es kam? Ich weiß es nicht. Česoča schoß auf uns.

9. Mai – Vormittag kam Hauptmann Schiller in die Geschützstellung Wir schossen ununterbrochen heftig, genau flankierend und müssen dem Gegner große Verluste beigebracht haben, denn nach beinahe jedem Schuß sah man Verwundete zurücklaufen. Auch nächtliches Pausenschießen bis 5 Uhr früh. Verschossen: 558 Schuß.

10. Mai – Hauptmann Schiller in der Geschützstellung, schießen gegen Csuklja. Ein angesetzter Sturm der Gegner wurde durch Artilleriefeuer unterdrückt.

11. Mai – Heute die ersten Schweren gegen uns. Zuerst hoch, so daß ich meinte, sie gelten 806, dann

Schwierige Bedingungen in den Stollen – Foto: onb

immer näher, endlich zwei hinter uns in der Steinhalde, Felsblöcke sausten, daß ich meinte, die Feldkanone des Kadett. Herr müsse begraben sein. Doch nichts war geschehen. Dann wieder einige kurz und endlich eine Granate zwischen 2. und 3. Geschütz Steine, Erde flog in die Geschützstände, ich meinte, von der Bedienung des 2. sei keiner mehr lebend, doch Gott sei Dank, es klingt wie ein Wunder, nichts bis auf einen Steinschlag und 2 Verwundungen durch Splitter. Freilich, die Stellung sah greulich aus. Wir konnten abtreten, doch kam nur mehr 1 Schuß, der zudem kurz lag. — Es war eine 21 cm-Gußstahlgranate aus der Richtung Boka-Batterie. — Hierauf lebhafte Erörterung über den Ausbau der Stellung. Verschossen: 191 Schuß.

13. Mai – Wir schossen wieder und heute antwortete eine ganz andere Batterie, 15 cm. Zwei Geschütze wirkten gegen uns, doch auch heute waren die Granaten ohne Erfolg. Richtung Plužna.

14. Mai – Kommission bestehend aus Hauptmann Schiller, Ing. Leutnant Verdroß und Leutnant Simon, bei uns. — Wir werden einige Zeit nur schießen, wenn es die Gefechtslage unbedingt erfordert. Wir erhalten 24 Mann für den Stollenausbau, ferner andere Leute von verschiedenen Batterien, um die Stellung auszubauen. Gearbeitet wird ja auf Mord und Brand, aber diesem Terrain etwas abzugewinnen, kostet schwere Mühe. Außerdem regnet es, sodaß dadurch die Erdarbeiten noch schwerer werden. — Abends neuerlich mehrere Granaten. — Ein Blindgänger lag im Geschützstand des 3. Verluste keine.

15. Mai – 24 Mann zum Stollenbau. Eine Granate fiel vor die Telefondeckung und sprengte uns Pfosten der Stollenauskleidung. Eine andere fuhr vor dem Munitionsdepot hinein und riß mir die schöne Stiege auf. Eine 3. platzte hinter dem dritten vor der Hütte. Nichts geschehen usw. — Die Feldkanone schoß und wir bekamen das Feuer gleich. Feldkanone hatte einen Rohrkrepierer, der das Geschütz unbrauchbar machte. Die Haubitze 2/3 hatte auch dasselbe Unglück, 2 Schwerverletzte. — Wir schienen jetzt doch mehr schwere Artillerie erhalten zu haben, und zwar sollen zwei 21 cm und ein 30,5 cm gekommen sein.

Nachts 1–3 Uhr Feuerbereitschaft. 1 von 8 Schuß gegen das Scherenwäldchen, wo anscheinend ein Angriff der Italiener angesetzt war. Die eigene Artillerie wirkte kräftig hin.

16. Mai – Vormittag Geschützunterricht. Ich leite einen 8-tägigen Kurs zur Ausbildung von Mannschaft der Batterie 5/3 bei M 15 Gebirgskanone. Sonst Stol-

len Traversen, Stiegen und Deckungsbauten. — Gestern hatte sowohl unsere Feldkanone, als auch Haubitze 2/3 und Stollengeschütz 5/3 Rohrkrepierer. Alle 3 Geschütze unbrauchbar. — Verletzt bei Haubitze 2/3 drei Mann.

Gegen 5 Uhr 30 telefonische Verständigung durch Hauptmann Schiller vom 1. Siege in Südtirol: 2600 Gefangene, 67 Offiziere, 7 Geschütze. — Sofort ließ ich die Mannschaft antreten und teilte ihnen die Neuigkeit in einer Ansprache mit. Drei „Hurraa" klangen frisch in den Tag hinein. Wenns nur vorwärts ginge! Kurz darauf aber schon schwere Granaten in der Stellung. — Eine in die eigene Baracke des 2. Geschützes, eine in die Traverse des 3. Geschützes. Dieser Treffer verbog die Seitenrichtkurbel, die Schildstütze, zerriss das Leder des linken Lafettensitzes und schlug eine Kerbe in das Verschlußstück. Drei Geschoßen wurden die Zünder abgeschlagen. Die anderen lagen schlecht.

7 Uhr 50 Einschießen der drei Geschütze für den Nachtschuß. — Heute Nachtdienst.

17. Mai – Neue Feldkanone wird nachts in die Stellung gebracht.

18. Mai – Regen und Nebel.

19. Mai – Ausbau der Stellung schreitet rüstig voran.

21. Mai – Heute konnten wir in unsere neue Hütte einziehen. Sie mißt 4 x 3.2 m und hat 2 Räume: einen Messeraum und einen Schlafraum mit 4 Pritschen. — 2 neue Kadetten vom Kader rückten ein: Ferdinand von und zu Goldegg und Lindenburg und Horejsi.

22. Mai – Abends Befehl verlautbart: — Armee-Oberkommando-Befehl über die Erfolge in Südtirol. Verheißend klangen die Worte des Feldmarschalls Erzherzog Friedrich, daß wir nun an die Aufgabe herangetreten seien, auch im Südwesten der Monarchie jene Grenzen zu schaffen, deren sie um ihrer künftigen Sicherheit willen bedarf. — Wohl an, Glück auf, junges Österreich! — Ferner ein Batterie-Kommando-Befehl über die Herstellung der Marschbereitschaft.

25. Mai – Heute kam ein neuer Instruktions-Kurs der 5/3, 4 Kadetten und 9 Mann. Abends stärkeres Gewehrfeuer aus der Stellung des Slatenik-Grabens. Keine Bedeutung.

Geschütz nach Rohrkrepierer – Foto: onb

Unterkunftshütte für Artilleriebeobachter – Foto: onb

26. Mai – Für Abends eine Artillerie-Aktion gegen die vorderen Gräben im Tale. Unsere Geschütze erhielten nach dem Feuereinstellen Nachtrichtung auf Csuklja Wäldchen.

Nachts begann plötzlich ein starker Gefechtslärm in der Talstellung. Da ich Nachtdienst hatte, führte ich das Kommando. Und da passierte mir zum 1. Mal etwas Haarsträubendes. Das 2. Geschütz war in die Talrichtung aus der Rombonstellung. eingeschossen. Einen Baum, der in die Geschützstellung stand, entfernten wir, um im Tale weiteren Ausschuß nach links zu bekommen, für die Talrichtung hatten wir eine neue Radstellung und ein neues Hilfsziel, somit ganz andere Elemente. Und ich hatte dem Geschütz-Führer gesagt, daß in Hinkunft bei Talziele das Geschütz diese neue Stellung haben müsste. Nun kam auf einmal Nachts der Befehl: Zielwechsel auf Talstellung. Der Geschützführer stellte das Geschütz auf die 2 Uhr Marke und schoß. Plötzlich kommt der Befehl, die Elemente des 2. Geschützes zu kontrollieren, da gemeldet wäre, wir schossen knapp vor die eigenen. Ich kontrolliere, die Elemente stimmen! Endlich kommen wir auf den Fehler, das Geschütz war beim groben Einschießen auf der Rombonmarke gestanden und stand jetzt auf der Marke 2. Ich glaubte, vergehen zu müssen. So etwas mußte mir passieren!

27. Mai – Nebel, Regen, Kurs.

28. Mai – Der 2. Stand für Geschütz 1. und 2. fertiggestellt. Er hat Richtung gegen Česoča. Abends Einschießen des 2. Geschützes auf die neuen Richtungen.

30. Mai – Einschießen des 1. Geschützes.

31. Mai – Nachmittag Artillerieaktion gegen die italienische Talstellung um den Gegner zur Entschleierung zu veranlassen. Ein neues Geschütz schoß an der Straße östlich Podklopca. Kurs 5/3 beendet.

1. Juni – Schönes Wetter, Nachmittag Artillerie-Aktion gegen Talstellung. Fähnrich Schlacher zur Batterie transferiert. Kadett Dvorak ist zum Einrücken zum Kader bestimmt.

2. Juni – Schönes Wetter, am Nachmittag kommt Befehl, mit einem Geschütz die Stellung 5/3 auf Javorscek-Stollen zu übernehmen. Nachts Stellungswechsel, dieses Geschützes.

Nachmittag eigenes Artillerie Feuer gegen die italienische Artilleriestellung. — Der kombinierte Zug wird von den Welschen wohl am besten gehaßt. Ist etwas los, immer und immer ist dieser das Lieblingsziel der gegnerischen Artillerie Sie möchte ihn doch gar zu gerne weghaben, aber umsonst, er weicht nicht. — Hier ein ergötzliches Dokument über den Bruderstreit im Hause der jüdischen Großpresse. Die müssen einander doch kennen.

3. Juni – Größere Personalverschiebung. Fähnrich Schlacher zum Stollengeschütz. Kadett Bach auf Rombon kommandiert. Abends Transport von Munition auf Javorscek. Hierbei stürzte ein Tragtier ab; die Tragtierführer sind eine verfluchte Bande; sie warfen die Verschläge einfach ab und kehrten um, kümmerten sich nicht weiter um das Tragtier. Da Javorscek anfragte, ob denn keine Munition gekommen sei, kam die Schweinerei auf. Neun Mann schickte ich ab, die Munition auflasen und das Tragtier suchen. Dieses war 200 m abgestürzt und verendet.

4. Juni – Vormittag strömender Regen dem die Dachpappe der Hütte nicht mehr standhielt. — Auf Beobachtung entdeckte ich am Polovnikhang südlich Česoča in einer Rippe ein Loch. Wahrscheinlich ein eingegrabenes Geschütz, oberhalb ein Beobachtungsstand. — Die Tragtierführer mußten zur Strafe am Nachmittag herkommen, im strömenden Regen die Verschläge zum Geschütz transportieren und endlich auch noch das Fleisch des Pferdes auf den Wagen tragen. Sie baten, einrücken zu dürfen, doch da gab es nichts. — Die Siegesnachrichten sind täglich ganz unglaublich günstig. Eine solche Kraft nach 22 Kriegsmonaten. — Die Friedensgerüchte wollen nicht verstummen. Es regt sich etwas! — Lord Haldane reist nach Amerika, Graf Androssy nach Bern. — König Willhelm schenkt ihrem Ministerpräsidenten ihr Bild mit dem Worten: Nune aut nunquam! — Die moralischen Bedingungen, die Friedenssehnsucht der Völker, sind vorhanden, die militärische Lage bringt den Mittelmächten täglich neue Erfolge – Südtirol, Seeschlacht westlich Dänemark usw. — Was soll also noch gegen einen Friedensschluß sprechen? — Noch einmal wollen die Russen versuchen, an unserer Front durchzubrechen. — 25 km der Front stehen unter russischen Trommelfeuer. Auch dieser Sturm wird vorübergehen und damit wohl die letzte Hoffnung Russlands in Trümmer sinken. Cadorna sehnt sich nach einer Erleichterung, auch er wird daran glauben müssen, daß er in Hötzendorf den Meister gefunden hat. — Gottes Segen ruh auf dem Werke!

Ordinationszimmer – Foto: onb

5. Juni – Heftiges Fieber, Erbrechen, Durchfall von einer Konserve. — Ernennung zum Leutnant!

6.–10. Juni – Nicht viel besser, andauernd schlechtes Wetter und Regen.

10. Juni – Zur Marodenvisite beim Gruppenkommando, traf jedoch den Chefarzt nicht an. Der Personalreferent Rittmeister gratulierte mir schon zur Goldenen! — Oberleutnant Hcwasser hätte sich dafür eingesetzt. Die Eingabe wurde nach den neuesten Befehlen mit Augenzeugen-Protokoll etc., abgefaßt. Abends bei Batterie-Station. Hauptmann Schiller ist derzeit Gruppenkommandant für Hauptmann Ebner auf Kleinem Svinjak.

11. Juni – Pfingssonntag. Herrlicher Tag. Schuli fährt auf Urlaub. Abends kleine Schießerei gegen Feldgeschütz am Polovnik Fuß bei P 351.

12. Juni – Pfingstmontag. Gehe in die Krankenstation nach Unterbreth ab. Ist eine schön eingerichtete Anstalt. — Bad, Operationszimmer, lichte Räume. Die Kost ausgezeichnet. — Oberarzt: Dr. Eberle, Chefarzt: Dr. Tatra aus Villach

Hintergrund Kuk und Vogel, im Vordergrunde die Spitalanlagen am rechten Isonzo Ufer – Foto: onb

13. Juni – Auf Diät gesetzt: fleischlos. Nachmittag kam Oberleutnant vom Regiment 4, dem jeder Laie ansah, daß er schwer krank ist. Kaum hatte er sich ins Bett gelegt, kam Depesche mit Befehl, sofort auf 1313 zurückzukehren zur Untersuchung durch den Regiments-Chef-Arzt. Ohne Murren zog er sich wieder an und kehrte nachts zurück: Das nenne ich Disziplin. — Dieser sagte, die letzten Csuklja-Kämpfe hätten 700 Mann gekostet.

15. Juni – Endlich wurde der Sanitäter, der mit mir das Zimmer teilte, wieder an die Front geschickt. Es ist merkwürdig, was es für Leute gibt. Dieser zum Beispiel. wollte durchaus Neigung zur Tuberkulose haben, sah aber gesund und kraftvoll aus. Heute hatte er da Schmerzen, morgen irgendwo anders, nur, um ins Hinterland zu kommen. Jedoch der Chefarzt war nicht zu rühren und entließ ihn als geheilt an die Front. Und so ein Kerl, der gerade 3 Monate in den Sanitätsbaracken am Rombon herumgekugelt war, wollte gleich nach den ersten Worten schon mit dem alten Thema: „Ja, die Artillerie" beginnen, worauf ich ihn zu ironisieren anfing, daß ihm die Lust zur Fortsetzung des Themas verging. Ich war ja wirklich 9 Monate bei der Infanterie gewesen.

19. Juni – Abgang aus dem Spital in die Stellung. Jama Planina beschießt zum ersten Mal die Geschütz-Stellung kein Erfolg.

20. Juni – Gegen Abend Feuer der Jama gegen unsere Stellung, auch heute ohne Erfolg.

21. Juni – Dekorierung mit der Silbernen Tapferkeitsmedaille 1. Klasse durch Hauptmann Schiller. — Fahrt nach Tarvis.

Mitten im Stollen bleibt der Zug stecken, da das elektrische Werk vom Gegner beschossen worden war. — Mußten zu Fuß laufen. in Raibl wurde mir vom Train-Leutnant ein Wagen bereitgestellt. Überall die Vorbereitungen für die Feier des Fronleichnamsfestes und tatsächlich ein Zug von Festesstimmung. Lernte auch einen 40jährigen Fähnrich von der Gebirgs-Telefon-Abteilung, in Civil Postoffizial, kennen. Eine sehnige Touristennatur mit erfrischendem trockenem Humor. In Tarvis taten wir uns einem Tropfen gütlich, da er dort nächtigen mußte.

22. Juni – Fronleichnam. Mit dem Frühzug nach Villach. Große Freude. Leider war die Prozession verbo-

ten, so daß ich vom Feste nichts verspürte. — Hier erfuhr ich, daß unser Armee-Gruppenkommandant General der Kavallerie Rohr auf einen anderen Posten gekommen ist und Feldmarschall Leutnant Skolli ihn im Kommando vertritt. Wahrscheinlich kam er nach Tirol, denn General der Infanterie Dankl soll an die russische Front kommandiert sein. Erzherzog Josef Ferdinand, dessen Armee die Niederlage erlitt, ist enthoben worden.

Nachmittags machten wir einen Spaziergang zum Leonhard-See. — Wenn man so lange kein weibliches Wesen sieht und nun auf einmal an hunderten schlanken lieben Gestalten in duftigen Sommerkleidern vorübergeht, da macht sich die Sehnsucht auf nach seinem Lieb, nach einem lieben Wort, nach einem Blick, einem hingebenden Busserl, das dir sagt: „Ich hab dich lieb!" Wie ging mir meine Mizzi ab.

23. Juni – Der Tag verging unter Einkäufen. Abends Rückfahrt. Ein Hauptmann der Infanterie auf Javorscek lud mich ein, in seinem Wagen zu fahren. War das eine Fahrt! Leiterwagen mit Sitz ohne Lehne, dann Gäule die immerfort nur im Schritte gingen. — Die Russengefahr scheint behoben zu sein, groß ist meine Freude, daß ich recht hatte, als ich sagte: „Weil es dem Gegner in den ersten Tagen nicht gelungen ist, die Front zu zerreißen, wird es ihm nicht mehr gelingen." Und so kam es auch. Unsere Front versteift sich immer mehr und da die Armee Linsingen gegen seinen rechten Flügel offensiv wird, könnte es sein, daß seine anfänglichen Siege in eine Niederlage ausarten. Hoffen wir, daß Gott uns hilft, denn dann ist der Friede wohl viel, viel näher gerückt. — Es schaut ja wirklich schon traurig aus im Hinterland. Viele wichtige Gegenstände gehen zur Neige, die Preise sind schrecklich hoch, so daß die Armen wahre Not leiden müssen. Und das Geld strömt in wenige Säcke zusammen. Eine Verschärfung der Klassengegensätze scheint unausweichlich, da der goldene Mittelstand nicht aushalten kann und aus ihm viele zum Arbeiterstande sinken, dh. unselbstständig werden.

24. Juni – Eintreffen in Geschütz-Station. Dort waren heute 2 Kriegsberichterstatter, ein alter Herr, Baron und Maler, und ein Hauptmann beide vom Kriegspressequartier. — Sie waren entzückt von der Stellung, zeichneten und fotografierten nach Herzenslust.

25. Juni – In Vertretung des Bichler, der zur Inspizierung beim Kompagnie-Zuge war, als Feuerleiter auf dem Beobachtungsstand.

Kriegsgefangene in Villach – Foto: onb

Nachdenkpause: „Bin ich abgestumpft?" – Foto: onb

26. Juni – Dem 28 Infanterie-Regiment war nach einem Befehl der Majestät die Regiments-Fahne auf „ewige Zeiten" abgesprochen worden. — Vor einiger Zeit wurde sie dem Regiment nach den Kämpfen am Doberdó *[del Lago]* wieder zurückgegeben. Wie mir nun jener Infanteriehauptmann erzählte, bestand diese Abteilung, die sich so gut hielt, aus Egerern und deutschen Offizieren. Ist das Konsequenz? Der Deutsche blutet, damit ein verräterisches tschechisches Regiment die Fahne wieder erhält. Man muß sich auf den Kopf greifen.

27. Juni – Einige Schießerei. Nachts 2 Uhr Lärm auf Csuklja, auch wir schossen 12 Schuß. — Brief von Mizzi. Wie sie sich freut über die Auszeichnung und wie sie andererseits wieder ängstlich ist, der Ton meiner Briefe und Karten würde kälter. Das ist ja nicht der Fall, aber es mag sein, daß die gewisse Müdigkeit, die ich langsam in mir fühle, aufsteigt, auch dem Stile jenen Schwung und jene Wärme nimmt, die sie sonst gewohnt war. — Das Herz blieb sich ja gleich. Aber ich bin doch mehr verbraucht, als ich mir oft eingestehen will und das teilt sich im Denken, Reden und Arbeiten mit. — Keine physische, wohl aber psychische Abnützung drückt mich oft nieder. Kettenhunde werden mit der Zeit oft böse und trübsinnig. Soll das beim Menschen ohne Einfluß sein, durch so viele Monate an das ewige Einerlei des Stellungskampfes gebunden zu sein, an derselben Stelle und derselben Umgebung? — Zudem habe ich das Gefühl, als ob man mich kaderreif machen wollte, und dieses Gefühl lähmt mich auch im Eifer. Die Zeit wird ja zeigen, ob es berechtigt war oder nicht.

28. Juni – Regen und Nebel! Wie wird das Getreide bei diesem Wetter werden? Ist es nicht, als ob uns der Herrgott noch mehr züchtigen, beugen wollte, weil doch ein Großteil trotz allem noch keine Einkehr gehalten hat? Sollen wir wirklich durch Hunger unterliegen? Ich glaube es noch nicht, aber schwer wird das Durchhalten werden, da an so vielem schon Mangel herrscht. Was leiden doch die Armen! Sie helfen durch ihren Opfermut dem Vaterland zum Siege. Wie verschwindet ihm gegenüber jede noch so große Spende der Reichen. Und doch wird dies wohl schnell, schnell vergessen sein. — Alle Kräfte heißt es anspannen! Gott sei mit uns.

29. Juni – Berger geht auf Urlaub. Wieder neue Kommandierung: Fähnrich Herz und Kadett Steiger und Kadett Horejsi zu Kommando-Zug; Kadett Singer auf Rombon, Fähnrich Schlammberger und Kadett Gottlieb zum 1. Zug, ebenso Metzler.

Flugplatz Villach – Foto: onb

Heute kam der neue Unterrichtsplan! Oh mein Gott! Das geht wirklich schon über die Hutschnur. Von 7–1 Uhr 30 und 2–4 Uhr 30 nun ständiger Unterricht. So lobens- und anerkennungswert der allgemeine Gedanke einer guten Ausbildung möglichst aller Leute ist, so verkehrt halte ich diese Stundeneinteilung. Das ist zu viel für Köpfe, die ja geistige Arbeit nicht gewohnt sind; das Ergebnis wird Erlahmen im Eifer und Verdrossenheit sein. Jedoch, Befehl ist Befehl. — Einigermaßen verletzt hat mich diese Anordnung, da damit doch beinah gesagt ist, alles Bisherige war nichts. Nun ja es war ja doch eigentlich nur Biehlers Sache. Bin neugierig auf den Erfolg. Die Leute haben keine Zeit mehr für sich.

30. Juni – Einiges Feuer

1. Juli – Nachmittag fragt mich der Hauptmann, ob ich mich freiwillig melde für einen dreiwöchigen-Flieger Beobachtungskurs nach Villach. Selbstverständlch.

3. Juli – Abgang nach Villach. — Bei der Koritnica erwartete mich Bruder Franz, der vor einigen Tagen mit seiner Kompanie in den Abschnitt kam. Hatten beide große Freude ob des Wiedersehens. Er begleitete mich bis Raibl. Fand im Train keinen Anschluß mehr.

4. Juli – Ankunft in Villach. Meldung bei Oberst Schmutzer im Armeekommando. Nachmittags auf Flugplatz. Die übrigen Herren noch nicht eingetroffen. — Sah zum ersten Mal Flugzeuge: 4 große Hallen mit 8 Flugzeugen.

5. Juli – Ein italienischer Flieger von unserer Artillerie bei Kuk-Alm abgeschossen. Flieger unverwundet; stramme Burschen. Heute niemand angetroffen, da alle hineingefahren, um Apparat zu holen.

6. Juli – Vorstellung beim Hauptmann Stojsavlevic. Ein Herr mit energischen Zügen und dunklen lebhaften Augen. — Sonst noch an Piloten: Oberleutnant Gefink, Zugsführer Morozter, Zugsführer Ehret, Sakravsky. — An Beobachtern: Oberleutnant Dubovsky, Leutnant Friedrich, Ebner, Krumey, Oberleutnant Eichberger. — Alle Herren durchwegs angenehm. — Unterricht im Fotografien-Lesen, Radiotelegrafie, Maschinengewehr-Schießen. — Kursteilnehmer: Leutnant Bandisch, ein lieber bescheidener Wiener, mit dem ich mich sehr gut vertrage. — Leutnant Duller, ein Mensch voller Äußerlichkeiten, will imponieren, tritt groß auf, redet viel, mit der unschuldigsten Miene tischt er Dichtung und Wahrheit auf. — Leutnant Casby, ein Magyar, aktiv aus dem Jahrgang Gradl. Hat

Flugplatz Villach

Verdienstkreuz. Nicht gewinnend aber auch nicht abstoßend. — Mein erster Probeflug mit J Apparat 1732, Pilot Zugsführer Ehret; 24 Minuten, 1000 m Höhe, über Gail, Faak *[am See]*, Feldkirchen, Gerlitzen, Lind Flugplatz. Ein herrliches Gefühl, so in der Höhe dahinzuschweben. In keiner Weise durch Schwindelgefühle belästigt, fliegt man ruhig und sicher durch den Äther, so daß man gar nicht die Empfindung hat, in einem so leicht gebauten Flugzeug zu sein.

7. Juli – Erster Feindflug. — 8 Uhr 14 Vormittag Aufstieg auf 1733 mit Zugsführer Ehret. Aufgabe: Batterie-Stellung. auf P 1946 zwischen Rombon und *[Cima]* Confine zu suchen, fotografieren, ferner Batterie auf Karstplateau westlich Csuklja und Aufklärung der Lage bei Žaga. — Glatter Start. Über Mojstrovka kamen wir über Wolkenbank. Mußten zurück und versuchten westlich der Weisenfelser Seen. Kamen unter heftigem Gegenwind am Mangart vorbei über Unterbrett – Možnica gegen Črnelska spica. — Neue Schleife vom Rombon, da Nebeltreiben Aufnahmen verhindert hatten, neuerliche Schleife. Machte mehrere Aufnahmen. — Wurden mit einigen Schrapnellen begrüßt. Hernach Flug auf Žaga, als wir aber dort waren, verwehrte mir eine Nebelschicht die ganze Ansicht. — Anflug 8 Uhr 14 bis 9 Uhr 30, über Feind 9 Uhr 35 bis 0 Uhr, Landung 0 Uhr 26, Höhe 3100 m. — Oberleutnant Fink-Oberleutnant Dubovsky mit 1733 Radio Einschießen bei Pietratagliata 2 Stunden 20 Minuten.

8. Juli – In der Stadt wurde eine feindliche Flugschrift gefunden, große Aufregung, alle Flugzeuge auf vergeblicher Suche.

10. Juli – Der Cellon (Frischenkofel) ist verloren! Das ist doch unglaublich, so lange wurde er gehalten und jetzt ohne Aussicht, ihn wiederzugewinnen, verloren. Die taktische Wichtigkeit dieses Punktes ist überaus groß. — Wurde in Offiziersmesse 2 übersetzt.

11. Juli – Korporal Morotzer, Leutnant Friedrich mit 6414 im Plöckenluftkampf mit 2 feindlichen Fliegern, er behauptete das Feld.

12. Juli – Im Auto mit Kadett. Ebner über Tarvis Mojstrovka nach Soča zu einer Besprechung. Die Straße über den Paß wird großartig – eine Kriegsarbeit von hervorragendster Bedeutung.

13. Juli – Oberleutnant Gehfink, Leutnant Guggenberger 6414 Proberunde 600 m, 5 Minuten.

Heute Nachmittag kam meine süße Mizzel hier an. Wie lieb ich sie habe, und wie liebenswert sie ist. Sie hat sich auch …

[Fehlende Seiten wurden gewaltsam aus dem Tagebuch entfernt.]

Tagebuch IV

XII. Isonzoschlacht
Feldzug gegen das treuelose Italien

16. Juli 2016 – Zugsführer Morozter-Kadett Krumej mit 1733 Radioschießen auf Jama pl. 2 Stunden 15 Minuten. — Zugsführer. Ehret-Oberleutnant Dubrovsky mit 4374 Radio-Einschießen in Dogna 1 Stunde 50 Minuten.

18. Juli – Zugsführer Sakravsky-Kadett Krumej mit 1733 Radioeinschießen auf Jama pl. 3200 Meter 3 Stunden 18 Minuten. — Hauptmann Stoisavlevic-Leutnant Friedrich mit 6413 Bombenwurf auf Timau. Treffer und Brand eines Ortsteiles. 1 Stunde 55 Minuten. Zugsführer Ehret, Leutnant Guggenberger mit 43, 74 Radioprüfung, Runden über Villach 700 Meter 30 Minuten.

23. Juli – Aufgabe: 1. Einschießen eines 21 Zentimeter- Küsten- Mörsers auf Trnovo, 2. Einschießen eines 21 cm-Küsten-Mörsers auf die Schwere von Jama. — Start mit Oberleutnant Gefink auf 1733 um 8 Uhr 20 Vormittag. — Naturgemäß war ich ein klein wenig aufgeregt, da es mein erster Radioflug war. Der erste Einschlag am westlichen Ortsaus-

gang von Ternovo. Ich korrigierte: Der zweite Einschlag lag am östlichen Ortsausgang. — Distanz war richtig, die Seitengabel durch die beiden Schüsse bestimmt. — Ich wollte nun an die zweite Aufgabe. Oberleutnant Gefink machte Zeichen, als ob dem Motor etwas fehlte. Ich wollte ihm sagen, bei Trnovo sei alles beendet. Er aber glaubte, die ganze Aufgabe sei erledigt, und flog ab, ich wieder war im Glauben, er müsse weg, weil dem Motor etwas fehle und ließ es geschehen. — Über Villach wurden wir dieses Missverständnisses erst inne. Es ließ sich nichts machen, ich mußte als Notlüge sagen, das Ziel sei im Dunst gelegen. — Kaum waren wir gelandet, kam Leutnant Chocholonsek auf uns zu mit der Bemerkung, er habe gerade starten und uns zu Hilfe fliegen wollen, da gemeldet worden sei: Luftkampf im Flitscherbecken. Jedoch weder Gehfink noch ich hatten einen Gegner gesehen.

Und darum das Ärgerliche. Von Soča wurde ironisch bemerkt: „Ja der Flieger gab plötzlich Schluß und bog ab und kurz hierauf erschien ein Italiener." — Wie das wurmte. — Flugzeit: 8 Uhr 20 bis 0 Uhr 15, über Feind: 9 Uhr 20 bis 9 Uhr 55 Flugzeug 1733, Höhe 3200 m.

25. Juli – Aufgabe: Einschießen eines 21 cm-Mörsers auf Jama pl. — Zugsführer Sakravsky, Leutnant Guggenberger auf 1733 — 5 Schüsse beobachtet, darunter ein Volltreffer. — Wir wurden auch diesmal kräftig beschossen, und zwar auch mit 15 cm-Schrapnell bei den Schleifen über Trnovo-Žaga. Eine Sprengwolke zog durch den Apparat eine Hülse kollerte durch den Rumpf des Flugzeuges. Doch auch diesmal kamen wir glücklich nach Hause. — Flugzeit 9 Uhr 10 bis 1 Uhr 15, Flugzeug 1733, Höhe 3200, über Feind 0 Uhr bis 0 Uhr 50 Vormittag. — Fotoaufnahmen: Jama, Vorbereitete Stellung südlich Trnovo, Stollen, Batterie, Log Česoški

30. Juli – Aufgaben: 1. Ziel: Kavernen-Geschütz auf Jama: 3 Bomben 30,5 cm, 2. schweres Geschütz auf Jama 6 Bomben 21 cm, 6 Bomben zweiter Mörser. — Flugzeit 9 Uhr 50 bis 2 Uhr 55, Höhe 3200–3500 m — Über Feind 0 Uhr 40 bis 2 Uhr 15, Flugzeug 1733, Zugsführer Morozko, Leutnant Guggenberger. — Diese Aufgabe kam mir gelegen, denn nun war mir Gelegenheit gegeben, die Scharte vom 23. 7. auszubessern. Mit dem Vorsatze, auf Leben und Tod gegen ein feindliches Flugzeug den Platz zu behaupten stieg ich auf. Wir kamen über das Ziel: Der 30,5 cm-Mörser schoß schlecht; trotz der Korrekturen blieben die Schüsse weit vom Ziel. Der 21 cm-Mörser hingegen leistete Vorzügliches. Unter 6 Bomben deckten 3. — Aber wie uns die Welschen zusetzten! Rechts und links, vorne, rückwärts platzten die Geschosse, zumal wir zuerst auf 2800 m flogen. Der Apparat wollte nicht in die Höhe. Ich bewunderte den Piloten mit welcher Meisterhand er auswich. Trotzdem gab es dem Flugzeug plötzlich einen Ruck, wir waren getroffen. Die Explosion war nur allzu deutlich zu hören gewesen und ich staunte nur, daß uns nicht mehr geschah. Um 2 Uhr 10 gab ich Schluß. Wir wurden voll Hartnäckigkeit verfolgt und mußten uns über eine Wolke über dem Rombon retten; aber auch dort schossen sie durch. — Zuhause angelangt zeigte sich, daß eine Strebe im Rumpf unter dem Pilotensitz durchschossen war.

Am nächsten Tag erhielten wir eine Belohnung durch den Brigadier Generalmajor Greiner. — Als Beobachtung durch Mündungsfeuer konstatiert: 2 Geschütze am Abhang 500 m südlich Krasji Vrh. — Der Pilot, ein alter Flieger sagte: „Das war ein schöner Flug." — Nun fügte es sich, daß ich an diesem Tage erst gegen 3 Uhr nach Hause kam. — Meine liebe Mizzel und Angela waren ganz verängstigt im Gedanken, es müsse mir ein Unglück zugestoßen sein. Wie lieb mich die süße Maus hat!

6. August – Abends waren wir mit Angela bei einem Wohltätigkeitsfest der „Bauern Gmoa" von Villach.

Flugfotografen in Villach – Foto: onb

Soča im Granatenfeuer – Foto: onb

7. August – Mein Lieb reist ab. Wie traurig und öd ist es nun um mich, so leer. Immer ist mir, sie müsse nun doch endlich aus der oder der Tür treten und mit einem lieben Wort auf mich zukommen.

13. August – Befehl vom Armeekommando einzurücken. Hauptmann Stoisablevic äußerte sich überaus befriedigend über unsere Leistungen und wollte uns noch 3 Wochen als Beobachter behalten, doch dies ließ das Armeekommando nicht zu. — Die Kompanie hatte bisher 18 Luftkämpfe. — Leutnant Friedrich schoß einen feindlichen Farmann bei Pontafel ab. Absturz auf Leopoldskirchner Alm, beobachtet von Artillerie Beobachter des Abschnittes 3. — Mehrere andere hatten den Luftkampf abgebrochen und waren im steilen Gleitflug nieder gegangen. — Geschwaderflüge: bisher 4, und zwar Mailand, 2 mal Stazione per la Carina Saga. — Die

„Unsere Flugzeuge"
von Leopold Guggenberger

Unsere Flugzeuge.

Mein erster Feindesflug am 7. VII. 16 mit
1732. Pfeilflieger - Type.
Jakob Lohner Jahr 1915
6 zyl. Daimler-Motor 160 PS bei 1350 Normaltouren

Leistungen mit kriegsmäßigem Gewicht:

Geschwindigkeit : 118 ½ km/Stunde
Steig- „ : 1000 m in 8 Min 27 Sek.
Sink- „ : 800 m „ 6 „ 13 „

Anlauf 90 m   Auslauf 70 m

Tourenzahlen mit Lohner-Propeller:

Steigung 153 cm   Durchmesser 280 cm
Blattbreite 32·5 cm

Im Stand   1200 ⎫
Im Horizontalflug 1180 ⎬ Touren
Beim Steigen   1300 ⎭

Ausmaße:

Spannweite : 15·4 m
Gesamtlänge : 9·5 "
größte Höhe : 3·75 "

Behälterinhalt:

Benzin 1. --- 250 l   Frischöl :   7 kg
       2.   20 l   Karteröl : 10 "
       3.   –   Wasser : 30 "

Betriebsmittelverbrauch.

Benzin   250 gr. P.S.S.   59 l/Stunde
Oel   16 "   "   2·6 kg/Stunde

Reichweite mit Vollgas: 550 km

Gewicht.

Leergewicht : 985 kg   Benzinzufuhr : durch Druck-
Benzin   184 "   luft
Oel   17 "   Druckregulierg : Überdruck-
Wasser   30 "   ventil
Nutzlast   200 "   Frischölzufuhr : Motor-
             -----   pumpe.
             1416 "

4374. **Lloyd-Type.**

Wiener-Karosserie-Fabrik 1916.

6 zyl. Austro-Daimler Motor 160 PS. bei 1200 Touren 1350 zulässige Betriebsumdrehungen in der Minute.

Leistung mit kriegsmäßigem Gewicht:

Stoppung am 26. IV. 1916.

Geschwindigkeit   136 km/Stunde
Steig=   "   1000 m   8 Min 09 Sek
Sink=   "   800 "   3 "   34 "

Anlauf 60 m   Auslauf 70 m

Propeller Turbo № 828

Neigung: 185 cm   Durchmesser: 280 cm
           Blattbreite: 260 mm

Am Stand   1270 }
Im Horizontalflug   1320 } Touren
Beim Steigen   ?

Ausmaße:

Spannweite: 14 m   Gesamtlänge: 9 m   größte Höhe: 3·16 m

Behälterinhalt:

Benzin 1.   260 l   Frischöl } 28 l
       2.   20 l   Karteröl }
       3.   –   Wasser   25 l

Betriebsmittelverbrauch:

Benzin   233.5 gr PS/S   39.7 l/Stund
Oel   5.4   "   0.92 kg/"

Gewicht:

Leergewicht: 909   Benzinzufuhr: Druckluft
Benzin   189   natürl. Gefälle
Oel   28   Druckregulier: Reduzierven
Nutzlast   25   til
Wasser   220   Frischölzufuhr: automatis
              _____
              1371 kg

Sitz u. Boden- Panzer

In anderen Typen:
  Brandenburger
  Aviatik
  Fokker   1 Doppeldecker mit Rotationsmotor
                                    Gnome-Motor

Flieger-Kompagnie, leitete auch in den ersten Augusttagen 1916 das Bombardement von Dogna durch eine 42 cm-Haubitze mit größtem Erfolge. Im italienischen Generalstabsbericht erwähnt.

14. August – Einrücken über Tarvis-Unterbreth nach Soča. Die 27. Gebirgs-Brigade zur 93. J. T. Dw. erhöht. — Unterbreth von 6,5 cm-Kanone beschossen und daher geräumt.

15. August – Gottesdienst in Soča. Meldung beim Generalmajor Greiner. Er sprach sogar etwas von „hervorragenden Diensten um den Abschnitt". Soll mans glauben? Nachmittag zur Batterie-Station eingerückt.

16. August – Wieder in der Geschützstation! Die große Ruhe fühle ich als traurige Einsamkeit. Meine Hütte deuchte mir einstmals als kleiner Palast, heute sehe ich sie als eng und nüchtern. Wie schnell doch der Mensch sich verwöhnt. Herr Max heute Leutnant geworden.

17. August – Nachmittag kurzes Feuer auf Geschütz beim Doppelbaum. Abends zur Kaiserfeier als Geschenk der Division eine Flasche Champagner. — Ein Hurra unserem obersten Kriegsherren Franz Joseph 1.

Abgeschossener feindlicher Farmann

Alte Offiziersunterkunft – Foto: onb

18. August – Kaisertag. — Strömender Regen, heftige Gewitter. Ein Blitz verbrannte uns alle Telefonleitungen, Tannenreiser als Feldzeichen.

Der Kaiser: „Du Fürst, der du einsam auf der Höhe wandelst, nur die Pflicht kennst und nur die Liebe zu deinen Völkern, was mag am heutigen Tage wohl dein Herz bewegen? Am Abende eines Lebens, das dem Frieden geweiht war, mußtest du das Schwert ziehen gegen eine Welt von Feinden. ‚Ich habe alles geprüft und erwogen', sagtest du damals und wer hätte dies nicht geglaubt! Sorgenschwere Stunden lasten auf dir, auf uns. Habe Vertrauen! Die Reinheit deiner, unserer Sache verbürgt dir Gottes Hilfe. Dein Völklein wurde schon leichtsinnig, da mußte der Herrgott den Russen an die Türe pochen lassen. Habe Vertrauen! Der jauchzende Tag des Sieges wird auch dir noch das matte Auge in Freude aufglänzen lassen, dem all der harten Männer an der Front stilles Beten gilt dir, und dir auch ihr Schmerz: ‚Gut und Blut für unseren Kaiser!' Heute wie einst."

Bei Tage herrscht volle Ruhe. Nur durch die Artillerie manchmal unterbrochen. Nachts gibt es Geplänkel und seit jüngster Zeit Schießerei auf Scheinwerfer, dieses wurde zuerst von italienscher Seite angefangen und wird nun auch von uns als Gegemaßregel geübt.

Am 18. leuchtete zum erstemmal der große 110 cm-Scheinwerfer, der etwas über uns steht. Dieser und jener auf dem Rabelnik sind das Ziel zweier welscher Geschütze. Ersteren haben sie zwar nicht getroffen, aber die Infanterie erleidet Verluste, da sie die Kurzschüsse aushalten muß. So letzthin 1 Toter, 1 Schwer- und 1 Leichtverletzer. Der auf Rabelnik macht nach jedem Schusse: „Fehler" durch lebhaftes Schwenken. Doch die Italiener haben nun mehrere aufgestellt, darunter einen von wunderbarer Leuchtkraft. Auf diesen sind wir eingeschossen und gestern Nachts erhielt er einen leuchtenden Treffer.

24. August – Heute war der Armee-Kommandant Feldmarschall-Leutnant Skotti hier auf Inspizierung. — Als er nach der Meldung nochmals um meinen Namen fragte, erwähnte der Divisionär Generalmajor Greiner, daß ich am 1. Mai eine Aktion durchgeführt habe und ja eingegeben sei für die Goldene. Ob ich sie schon erhalten habe? „Nein, Exzellenz!" – „Nun, so wird die Dritte noch kommen." Soll ichs noch glauben nach so langer Zeit?

26. August – Heute wurde hier beim Kompanie-Kommando Ldst. 26. unter uns eine Feldmesse gefeiert, später eine zweite beim Baons-Kommando. 2/3 meiner Mannschaft waren kommandiert und gingen gern. Ein Altartisch aus wenigen Brettern, darüber ein Kreuz aus zwei ungehobelten Brettern. Vom Kreuz fiel ein Baldachin herab – ein Zelt.

Der Altartisch war geschmückt mit einem Zeltblatt. Zwei Konservenbüchsen mit Blumen, zwei 6,5 cm-Schrapnellhülsen mit Blumen, zwei Holzleuchten – das war der Feldaltar. Und dennoch so schön in der Farbenwirkung, daß ich erst spät die Herkunft der einzelnen merkte. — Viele empfingen die heilige Kommunion, allen voran der Baons-Komandant Oberleutnant Freiherr von Kielmannsegg. Das war schön.

Wie notwendig diese halbe Stunde Nachdenkens mir war. Bin ich noch der Alte? — Ist es in mir nicht kühler geworden? Ist nicht die Seele matt geworden, hat sich nicht allzu Irdisches an sie geheftet? — Hat das Blut nicht über den Geist triumphiert? — So oft gute Vorsätze, so oft das Gelöbnis der Besserung und wie die Stärke, es dauernd zu halten. Unendlich, du Herr des Alls, ist deine Liebe! Kann es für uns schwache Menschen eine süßere Botschaft geben?

30. August – Oberleutnant Drasch, Kommandant der 21 cm-Mörser-Batterie, tödlich verunglückt. Wie es manchmal doch eigenartig zugeht. Nichtsahnend stieg er den Steig zu seinem Beobachtungsstand hinauf. Da traf ihn irgendein ganz blind oder aus Langeweile abgegebener Weitschuß in die Hand, er verlor durch den augenblicklichen Schreck das Gleichgewicht, stürzte ab und erschlug sich. So trifft es einen, wann es bestimmt ist.

31. August – Begräbnis des Oberleutnants i. d. R. Draxl in Unterbreth. Viele Offiziersabordnungen, darunter Artillerie-Brigardier Oberst Sternig, ferner Oberleutnant Nab usw., vorwiegend natürlich Artilleristen. Und doch, wie eigentümlich kalt und nüchtern. — Am Grabe nach Gebeten eine kurze, peinliche Auseinandersetzung zwischen Sternig und dem Pfarrer, wer eine Rede halten soll. Kein Wort des Nachrufes! — Man ging auseinander, wie man gekommen. — Nur ein Moment griff mir ans Herz. Da war ein alter Oberleutnant, schon grau, der sah aufs Grab hin und kämpfte mit den Tränen um den Kameraden. — Als ich abends zur Batterie ritt, entwickelte sich plötzlich eine wilde Schießerei – ein Feuerüberfall unserer Artillerie gegen die Stellung am rechten Slatenik-Ufer.

1. September – Das Stollengeschütz am Kleinen Rombon erhielt einen Treffer in den Stollen. Dem Kanonier Gabrielecic wurden beide Füße abgetrennt, dem Kameraden Altenmarkter – vor einem Monat ins Feld gekommen – riß es eine Seite und die Schulter gänzlich auf, Kamerad Klinger und Siegler verwundet.

2. September – Begräbnis des Gabrielicic und Altenmarker, die beide gestorben waren. — Erfuhr heute auch erst vom Tode des „Scheinwerfer-Franzl" beim kombinierten Zuge. Er erhielt einen Kopfschuß, und trotz dieser höllischen Wunde sagt er noch: „Löschts den Scheinwerfer aus, sonst schießen ihn die Welschen zusammen. Holts Ablösung für mich, es muß eine Ablösung her." — Und als ihm schon

Volltreffer in Geschützkasematte – Foto: onb

der bleiche Tod über die Fingerspitzen und Hände zum Herzen kroch, sprach er noch. Dann verschied der Arme. Er war mir so ein wackerer Soldat, ich hatte ihn wegen seines offenen Wesens recht gern.

Am nächsten Tag war schon der andere Mann am Posten. — „Bei uns Scheinwerfern gehts schon einmal so, entweder Kopfschuß oder Halsschuß. Aber macht nix!", sprachs ‚und schon leuchtete der Schein auf die welschen Linien. — Das ist das stille Heldentum! — Vom Regiment fiel Kadett Himmel von 5/3. — Den Winter über saß er beim Regiment als Zeichner, dann kam er zur Batterie und kurz hernach traf ihn das Blei. — Kadett von Scheuer, kurz vom Kader gekommen, ist verwundet vermißt, ob tot nicht sicher. Er besuchte noch mit den anderen Kadetten-Aspiranten von Batterie 5/3 den Kurs im Mai bei mir. Hoffentlich lebt das junge Blut!

Scheinwerfer auf Gebirgsstellung – Foto: onb

3. September – Heute ein Zeltlager am Rombon mit Granaten weggeschossen. Kurz nach dem Feuereinstellen ein Schuß vom Gegner – etwa 1 m vom ersten Geschütz weg. Das heiße ich gut schießen, alle Achtung.

5. September – Auf Urlaub! Mit Erlaubnis des Batteriekommandanten durfte ich bereits heute abgehen, obwohl erst am 7. Antrittstag war. — Ein echter Schnürlregen durchnäßte mich bis auf die Haut. In der Flitscherklause trocknete ich mich, jedoch der Weg nach Breth durchweichte mich neuerlich. In Tarvis übernachtete ich.

6. September – Vormittag Ankunft in Villach. Abends Weiterfahrt nach Klagenfurt, dort Besuch bei Familie Seirer. Mit dem Nachtschnellzug nach Wien.

7. September – 8 Uhr 30 Ankunft in Wien. Im Hotel Hamerand nahm ich Wohnung. — Zunächst erkundigte ich mich im Dekanat nach den derzeitigen Prüfungsverhältnissen und mußte leider erfahren, daß auf Kriegsdienstleistung wenig Rücksicht genommen werde. — Mit Dr. Tschurtschentaler aß ich in einer Gastwirtschaft zu Mittag und konnte im Preise von 13 Kronen für ein einfaches Mahl von 3 Gängen die Preisverhältnisse mit einiger Befremdung wahrnehmen. — Ganz zufällig traf ich im „Domkaffeehaus" Onkel Lechner und Mama, die von der Salzburgreise zurückgekehrt waren. Das war ein unverhofftes Wiedersehen.

Mizzi war noch nicht in Wien. — Mama ließ bei der Nachbarin von Franz Jungwirth die Post, daß ich um 8 Uhr im Rathauskeller sei. Um 7 Uhr fuhren die beiden nach Tulbing ab. — Tschurtschentaler und ich saßen im Rosensaale, Mizzi kam nicht. Es wurde 8 Uhr 30 – 1 Uhr 30 mein Humor war verflogen. Da plötzlich stand das liebe Mäderl vor mir, sie war eben erst mit dem Zug gekommen. — So ein Schwingen und Singen von Glück und Seligkeit war in mir, als ich sie nach Hause begleitete. — Was ist mir doch meine Mitzel geworden! Ohne sie kann ich mir mein Leben nicht mehr vorstellen.

8. September – Mit dem Zuge nach Tulln, von dort mit Wagen nach Tulbing. Wie schön liegt doch das Pfarrhaus mitten im Garten, ein Plätzchen heiterer Ruhe, so recht geschaffen, um darin glücklich zu sein. Ein Gefühl des Geborgenseins umfängt mich jedesmal, sooft ich seine Schwelle übertrete. Der gute Onkel, die liebe sorgliche Mama, Lotte mit der lieben kleinen Maria und sie, mein Alles, wohnen ja darinnen. Was für ein herrliches Gefühl muß es erst sein, das erste Mal nach Friedensschluß beieinander sitzen zu können, einander endgültig wieder gegeben nach so langer Zeit des Bangens?

12. September – Mit Onkel und Mitzi in der Wiener Kriegsausstellung. Diese ist ungemein reichhaltig und lehrreich. Das Sanitätswesen, die technische Abteilung, die Kriegskunst, das Flugwesen, die Telegrafen- und Telefonabteilung, die erbeuteten Geschütze und Waffen, die beiden Dioramen von Belgrad und Görz, wer könnte das alles bei einem flüchtigen Gange in sich aufnehmen.

Abends besuchten wir die Marine-Schauspiele, die in mehreren Bildern den Heimathafen bei Eintreffen der Nachricht von der Kriegserklärung, einem U-Boot-Angriff, einem Angriff auf den gegnerischen Kriegshafen und die siegreiche Heimkehr der Flotten behandeln.

17. September – Sonntag. In den Kriegsberichten die Meldung von heftigen Geschützkämpfen an der un-

teren Isonzofront und bei Flitsch. Nachmittag kam Dr. Max Franckl zu Besuch.

Um 5 Uhr 30 bringt eine Botin ein Telegramm – meine Einberufung. Die Hastigkeit der Vorbereitung ließ mir keine Gedanken aufkommen.

Um 7 Uhr nahm ich Abschied und fuhr mit Mizzi nach Tulln und Wien. Da jedoch der Schnellzug 20 Minuten Verspätung hatte, versäumte ich den Abendschnellzug und mußte bei Fr. Jungwirth übernachten. Mizzi! Wie tapfer sich mein Mädel hielt. Obwohl es sie druckte gab sie dem Schmerze nicht nach, sondern bezwang ihn bis auf wenige Tränen.

18. September – Eine Viertelstunde letzter Zärtlichkeiten, dann zum Bahnhof und davon. Obwohl ich noch 5 Minuten Zeit gehabt hätte, konnte ichs nicht über mich bringen, noch einmal hinaus zu ihr zu gehen.

5 Uhr Nachmittag Ankunft in Villach, 9 Uhr Fahrt nach Tarvis. Mußte dort übernachten.

19. September – 0 Uhr Ankunft in Breth, von dort zur Batteriestation eingerückt.

Die Italienischen Angriffe: Erfuhr folgendes: Am 15. schoß unsere Batterie gegen ein Alpini-Lager am Karst. Sie wurde daraufhin von 2 15 cm-Haubitzen unter Feuer genommen. Es wurde befohlen, die Geschütze zurückzuziehen und in den Stollen Deckung zu suchen. Das 2. Geschütz war auch zurückgezogen. Der Kommandant Hütter saß im Stollen auf dem Protzstock. — Plötzlich explodierte eine Granate im Geschützstande, Sprengstücke durchschlugen die Mm. Schilde am Stolleneingang und töteten den armen Hütter. RIP. Das Bein dreimal gebrochen, der Bauch und die Gedärme aufgerissen. „Ich hab genug", sagte er noch. Das Geschütz war demoliert.

16. September – Um 7 Uhr früh setzte plötzlich italienisches Massenfeuer aus Minenwerfern und Geschützen ein, das sich zum Trommelfeuer verdichtete. Dann setzte die italienische Infanterie aus der Csuklja -Stellung zum Sturme an. In wenigen Minuten war sie den Hang herunter und in der Mulde hinter den „Totenköpfen" verschwunden. Der 21 cm-Mörser traf dorthin, nach wenigen Schüssen flutete alles in wilder Flucht zurück. — Hierauf versuchten sie neuerlich am Südhang der Csuklja vorzubrechen. — Dies geschah mit Bravour, allein auch hier fegte die Artillerie nach kurzer Zeit alles hinweg und

Zeitungsausschnitt vom September 1916

jagte den Gegner zurück. So wild war diese Flucht, daß die Fliehenden auch noch die Besatzung der Csuklja-Stellung mitrissen. Auch vor dem Rabelnik demonstrierte der Gegner einen Angriff dadurch, daß einzelne aus dem Graben sprangen, freilich sofort wieder in seine schützende Tiefe sprangen. — Am Javorscek drangen die Italiener bis 3 m unter eine Geschütz Stellung vor, wurden aber durch Handgranaten von den Kanonieren vertrieben. Diese mußten erst die Infanterie alarmieren — Am Vršic gingen sie auch kräftig an, aber auch dort vergeblich.

Abends setzte wiederum plötzliches Trommelfeuer auf 10 Minuten ein, dem nach kurzer Unterbrechung ein neuerliches folgte. Die Infanterie setzte nicht an. — Dieser Tag kostete auch uns wiederum einen Toten. Der alte Landsturmmann Dziedciy, ein Pole von der Feldkanone, fiel. Er betete während des Feuers den Rosenkranz, bis ein Volltreffer neben ihm ihn dem Himmel zuführte. RIP. — Ein anderer Treffer legte die Telefonhütte um, in der Leutnant Herz mit beiden Telefonisten weilte. Keinem geschah etwas. Andere explodierten da und dort. Ein anderes Geschütz westlich ? 1001 schoß mit Schrapnellen.

> **Italienischer Kriegsschauplatz.**
> Auf der Karsthochfläche verlief der gestrige Tag ruhiger, da die Angriffskraft der im Kampf gestandenen italienischen Heereskörper sichtlich verbraucht ist. **Vereinzelte Vorstöße des Feindes wurden abgewiesen.** Der Geschützkampf war nachmittags mehrere Stunden hindurch sehr heftig, namentlich im südlichen Abschnitt der Hochfläche. Dort hat sich seit Beginn der Schlacht das Infanterieregiment Nr. 102 durch tapferes Ausharren ausgezeichnet. Bei **Flitsch** und auf dem **Kamme der Fassaner Alpen** schlugen unsere Truppen mehrere Angriffe schwächerer Abteilungen ab.
> **Südöstlicher Kriegsschauplatz.**
> Bei unseren Streitkräften nichts von Belang.
> Der Stellvertreter des Chefs des Generalstabes:
> v. Höfer, FML."

Zeitungsausschnitt vom September 1916

Die 2 Tage kosteten uns 2 Tote und 6 Verwundete. Dafür bekamen aber auch von 12 verliehenen Auszeichnungen die 6. Batterie 3/4!!! — Unsere Offiziersbude hat keine Fenster mehr und ist voller Löcher.

18. September – Nebel. Plötzlich wurde von Infanterie gemeldet die Italiener gingen gegen unsere Totenköpfe vor. — Die Artillerie feuerte in den Nebel

Gipfelstellung – Foto: onb

hinein und unsere Geschütze brachten dem Gegner, im dreieckigen Wäldchen nach abgelauschten Telefongesprächen Verluste von 25 Toten und 41 Verwundeten bei. Auch am Javorscek ging der Gegner neuerlich vergebens an. Nachts war bereits Ersatz für das demolierte Geschütz und ein anderes von der Batterie 5/4 gekommen.

19. September – Regen, Ruhe.

20. September – In der Geschütz-Station des Fähnrichs Robitschek und Kadett von Aichelburg Labia von 5/3. Diese hatten die russische Offensive in der Bukowina mitgemacht. Auch von ihnen das alte Urteil über die Honved – wenig wert. — Es soll sowohl ein russischer als auch ein italienischer Befehl existieren, worin gesagt wird, unsere Infanterie sei schon demoralisiert, nur die westliche Artillerie halte das Ganze noch. — Außerdem spricht man von einem russischen Befehl, wonach jeder westliche Artillerist, der in Gefangenschaft gerate, niederzumachen sei. — Wenn man hört, wie es draußen zugeht, muß man unser Zeitalter ob seiner „Kultur" tief, tief bedauern. — Was soll das für ein Ende geben?

23. September – Heute war eine Kommission hier – wir sollen Stollen für 3 Geschütze bekommen, um auch den Winter über diese Stellung halten zu können.

Gegen 2 Uhr 30 eine größere Schießerei eigener Artillerie gegen Csuklja und Csuklja-Hang. Auch wir wirkten vorsichtig mit und hatten merkwürdigerweise Ruhe. Der 21 cm-Mörser bei Kal wurde arg beledert von 21- oder 28- und 15 cm-Geschützen. — Dürfte nach meiner Beobachtung wohl etwas abbekommen haben. Abends mußten wir uns auf neue Nachtziele einschießen. Zuerst blieb alles ruhig.

6 Uhr 35 kam plötzlich eine Schwere mit mächtigen Aufschlag oberhalb der Mannschaftsbaracke. Eine zweite ging kurz in die Wiese, eine dritte war links seitlich. Bald tat es ihr die Feldkanone von P 1001 nach. Ein Zünder zertrümmerte das Bodenblech des zweiten Geschützes. — Eine Hülse fuhr in den Baum und steckt darinnen, ein Mann von Batterie 5 hatte einen ganz leichten Streifschuß an der Wade abbekommen. Sonst passierte nichts. — Die Schwere muß 21 cm-Kaliber sein, denn der Aufschlag mißt 3 m im Durchmesser.

24. September – Herrlicher Sonnentag.

1. Oktober – Nach Aussage von Überläufern soll in den nächsten Tagen ein Angriff auf der ganzen Linie folgen. — Durch Ablauschung eines telefonischen Gespräches wurde bekannt, daß unser Stollengeschütz am Javorscek unter Fähnrich Schlacher bei den letzten Kämpfen zwei Geschütze auf Jama Planina demoliert hat.

Heute wurde endlich eine Neueinteilung der Abschnitte der einzelnen Batterien unseres Regimentes vorgenommen. Unsere Batterie wird zusammengezogen und zwar am Javorscek-Hang. — Den Rombon übernimmt Batterie 5/3, nämlich der kombinierte Zug und 1313, sowie die Stollen auf dem Kleinen Rombon. Welche Arbeit steckt in diesen Stellungen!

3. Oktober – Mit Oberleutnant Schurli auf Geschütz-Stellungssuche bei Marine 4.

4. Oktober – Vormittag beim Hr. Hauptmann. Mit der Bitte um einen Nachtragsurlaub. Wurde mir gewährt.

Gegen 6 Uhr Vormittag Minen und Artillerieschießerei gegen Csuklja-Hang und Csuklja-Wäldchen. Auch gegen die Geschützstellung kamen einige 8cm Granaten, obwohl wir nicht schossen.

5. Oktober – Nachmittag Feuerüberfall gegen die feindliche Linie westlich „Lattenhaus" – P 477. Die Italienische Artillerie antwortete ziemlich heftig. Auch heute wieder einige 8 cm-Granaten-Grüße von P 1001, obwohl wir nicht mitgewirkt hatten.

Vormittag mit Hr. Hauptmann Schiller und Sappeurhauptmann bei Marine 4. Stellung wurde von Hauptmann für 1 Geschütz angenommen.

Gestern hatte ich mit Pichler einen Krach. Wie dieser es treibt das geht über alle Hutschnur. War da in einer verlassenen Infanterie-Deckung ein Ofen!

8. Oktober – Beschießung der „Regimentsrachel" durch unsere Artillerie.

9. Oktober – Nachmittag großer Feuerüberfall unserer Artillerie auf das „Antoniuswäldchen" nördlich Flitsch, wo nach Aussage von Überläufern Reserven untergebracht sein sollen. — Allgemein erwartet man größere Ereignisse in unserem Abschnitt, ja von mancher Seite wird sogar ein größerer Durchbruchsversuch vermutet. — Ich kann nicht recht daran glauben. — Gestern nachts sind 16 Mann mit dem Feldwebel, vom K&K-Jäger-Bataillon 8, die sich freiwillig auf Patrouille gemeldet

28 cm-Minenwerfer am Rombon – Foto: onb

Schlucht des Isonzo-Ursprunges – Foto: onb

hatten, übergegangen. Russische Serben! Gesindel, verfluchtes.

10. Oktober – 7 Uhr 30, ich war auf der Beobachtung und hatte gerade gefrühstückt – plötzlich allseitig einschreitendes Artilleriefeuer des Gegners auf die ganze Front. Besonders die schwere Artillerie ist stark vertreten. In jener Rachel–Flitsch–Plužna sind Geschütze. Um 12 Uhr hörte das Feuer auf, am Nachmittag um 3 Uhr neuerlich Anfang und hörte um 5 Uhr 30 auf. — Leutnant Herz war auf Beobachtung, ich beim Geschütz. Sämtliche eigene Artillerie war auf Lauer. Nach kurzer Pause setzte um 5 Uhr 45 ein Trommelfeuer ein, das aber nicht lange dauerte. Scharf angestrengt suchten unsere Augen nach der Ausbruchsstelle der gegnerischen Infanterie, bereit sie mit herzlichen Grüßen zu empfangen – nichts war. Da plötzlich neuer „Trommler" - jetzt müssen sie losgehen – wieder nichts! Was soll das heißen? Die Nacht kam unterdessen, der Sturm war ausgeblieben. — Lauten die Kundschafternachrichten wirklich so bedrohlich, daß man uns Artilleristen schon Stellungen – wohlgemerkt Infanterie Stellungen – zuweisen muß, falls die Linie verloren gehen sollte? So etwas gibt's doch nicht! Der Welsche uns überrennen? — Kann ich mir hier gar nicht denken.

Ab 8 Uhr hatten wir strenge Feuerbereitschaft, man war eines Angriffs gewärtig, aus dem natürlich nichts wurde. Obwohl P 806 mit mehreren schweren und leichten Geschützen ununterbrochen beschossen wurde, hatte die Kompagnie 7/26 gar keine, die Kompagnie 8/26 nur einen Toten und 6 Leichtverwundete. Was am Rombon die Beschießung kostete ist mir nicht bekannt. Gestern legte die gegnerische Artillerie eines unserer Positions-Geschütze bei Ravni *[Laz]* um und brachte ein Munitionslager zur Explosion, wobei ein Zugsführer schwer und Fähnrich Wolf unseres Regimentes durch Brandwunden verletzt wurden. Sonst stand heute nur unser 21 cm-Mörser bei Kal unter schwerem Feuer eines 21 cm-Mörser bei Ternovo. — Wie es manchmal geht. Ein Mann deckte sich dort hinter einer dicken Linde, das Geschoss fuhr unter den Baum, entwurzelte ihn, schleuderte Baum und Mann weg, doch dieser blieb heil!

11. Oktober – Den ganzen Vormittag blieb die Front still. Nachmittag um 3 Uhr hatte ich Beobachtungsetzte das gegnerische Feuer neuerlich kräftig an, mit ausgesprochener Tendenz gegen die Totenköpfe. Wir waren bereits auf der Lauer. Um 3 Uhr 30 ging oberhalb von P 1001 ein italienisches Munitionslager in die Luft. Eine große Wolke, aus dieser weiße flammige Streifen in die Höhe, die in einem Kugelwölkchen endeten. Der Anblick war ein Schauspiel wie ein Feuerwerk.

Um 5 Uhr 30 trat Ruhe ein. Es war 5 Uhr 45, mehrere Italienische Raketen bei P 1001 — „Jetzt kommt ein Trommler", sagte ich noch zum Leutnant von den Infanterie-Geschützen und schon war der Teufel los. Gespannt schaute ich auf 806 und auf die Csuklja – da war auch schon wieder Ruhe. Also wieder genarrt! Was wollen die Welschen? Eine bloße Demonstration, das ist meine Ansicht. — Ich habe auch den Eindruck, als ob heute schon weniger Geschütze geschossen hätten. Bei uns war nun Ruhe, im Osten hielt das Feuer noch lange Zeit stark an. — Der 21 cm-Mörser war verschüttet, ein 15 cm-Haubitze hatte einen Treffer einer 21 cm-Granate beim Protzstock und nichts Ernsthaftes geschehen! — Die Straße Kal–Koritnica ist ganz aufgerissen.

Die Nacht scheint unruhig zu werden, denn um 8 Uhr 45 ging am Rombonhang ein Infanterie-Geknalle an, dann schießt wieder Jama östlich 364, dann wieder Italienische Posten in Slatenik. — Was doch die Infanterie für Angst hat. Kaum war am Rombonhang aus den Angstschüssen eines Postens wieder mal eine Knallerie herausgewachsen, stieg auch schon eine rote Raketen-Artillerie-Unterstützung! Und sonst wird nur tapfer über uns geschimpft.

12. Oktober – Vormittag Ruhe und Nachmittag Ruhe. Nachts war es unruhig, teils Infanteriegeplänkel, teils Artillerie Schüsse. Im Süden muß ein heftiger Kampf im Gange sein, da der Boden den dumpfen Schall eines Trommelfeuers deutlich abgab. Wir hatten für heute sicher mit einem Angriff gerechnet, doch es blieb vollkommen ruhig.

13. Oktober – Vormittag nahm eigene Schwere das Geschütz westlich P 1001 unter Feuer, worauf italienische Geschütze westlich Plužna, bei P 410 unten am Isonzo Bruch erwiderten. Eine 15 cm Haubitze wurde durch Volltreffer außer Gefecht gesetzt. Vormittag nahm unsere Artillerie die Rachel südlich Česoča-Kirche unter Feuer. Letztere wurde durch 3 Schüsse abgedeckt. An der Isonzo-Rachel wurden Baracken in Brand geschossen. — Wie mir Fähnrich Cep erzählte, war eine Sturmgruppe der Italiener nur mehr 200 m vom Geschütz „Seppl" entfernt, wurde aber niedergemäht. Auf einem kleinen Fleck lagen 30 Tote, darunter ein Hauptmann und ein Leutnant. Die Bosniaken plünderten diese aus und warfen sie hierauf in die Schlucht zu den Italienern hinunter. Das ist abscheulich! Aber auch der Gegner war tückisch, echte Bravo Naturen, denn der Hauptmann war mit erhobenen Armen zu unseren Linien gelaufen, hatte dort aber einen unserer Offiziere angeschossen! Und beim Leutnant fand man fabriksmäßig hergestellte Dum-Dum-Geschoße, von denen zwei in meinen Besitze sind. Der Mantel ist seitlich aus Messing, das drei lange Schlitze zeigt, sodaß also das Projektil beim Auftreffen auf einen harten Gegenstand ausfranzt und furchtbare Verletzungen zur Folge hat. Das ist der vielgepriesene Kampf für Freiheit und Kultur.

21. Oktober – Urlaub! Die Bewilligung eines Nachtragsurlaub bis 5. November war gestern gekommen. Sofort Abreise nach Villach und Tulbing, dort kam meine Einberufung nach Wr. Neustadt in die Fliegeroffiziersschule. Am 1. November rückte ich dort ein und nach ärztlicher Untersuchung begann am 5. November der Unterricht. Der Kurs endete mit einer Kommissionellen Prüfung am 22. Jänner. — Vorgetragen wurde: Beobachtungsdienst von Hauptmann Cavallar, Meteorologie Oberleutnant Prof. Prey, Kartenlesen und Bilderauswertung Oberleutnant Strohschneider, Fotografie Kleinschütz, Pachleitner der kleine Fotograf von der Ostfront, ein Genie im Fotografieren, er zeichnet seine Bilder im Kopf bevor er auf dem Auslöser drückt, aber der Krieg braucht keine Künstler! Trotzdem ist er nicht unsympathisch. Motorwesen Horbath, Radiowesen Hauptmann Halberstadt, Flugzeuglehre Oberleutnant Ventura. An Kursteilnehmern verblieben nach der ärztlichen Untersuchung und verschiedenen Abkommandierungen 63 Herren, darunter solche aus alten Adelsbeständen wie Graf Zieling, Trautmannsdorf, Simistey, Baron Hazay, Ferstel, Dummreichen usw., den Großteil bildeten Kavalleristen und den weitaus kleineren Teil Infanteristen und Artilleristen. — Auch überwog das ungarische Element weit das österreichische. — Zu einem lieben Freund wurde mir Leutnant Hans Büchele, ein Dornbirner. — Jung von blühender Gesundheit, mit einem klugen, ein wenig arroganten Gesichte war er durchaus nicht allen zugänglich. Da wir ein Zimmer gemeinsam bewohnten, kamen wir uns in vielen Aussprachen, insbesondere über die Stellung des Mannes zur Frau, innerlich so nahe, wie ich es wenigen meiner Brüder war. Der Wert einer sicheren sorgfältigen Erziehung, der Einfluß einer liebevollen, sittlich hochstehenden Mutter war bei ihm unverkennbar. Wenn auch von leichtem Blute, edelrassig und lebhaft im ganzen Wesen, verfiel er doch auch in der Liebe ins Triviale, sondern bewahrte sich in seiner Gesinnung eine gesunde, idealistische Richtung.

Seinem glücklichen Wesen war der Verfall alter, heiliger Moralbegriffe noch fremd, ihm war Liebe noch heiliges Glück, war Treue noch Treue, ihm war die Frau noch verehrungswürdig und nicht die willkommene Beute gieriger Lust. Von ihm konnte man noch Worte zarten Empfindens, Worte eines unverdorbenen Herzens hören, das den Glauben an das Gute in dem Verhältnis zwischen Mann und Weib nicht verloren hat, das darin mehr sieht und sucht als eine verdienstlose Versorgung und sanktionierte Buhlerei. Das war es, was mich an ihm anzog, was mich ihm zu einem lieben Freunde werden ließ.

Kurze aber gute Gespräche auch mit dem Fotografie-Lehrer Pachleitner, obwohl ich seine offensichtlich absichtlich, schlechten Kenntnisse der Bewaffnung nicht teilen konnte. — Außer ihnen trat ich keinem näher. Sonstige Kameraden waren noch: Leutnant Treer, Leutnant Papesch, Schäfer, Dumreicher, Duller, Wödl, Buhl usw. — Entgegen den

Hangar der Fliegeroffiziersschule Wiener Neustadt

anfänglichen Erklärungen des Hauptmann Cavallar, wonach jedoch Protektion verpönt sei und jeder nur nach seinen Kenntnissen beurteilt werde, habe ich doch noch nirgends beim Militär eine solche Günstlingswirtschaft gesehen als gerade in der Fliegerschule des Hauptmann von Cavallar. — So sympathisch mir dieser Mann anfangs schien, so abgeneigt war ich ihm gegen Ende des Kurses. Wären nicht die sonntäglichen Absentierungen nach meinem Tulbing gewesen, ich wäre in dieser geistigen Vereinsamung unglücklich gewesen. Sie, meine Mizzi, schenkte mir Stunden schönen Glücks, innerer herzlicher Freude. Der Abschied wurde mir diesmal merkwürdig schwer, da ich sah, wie nahe dem Mädel diese neuerliche Trennung, diese neuerliche Ungewißheit ging. — Und tapfer hielt sie sich letzten Endes doch, nur um mir das Gehen nicht schwerer zu machen.

28. Jänner 1917 – Ich traf in Villach ein. — Vormittag meldete ich mich bei der Kompanie, zu der mein Brief als „Klerikaler" bereits voran geeilt war. Der stellvertretende Kompanie-Kommandant Oberleutnant Urban – Hauptmann Stoisavlevic ist zu KD nach Wippach abkommandiert – empfing mich formell liebenswürdig; Oberleutnant Franks erste Frage war: „Nicht wahr, du bist ein Klerikaler?" — Worauf ich selbstverständlich nur eine einfache Bejahung als Antwort hatte. Schien er so-

nach nicht gerade ein liebenswürdiger Kamerad zu sein, so zeigte er sich später doch von einer besseren und angenehmeren Seite.

Leutnant Petzolt, ein aktivierter Reservist, sehr flugbegeistert und tätig, aber auch von seinem Können und seiner Stellung als alter Beobachter sehr eingenommen. Bei Debatten läßt er manchmal den richtigen Takt missen, ist derb, ohne daß er mit Absicht verletzend sein wolle. — Oberleutnant Fischer i. d. R, ein ehemaliger Aktiver, wäre ein ganz angenehmer und zugetaner Kamerad; seinen Anschauungen nach ist er radikal reinsten Wassers, debattiert gerne, aber springt von einem Gegenstand auf den anderen. — Obwohl verheiratet und Vater von zwei Kindern, geht er oft häßlichen Liebesaffären nicht aus dem Wege. — Leutnant Pasient, ein Madjare, ist ein lieber Kamerad. Unerfahren, wie er scheint, gerät er aber leider auch mehr und mehr in das Fahrwasser der anderen. — Leutnant V. Becker, ein Kurskamerad, Sohn des Admirals v. Becker, Jurist und Kunstakademiker, ist als Soldat jedenfalls tüchtig, als Mensch ist er von den gleichen materialistischen Anschauungen erfüllt wie die anderen. — Leutnant i. d. R. Friedrich u. Major i. d. R. Neogrady sind mir bereits vom Sommer her bekannt. — Dies zur kurzen Charakteristik. Eine feinere zu geben bedarf es längerer Beobachtung und Abwägung.

Flug über Isonzo-Tal

31. Jänner – Erster Flug mit Zugsführer Ehret. — Aufgabe: Erkundung der Drahtseilbahn Plužna–Rombon, Flugdauer 2 Stunden, Höhe 3900 m. — Mit Erfolg. Endstation bei Plužna und Trasse zwischen P 1073 und P 1696 durch einen Walddurchschlag festgestellt. Aufnahmen bei cirka 36 Grad Kälte.

2. Februar – Zweiter Flug mit Leutnant Friedrich — Aufgabe: Aufnahmen bei Pontebba u. Straßenaufklärung Fella–Raccolana*[-Tal]*–Isonzotal bis Karfreit. — Flugdauer 2 Stunden, Höhe 3800 m — Mit Erfolg. 14 Aufnahmen. Endstadion der Drahtseilbahn endgültig bei guter Sicht festgestellt. — Herrlicher Flug bei großer Kälte, aber prachtvoller Fernsicht auf Tauern, Dolomiten u. Ötztaler Alpen sowie bis Laibach.

8. Februar – Dritter Flug ins Feindesland mit Feldwebel Sakravsky. — Flugdauer 2 Stunden, Höhe 3200 m — Aufgabe: Artillerie-Aufklärung im Flitscher Becken und Straßenaufklärung bis Karfreit. — Sehr guter Erfolg! Neu endeckt: — Schwere Batterie südwestlich Plateau zu Krain, Am Polovnik östlich P 1476, am Nordhang des Polovnik südlich P364 in den Racheln südöstlich Plužna usw. — Der Generalstabsoffizier war überaus befriedigt und sprach seine Anerkennung aus. 22 sehr gute Aufnahmen. — Es ist traurig, welche Sittenlosigkeit allmählich einreißt. — Frauen, verheiratete Frauen, geben sich hin wie die nächstbeste Dirne. — Die Frau eines Villacher Kaufmannes geht mit einem Offizier nach Wien durch, ihr Mann geht aus Kränkung ins Wasser. — Eine andere Frau, deren Mann am Isonzo steht, unterhält ganz öffentlich ein Verhältnis zu einem Hauptmann und wurde vom Offizier Dirner in dessen Zimmer überrascht. — Zwei Marburger Frauen stiegen auf einer Reise nachts in Villach aus und wollen im Hotel Post Wohnung nehmen. Vor dem abgeschlossenen Haustore treffen sie mit zwei Offizieren zusammen, die im Hotel wohnen, eine kurze Unterhaltung und beide werden noch in derselben Stunde trennvergessen. — Mußte ich mich schon mit vielem abfinden, dieser Fall bleibt mir ganz unverständlich, wie Frauen angesehenen Standes sich einem ganz beliebigen Manne so selbstvergessen in die Arme werfen können. — Man fragt sich verzweifelt, ob man bei solchen Erfahrungen eine Frau doch noch als treu ansehen darf.

Man erzählt sich auch von einer aufsehenerregenden Razzia im Parkhotel, wobei so manche „ehrsame" Frau und so manches „unschuldige" Mädel auf die Straße gesetzt worden sei. — Ekel, tiefster Ekel steigt mir auf. Die Treue mag oft nicht leicht sein, aber sie ist doch der schönste Schmuck der Frau. Hat sie die Treue gebrochen, muß sie selbst innerlich zerbrechen.

15. Februar – Leutnant Becker und Zugsführer Höllriegl bei Landung schwere „Kraxe". — Leutnant Guggenberger, Korporal. Hollmann mit 2977 Abwehrflug gegen Hermagor. Dauer 55 Minuten. Höhe 3200 m. Apparat bei Landung schwer havariert.

18. Februar – Leutnant Guggenberger Fähnrich Ehret mit 5833 Auftrag Verkehrsaufklärung, Artillerieaufklärung. — Route: Promos–Monte Crostis–Monte Vas–Navagiust–[Monte] Peralba–Scheibenkofel–Cadin — Start: 0 Uhr 45, Dauer 2,35 Stunden. Höhe: 3800 m, 18 Aufnahmen. — Erster Besuch meiner Heimat als Flieger, die wir durch einige Spiralen grüßten. — Wie mir nachträglich mein Bruder Karl schrieb, herrschte darüber oben große Freude, mein kleiner Neffe Karl Engl soll immerfort gerufen haben: „Onkel Leopold kumm oba, kumm oba!" Und zum Schlusse resignierend: „Er hert nie richtig zua!"

22. Februar – Leutnant Guggenberger, Korporal Hollmann 2762 — Auftrag: Straßenverkehr nach Dogna–Raccolana–Flitscherbecken. — Detailaufklärung am Südhang des Mittagskofels und im Raume östlich Schutzhaus Nevea[sattel]. — Route: Mittagskofel–Dogna–Raccolana–Flitscherbecken. — Start: 2 Uhr 17, Dauer 2,5 Stunden, Höhe 3700, 5 Aufnahmen. — Leutnant Hüttisch und Zugsführer. Sakravsky mit 6800 Schwere „Kraxe".

28. Februar – 6807, Leutnant Guggenberger mit Korporal. Hollmann Auftrag: Verkehrsaufklärung. — Detailaufklärung im Raume [Monte] Dimon. — Route: Pontebba–Tolmezzo–Ampezzo–Deganotal–[Monte] Peralba–[Monte] Dimon–[Monte] Cuar. — Start: 1 Uhr 5, Dauer 3 Stunden, Höhe 3600 m, 12 Aufnahmen.

3. März – Artillerie-Schußbeobachtungskurs (Leutnant i. d. R. Gierßig, Sorger, Hüttisch u. Fhr. Schatz rückt zur Truppe ein.

6. März – 5. Artillerie-Kurs rückt ein: — Oberleutnant Czerniczky Fritz g. H. Bt 1/11 — Leutnant i. d. R. Burgerstein Lothar — Dr. Berger Josef — Payer Hans

Bruchlandung in der Nähe des Flugfeldes von Villach

Information über Kriegserklärung der Amerikaner

Soldaten der österreichisch-ungarischen Armee!

Ein neuer Feind tritt gegen Euch ein!

Die Vereinigten Staaten von Amerika haben Deutschland den Krieg erklärt. Auch Oesterreich-Ungarn wird in dem neuen Streit mitgerissen sein. Alle Kulturvölker sind nunmehr gegen die Regierungen der Zentralmächte, die Urheber des Krieges, aufgetreten und verklagen sie vor der ganzen Welt als die grausamen Verletzer jedwedes Rechtes und jedwedes Menschheitprinzipes.

Amerika verkündet der ganzen Welt an der Seite der Entente für die heiligen Rechte der Menschheit und der Kultur, für die Freiheit und das friedliche Zusammenleben aller Völker ins Feld zu ziehen. Amerika erklärt sich zu jedem Opfer und jeder Tat bereit um den Krieg mit Entschiedenheit bis zum Siege zu führen. Deswegen mobilisiert es, ohne zögern, die eigene Flotte und vermehrt es das eigene Heer um 500.000 Mann.

Amerika stellt sofort den Ententestaaten ihre grenzlose finanzielle, industrielle und wirtschaftliche Mittel zur Verfügung und liefert ihnen, in grosser Menge, Geld, Waffen, Munition und Lebensmittel.

Soldaten der österreichisch-ungarischen Armee! Seid dessen bedacht was Euch in der Zukunft vorsteht!

Guggenberger mit Fliegerkollegen

7. März – Eingerückt: — Oberleutnant i. d. R. Ulrich Graf Kinsky, U. R. 11 — Hans Mößlacher

19. März – Leutnant Guggenberger, Zugsführer Höllriegl — Auftrag: Verkehrsaufklärung. — Detailaufklärung im Flischerbecken. — Route: Flitscherbecken-Fellatal. — Start: 9 Uhr 45, Dauer 2 Stunden, Höhe 3800 m — 17 Aufnahmen

20. März – Flug 616 — 6859 Leutnant Guggenberger, Fähnrich Ehret. — Auftrag: Verkehrsaufklärung. — Detail: Flitscherbecken — Start 7 Uhr 25, Dauer 2,5 Stunden, Höhe 3500 m — Route: Fella–Raccolana–Isonzotal bis Karfreit — 3 Bilder

27. März – Oberleutnant Franz Bernhofer eingerückt von Flieger-Kompagnie 2/8

30. März – Leutnant Berger Josef zur Stammtruppe einrückend gemacht. — Leutnant Löcher Hans rückt zur Kompagnie ein. — Leutnant Rucker Hans rückt als Beobachter zur Kompagnie ein.

8. April – 618 — 6811 Leutnant Guggenberger, Leutnant Friedrich — Auftrag: Verkehrsaufklärung — Detailaufklärung von P501 Teufelsstufe am Rombon — Route: Fella–Dogna–Raccolana–Isonzotal — Start: 6 Uhr 35, Dauer 1,75 Stunden, Höhe 3800 m, 14 Bilder

12. April – Hauptmann Stoisavljevic Raoul rückt zur Kompagnie. ein und übernimmt dieselbe.

17. April – 6924 Leutnant Guggenberger, Hauptmann Stoisavljevic, Route: Tarvis und retour — Wegen tiefer Wolken Aufklärung unmöglich — Start: 8 Uhr 53, Dauer 42 Minuten, Höhe 3200

Um 0 Uhr 45 wurde plötzlich ein feindlicher Flieger aus dem Gailtal Richtung Villach gemeldet. — Startete um 0 Uhr 55 Oberleutnant Bernhofer mit Feldwebel Fink — 1 Uhr 05 Leutnant Guggenberger Leutnant Fridrich — 1 Uhr 20 Hauptmann Stoisavljevcz — 1 Uhr 35 abermals mit Oberleutnant Kreisky — 1 Uhr 40 Oberleutnant Frank mit Zugsführer Hollmann. — Leutnant Friedrich und ich verfolgten ihn bis nach Völkermarkt, dort verschwand er in einer Wolke, auch wir kamen in eine Regenwolke und kehrten um.

Unterdessen war der Gegner im Rosental wieder zurückgeflogen, in Villach von den anderen empfangen worden und ging unter Aufgabe jedes Widerstandes in Maria Gail um 2 Uhr 15 auf einem Acker nieder. — Sie suchten den Apparat zu verbrennen, es wurde der Brand jedoch durch das Eingreifen der Kompagnie baldigst erstickt. — Die Insassen wurden gefangen genommen. — Capitano Lingarelli und ein Marschall. — Völkerwanderung der schaulustigen Villacher nach Maria Gail. — Die Kompagnie erhielt unter P. R. No 2084 vom 17. 4. Vom K&K 10. Armeekommando folgendes Belobigungsdekret: „Ich spreche der braven Fliegerkompagnie für die geschickte und erfolgreiche Verfolgung und Bezwingung des feindlichen Flugzeuges am 17. April 1917

Flugapparat von Guggenberger

die belobende Anerkennung des Armeekommandos aus. Die Verteilung der Prämie wird folgen."

18. April – 6859 Leutnant Guggenberger, Feldwebel Sakravsky — Start 0 Uhr 55, Dauer 35 min, Höhe 2200 m — Aufgabe wegen zu starken Gegenwindes nicht durchgeführt. — Italienischer Rumpfapparat über unserem Flugfelde. Zwei vergebliche Aufstiege unsererseits.

19. April – 623 — 6859, Leutnant Guggenberger, Feldwebel Sakravsky, Auftrag Verkehrsaufklärung — Detailaufklärung Dvor- und Isonzorachel. — Route: Pontebba-Dogna-Raccolanatal-Flitscherbecken. — Start: 9 Uhr 10, Dauer 1 Stunde 47 Minuten, Höhe 2900 m, 8 Bilder

21. April – Inspizierung durch eure Exzellenz den Herrn Armeekommandanten Generaloberst Freiherr von Krobalin.

28. April – 646 — 2976 Leutnant Guggenberger, Korporal Cerny — Auftrag 1. Einschießen eines 21 cm-Mörsers auf Batterie südwestlich Jana Pl. — Route: Flitscherbecken — Es konnte nur auf Ternovo geschossen werden, da später infolge Wolken das 1. Ziel nicht mehr sichtbar war. — Start 9 Uhr 30, Dauer 2,5 Stunden, Höhe 4870, 2 Bilder

1. Mai – 651 — 6811 Leutnant Guggenberger, Hauptmann Stoisavljevic, Start 9 Uhr 20, Dauer 2,5 Stunden, Höhe 3800 m — Auftrag: Einschießen auf Jana Planica Batterie. — Route: Fella–Dognatal–Flitsch — 7 Bilder — Schießen wurde wegen eines Mißverständnisses abgebrochen. 1 Treffer bei mittleren Geschütz erzielt.

3. Mai – Leutnant i. d. R. Hans Bucher mit Leutnant i. d. R. Friedrich schießt beim Seebachtal einen Farmann ab. Niedergang im Raccolanatale mehrseitig beobachtet. — Abgang des 5. Artillerie Kurses.

8. Mai – Einrücken des 6. Wie auch: Brekonpil Robert, Berhard Adolf, Richter Friedrich, alle Leutnant i. d. R.

14. Mai – Hauptmann Stoisavljevic an die deutsche Westfront abgegangen.

15. Mai – Einrücken des Leutnant i d R. Hans Keller und Reich aus der Fliegerschule zur Flieger Kompagnie 16.

16. Mai – Leutnant Guggenberger auf Urlaub gegangen.

17. Mai – Einrücken der Leutnants i d R. Stefan Hofer und des Leutnants Franz Pilek aus der Fliegerschule

19. Mai – Leutnant i d R. Bernhard auf Befehl vom 10. Armeekomando zur Stammtruppe eingerückt.

23. Mai – Letztes Rigorosum an der Wiener Universität mit genügendem Erfolge bestanden.

24. Mai – Promotion zum Dr. Juris.

25. Mai – Leutnant i. d. R. Paluch zur Kompagnie in den Artillerie-Kurs eingerückt

26. Mai – 2830 Einsitzer, Feldwebel Funk — 15. Korpskommando 10 Uhr 45 Vormittag vom 25. 5. — Eigener Kampfflieger greift um ca. 10 Uhr im Raume Kueza–Paniteve–Baza di Modreja einem bombenwerfenden Caproni an und zwang ihn zum Niedergehen im Raume Jeza–[Nova] Gorica–Hum. — 15. Korpskommando

27. Mai – Bombenflug nach Raccolana

2976 Oberleutnant Bernhofer, Feldwebel Ehret

6903 Leutnant Rucker, Zugsführer Hollmann
6921 Oberleutnant Frank, Leutnant Friedrich
6811 Leutnant Neogrady, Kpl. Cerny
6835 Leutnant von Becker, Feldwebel Sakravsky
2876 Offiziers-Stellvertreter Siegel Einsitzer
2830 Feldwebel Funk Einsitzer

Auftrag: Bombardement des Munitions- Depots in Raccolana. — Es wurden 200 kg Sprengstoff (120 kg Carbonit, 80 kg Ekrasit) abgeworfen. Gutes Resultat.

29. Mai – Leutnant Reich krank gemeldet. — Leutnant i. d. R. Dr. Jur. Guggenberger vom Urlaub eingerückt.

1. Juni – Oberleutnant Willmann von der Flieger-Kompagnie 10 zur Flieger-Kompagnie 16 eingerückt.

4. Juni – Besuch ihrer Majästät in Villach. — Es starteten 5 Aufklärungs- und 2 Kampfflieger zur Huldigung. — Die Begeisterung bei der Fahrt ihrer Majestät war unvergeßlich, man sah, wie alle Liebe unseren jungen tatenfrohen Kaiser zuflog. — Ich selbst war auf dem Hauptplatz aufgestellt und konnte gut die offenkundige Rührung im jugendlichen Angesichte des Kaisers über diesen stürmischen Ausbruch der Begeisterung des Volkes sehen. — Nachmittag ging ich in den Abschnitt 1 zu Instruktionszwecken ab.

5. Juni – Meldung beim 94. Kommando. — Infanterie. Bataillon 3/7 in Cellonschulter. — Oberleutnant Gradl — Nächtigung bei Baon 3/7. — Auf die Cellonschulter mußte ich über mindestens 2000 Stufen steigen. — Bei Dellach im Gailtal ging ein

Stellungen bei Flitsch

Flitscher Becken

italienischer Rumpfapparat Type SAML (societa anonyma mechanica lombarda) wegen Motordefektes nieder. — Flugzeug stammt vom Flugfelde Villaverla (Trentino). Bemannung: Italienischer Leutnant Walter Blasi, Unteroffizier Pilot Carlo Balbo. — Apparat ist Nachahmung unserer Ravalik Type mit 240 PS Fiat Motor. — Beide Gefangene machten viele wichtige Aussagen.

6. Juni – Kl. Pal. Besatzung Jäger Bataillon N. 8. — Der Pal ist nicht mehr zu erkennen. — Unsere Falkenstellung war überaus stark ausgebaut worden, aber trotzdem zerschossen und verlassen. — Der Pal selbst ist wie ein einziges unterirdisches Höhlen- und Gangsystem. Wo ist die Gemütlichkeit des Sommers 1915! — Oberleutnant Lemesic der 25. Brigade war auch oben. Ein überaus energischer aber gescheiter Offizier mit einem Verständnis und Pflichtbewusstsein, wie ich es selten bei Stabsoffizieren getroffen habe. — Abends zum Infanterie. Bataillon 1/7 auf den Freikofel, dort Vortrag und Nächtigung.

7. Juni – Früh auf Großen Pal, dann Vormittag über Südhang Polinik zur Gebirgsbatterie in der Polinikscharte, Von dort zum Artillerie. Gruppen Kommando Hauptmann Oppitz auf Schrochebier und abends über [Kötschach-]Mauthen nach Würmlach.

8. Juni – Vormittag nach Weidenburg-Kronhof zur Seilbahn-Station mit Seilbahn auf Köderhöhe zum Artillerie-Gruppen Kommando Hauptmann Kammerl, wo ich auch Leutnant Andric traf. Von dort zurück ins Tal und zum Abschnitts-Kommando Major Iborovsky, wo ich nächtigte.

9. Juni – Früh auf kleiner Trieb, zum Landwehr Sommerlager und zum Artillerie-Gruppen-Kommando. Zollner Höhe und 1930 und zurück zum Sommerlager, dort Nächtigung.

10. Juni – Zum Abschnittskommando Findenigkofel u. Artillerie Kommando Puratis am Vormittag mit Seilbahn zur Bodenmühle und hernach im strömenden Regen nach Kirchbach, wo ich bei Unterberger beste Aufnahme fand.

11. Juni – Vormittag zum Brigade-Kommando Grafendorf und abends mit Zug nach Kötschach. Dort wollte ich von Oberleutnant Preutl einen Wagen für

den nächsten Tag, was mir aber unter verletzenden Worten abgewiesen wurde.

12. Juni – Am Vormittag zum 25. Artillerie-Brigade- Kommando auf Lamprecht, dann mit Leutnant Birnsteiner auf Mauthner Alm, abends wieder ins Tal nach St. Jakob.

13. Juni – Am Vormittag nach Birnbaum, am Nachmittag nach Nostra, dort Nächtigung.

14. Juni – Am Vormittag zum Schützenheim mit Pferd, dann mit Seilbahn auf den Judenkopf und schließlich mit einer Handseilbahn zur Stellung westlich des Rauchkofels 2460. Am Nachmittag nach Nostra mit Pferd. Nächtigung.

15. Juni – Am Vormittag mit Major, Langhammer (Artillerie-Gruppen-Kommandant) und Hauptmann Feldjägerbataillon 30 ins Niedergailertal mit Pferd, dann zur „Kismet"-Hütte, auf das Lalmerjoch und gegen die Steinwand zu. — Am Nachmittag mit Huber Hansl nach Liesing, dort Nächtigung.

16. Juni – Am Vormittag Liesing-Lorenzen. Von hier zu Mittag mit der Seilbahn zur Frohn-Säge, dann zum Kommando u Enzian Hütte, von dort mit Seilbahn aufs „Hochalpl", dann Aufstieg auf die Peralba. — Wegen Nebel leider nicht viel zu sehen. Nächtigung auf einer kavernierten Offiziershütte!

17. Juni – Sonntag 4 Uhr früh Abmarsch von Peralba nach Enzian Hütte–Luggauertal–*[Maria]* Luggau. Dort Ankunft zur Zeit des Amtes, und mein erster Gang führte mich ins traute, liebbehaltene Kirchlein meiner Heimat. — Wiedersehensfreude! Und dennoch, so still fand ich das Dörflein. An Nahrung litt ich keinen Mangel.

18. Juni – Besuch bei P. Lothar in Untertilliach. So lustig war diese Knödelpartie mit Hindernissen – zuerst waren die Knödel in ganz Tirol nicht zu haben, nach 1,5 Stunden aber kam dort eine volle Schüssel-allerdings nicht wie in vergangener Friedenszeit.

20. Juni – Abfahrt mit Kurswagen von *[Maria]* Luggau nach Kötschach, nachts mit Auto nach Dellach und von dort mit Frühzug nach Villach. — Man muß sagen, nach dem, was ich so gehört habe, viele Offiziere tun wirklich alles, um das Militär unbeliebt zu machen. Nie gekannte Krankheiten breiten sich unter dem Weibsvolke des Tales aus. Der frühere köstlich naive Sinn ist dahin, die glückliche Unberührtheit zerstört. — Da viele Arbeitskräfte mangeln, wollte die Bewohnerschaft solche Bergwiesen, die sie nicht bearbeiten kann, dem Militär zur Verfügung stellen. Es wären ca. 1500 Zentner Heu daraus zu gewinnen gewesen. Nicht ein Halm wurde gemäht, wohl aber wollte man im Winter sogar noch rekurrieren! — Onkel hielt man lange für verdächtig, es wurde seine Post eigens zensuriert, bis man endlich auch einen Brief Conrad von Hötzendorfs darunter fand!

Guggenbergers Elternhaus

Flitscher Becken – Foto: onb

21. Juni – Vormittag Ankunft, am Nachmittag kam meine liebe Mitzi zum Sommeraufenthalte an.

22. Juni – Oberleutnant Willmann und Zugsführer, Hollman Luftkampf ohne Erfolg. — Feldwebel Funk dekoriert mit der „Goldenen Tapferkeitsmedaille" — Korporal Cerny mit der „Silbernen 2. Klasse"durch Exzellenz Generaloberst Freiherr von Krobalin.

23. Juni – Offizier Stellvertreter Siegl erfolgloser Luftkampf mit Type SAML bei Cividale.

24. Juni – Leutnant Hofer mit Hauptmann Stoisavljevic im Watschig notgelandet.

Mein erster Luftkampf

25. Juni – Oberleutnant Mößlacher und Zugsführer Passer Luftkampf mit 2 Farmaus im Flitscherbecken ohne Erfolg. — 736: 2954 Leutnant Guggenberger, Korporal Cerny, Auftrag: Fernaufklärung — Fotografieren Mte Chiadenis, Monte Cimon. — Route: Peralba Mte Crostis–Paluzza–Cluarstal–Onpatal–Moggio *[Udinese]*–(Dogna und Raccolanatal) — Start 9 Uhr 20, Dauer 2 Stunden 20 Minuten, Höhe 4000 m — Über Chiusaforte von 2 Nienports energisch angegangen und in endlosem Kurvenspiel auf 1100 m heruntergedrückt, meinte ich im günstigsten Falle in Gefangenschaft zu geraten. Unheimlich höher und höher wurden die Berge und ich sah voraus, daß wir, noch zu weiteren Kurven gezwungen, notlanden, wahrscheinlich aber in einer Wand zerschellen müßten. — Trotz allem hatte ich noch Zeit, an Lieb und Heimat zu denken. Einmal waren wir schon daran, ins Seebachtal zu entwischen, als wieder einer uns vorne den Weg abschnitt. — Da endlich, als ich schon alle Hoffnung auf Heimkehr aufgegeben hatte, ließen die Gegner einige Augenblicke vom Kampf ab, und diese Sekunden benützten wir, um ins Fellatal einzubiegen, denn darin verlor der Nienport notwendig die Bewegungsfreiheit und mußte ablassen. Und so geschah es. Heitere Ruhe überkam mich und trotzdem wir nur 500 m über den vielen Lagern darüber und zwischen den Hangstellungen durchflogen, die Leute aus den Baracken stürzten und auf uns schossen und knallten, hatte ich den unbedingten Glauben, nunmehr könne uns nichts mehr zustoßen und tatsächlich waren 3 unbedeutende Treffer im Apparat alles, was uns an den Kampf erinnerte.

27. Juni – Leutnant i. d. R. Stefan Hofer und Offizier Stellvertreter Liegl, Apparat erhielt über dem Flitscherbecken einen Hülsenvolltreffer durch die rechte untere Tragfläche in den Beobachtersitz Leutnant Hofer fährt hierbei in den Tod, indem ihm der Unterleib aufgerissen und das Rückgrat gebrochen wurde. Der Oberkörper hing über die Bordwand heraus und nur der ruhigen Kunst eines Liegl konnte es gelingen das Flugzeug mit dem Toten glatt auf dem Flugfelde zu landen.

Vormittags wurde mir und Korporal Cerny die belobende Anerkennung des des 10. Armeekommandos mittels Dekret unter Personal-Besitz-Nummer 3788 vom 26/67 ausgesprochen. — Hierzu hatte mich Hofer noch beglückwünscht!

8. Juli – 747 ohne Erfolg. — 2954 Leutnant Guggenberger, Zugführer Passer — Start 8 Uhr 20 Dauer: 1 Stunde 40 Minuten Höhe 3500 Meter — Route: Dognatal–Flitsch–Karfreit — Wegen geschlossener Wolkendecke umgekehrt, Auftrag nicht durchgeführt.

9. Juli – 740 — 6924 Leutnant Guggenberger, Zugsführer Passer — Auftrag: Straßenaufklärung Dogna–Raccolana–Isonzotal. — Route: Zweispitz-Inplan–Rombon–Karfreit — Start: 9 Uhr 05, Dauer 1 Stunde 37 min, Höhe: 3900–4500 m, 10 Bilder

10. Juli – Liegt erhält vom Armee Kommando Belobigung

13. Juli – Geschwader-Flug nach Dresenza [picco] und Bombardement dieser Ortschaft mit 40 kg Sprengstoff – 4 Treffer erzielt

Oberleutnant Pezolt, Zugsführer. Hollmann; 2976
Leutnant Rucker, Zugsführer Cerny; 6903
Leutnant Bilek, Zugsführer Passer; 6924
Oberleutnant Willmann, Zugsführer Wenzel; 2954
Hauptmann Stoisavljevic; 2830

14. Juli – Luftkampf mit Erfolg — Hauptmann Stoisavljevic schoß über Mte. Cullar einen Farmau ab, der nach Frontmeldung brennend abstürzte.

Isonzotal aus 3800 m

Unsere Flieger über Venedig.
Erfolgreiche Bewerfung des Arsenals mit Bomben.

Kriegspressequartier, 15. August.

In Beantwortung der in der letzten Zeit durch die Italiener dreimal hintereinander stattgefundenen Flugangriffe und Bombenwürfe auf Pola fand in der Nacht vom 13. auf den 14. August ein **großer, kombinierter Luftangriff gegen das Seearsenal von Venedig** statt.

Die Italiener haben die berühmte, alte Kunststätte zu einer erstklassigen Festung und zum Hauptwaffenplatz der italienischen Armee ausgestaltet. Venedig bildet heute den **größten Hauptetappenort hinter der italienischen Front** mit einem großen Seearsenal, zahlreichen industriellen Etablissements für militärische Zwecke und Munitionserzeugung, weiters Fabriken für Torpedos und Schiffsbauanstalten.

Während Pola, dem die letzten italienischen Fliegerangriffe gegolten hatten, nur einen Marinestützpunkt bildet, ist Venedig außer als derzeit wichtigste Seefestung und Kriegshafen auch gleichzeitig wegen der Versorgung der Landarmee durch die dort aufgestapelten Vorräte und Erzeugnisse aller Art eine Kraftquelle für die italienische Armee. Diese Quelle zu schwächen, war der Zweck unseres Fliegerunternehmens.

Der Angriff wurde von Marine- und Landfliegern durchgeführt. Trotz des ungünstigen Wetters und schlechter Beleuchtungsverhältnisse sowie heftigsten Abwehrfeuers, das bedeutend stärker war als im Vorjahre, ging die Fliegerstaffel unseres kühnsten Seefliegers des k. u. k. Linienschiffsleutnants v. Banfield im Gegensatz zu den Italienern, die ihre Angriffe auf Pola aus einer Höhe von 3000 bis 4000 Metern ausführten, um so gegen das Abwehrfeuer geschützter zu sein, **bis auf 800 Meter herunter und belegte mit schwersten, schweren und Brandbomben die Arsenale mit bestem Erfolge**. Auch unsere Landflieger warfen **über eine Tonne Bomben auf das Arsenal** ab und beobachteten **Brände**.

Begreiflicherweise mußten beim Absteigen auf diese geringe Höhe auch unvermeidliche Verluste mit in Kauf genommen werden, ohne die bei derartig mutig und schneidig durchgeführten Unternehmungen kein Erfolg zu erringen ist.

Unsere Flieger bewiesen auch in zahlreichen heftigsten Luftkämpfen mit den zur Verteidigung aufgestiegenen italienischen Kampffliegern ihre Tüchtigkeit.

Die Italiener hatten in den letzten zwei Tagen zweimal hintereinander mit ihren Luftgeschwadern im Raum von Aßling Bomben abgeworfen, hiebei aber nur Waldbrände verursacht. Im übrigen hatten unsere Flieger in mehrfachen Luftkämpfen an der Front gestern 5 feindliche Flieger abgeschossen.

Zeitungsausschnitt vom August 1917

Das Seearsenal von Venedig bombardiert.

„Ereignisse zur See."

Als Erwiderung auf die letzten Fliegerangriffe auf Pola führte in den frühen Morgenstunden des 14. August eine größere Anzahl von Seeflugzeugen im Zusammenwirken mit Landflugzeugen gegen das Seearsenal von Venedig eine Unternehmung aus, die trotz widriger Witterungsverhältnisse und sehr starker Gegenwirkung durch Geschützfeuer und feindliche Abwehrflieger **sehr guten Erfolg hatte**. Unsere Flugzeuge konnten aus geringer Höhe sehr gute Einschläge der schweren und leichten Bomben von etwa vier Tonnen Gesamtgewicht und Brandwirkung beobachten. Ein Seeflugzeug und zwei Landflugzeuge werden vermißt.

Feindliche Torpedoeinheiten zogen sich vor unserer **die Flieger deckenden Flottillenabteilung** zurück. Feindliche Bombenwürfe gegen diese Abteilung und auf Parenzo hatten keinerlei Erfolg.

K. u. k. Flottenkommando".

Zeitungsausschnitt vom August 1917

eingerückt. — Oberleutnant Urban, Leutnant von Becker vom Armee-Kommandantur Belobigung erhalten.

17. Juli – Oberleutnant Ritter von Rohrer rückt aus Fliegerschule zur Fliegerkompagnie 16 ein.

18. Juli – 765 — 6903 Leutnant Guggenberger, Feldwebel Ehret, Auftrag: 1. Straßenaufklärung, 2. Fotografieren: Monte Stenza südlich 1665 und Punkt 1316, 3. Foto: Česoča Punkt 806 – Punkt 501, Slateniktal Punkt 403 – Punkt 1205 — 28 Lichtbilder — Start 8 Uhr 25 Minuten, Dauer 2 Stunden, Höhe 3700 m — Oberleutnant Winiger aus Flosch

23. Juli – Hauptmann Stoisavljevic zwang über Trögl feindlichen Farmau im Luftkampf zur Landung auf italienischem Boden. Die Front hat den Niedergang gemeldet. — Offiziers Stellvertreter Siegl Luftkampf ohne Erfolg.

28. Juli – Auszeichnungen: Zugsführer Höllriegl und Zugsführer Hollmann mit der Silbernen Tapferkeitsmedaille 1. Klasse. Waffenmeister Stasnig mit dem Eisernen Verdienstkreuz

30. Juli – Informationskurs der Generalstabsoffiziere: Rittmeister Platzek des 4. Korps Kommandos — Emel des 5. Abschnitts Kommandos — Hauptmann Zisler des 5. Kommandos — Oberleutnant Poisl des 2. Kommandos — Oberleutnant Kutscha 1. Kommando

8. August – 791 — 6921 Leutnant Guggenberger Zugführer Hollmann — Auftrag: Straßen- und Verkehrsaufklärung. — Route: Fella–Dogna–Raccolanatal–Tolmezzo–Deganotal–Sappada–[Monte] Crostis–[Maria] Luggau–Lienz–Kötschach–Villach. — Start: 7 Uhr 14, Dauer: 2 Stunden 41 Minuten, Höhe 3900 Meter, 10 Lichtbilder — Bombenerfolg, Zeltlager bei Resiutta- Statione per la Carnia– Tolmezzo und südwestlicher Chrivenis auf Mte. Cuar — Neue Geschütze zwischen Bioichnia in Frontplan. Auffallend viele Nachbauten.

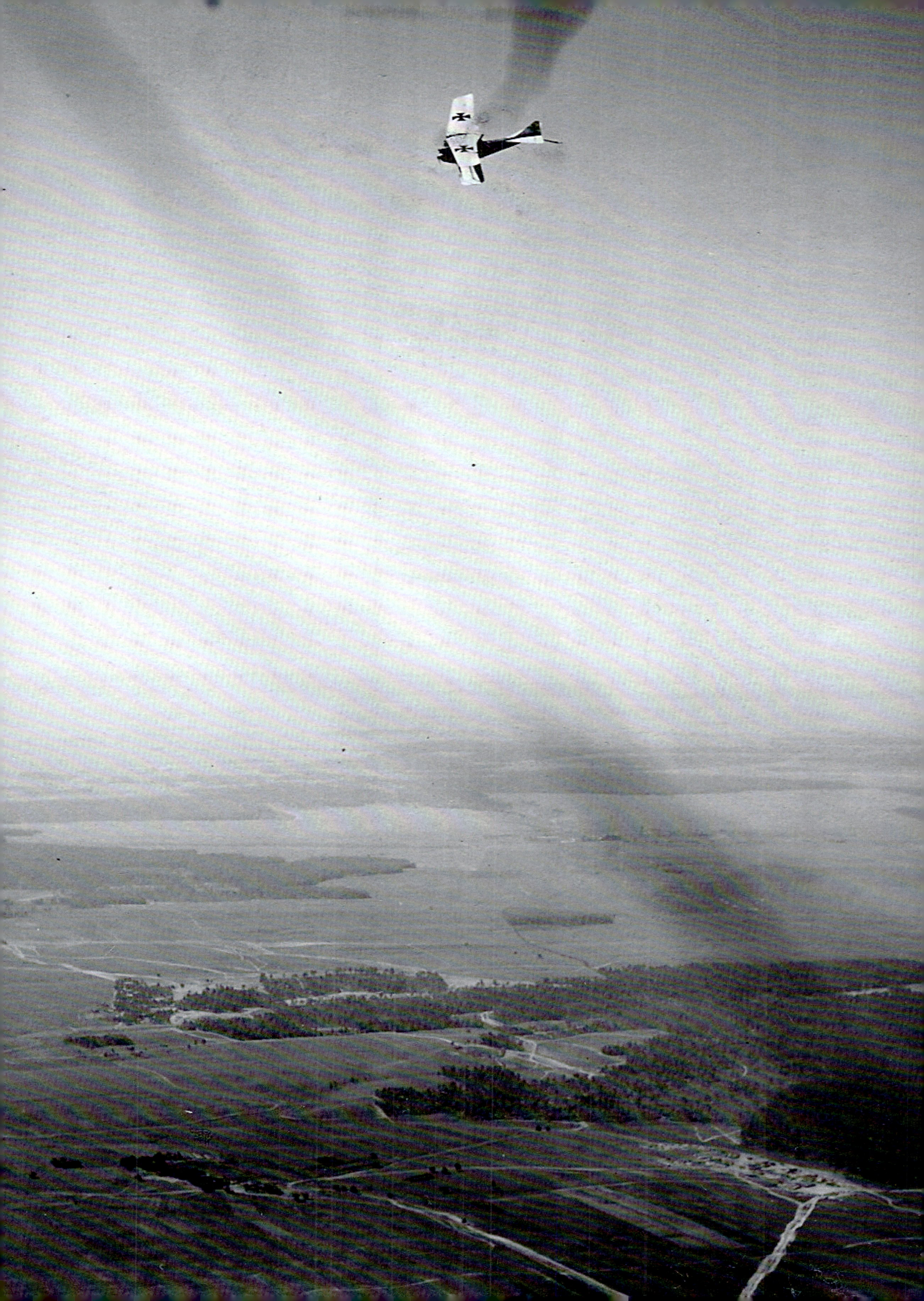

9. August – Mizzi nach Tulbing heimgefahren. Wie es mir leer vorkommt, wohin ich schaue.

10. August – Erhalte gänzlich unvorbereitet, da Hauptmann. Stoisavljevic nach Wien mußte, 3 Tage Absentierung nach Tulbing

11. August – Nachmittag 1/2 3 Uhr Ankunft in Tulbing. Mizzi hatte geschlafen, konnte sich gar nicht fassen! Wie lieb mein Mädel ist. Abends sprach ich mit Mama – denn wir wollen ja im November Hochzeit halten – über verschiedene Schmerzen. Sie sagte lieb und gut alle Unterstützung zu.

12. August – 1/2 7 Uhr früh erhalte ich telegrafisch Einberufung; konnte erst mit Abendschnellzug fahren, zudem mich Mizzi nach Wien begleitet hatte. Das Mädel ist jetzt so froh und heiter — Gott gäbe, es bliebe immer so!

13. August – Früh Ankunft in Villach, Oberleutnant von Rohrer, Zugsführer Hollmann, 6912 Start: 5 Uhr 48. — Bei einem Luftkampf mit mehreren feindlichen. Fliegern im Flitscherbecken abgeschossen und brennend abgestürzt. Apparat explodierte ca. 200 m über dem Lepenjetal. Beide Insassen tot und vollkommen verstümmelt. — Leichen wurden geborgen und auf dem Flugfeld im mittleren Hangar aufgebahrt. — Oberleutnant Rohrer wurde um 3 Uhr auf den Bahnhof überführt. Beteiligung des Armeekommandanten Freiherr von Krobatin und sämtlicher dienstfreier Offiziere. Offiziers-Stellvertreter Siegl flog Kampf-Apparat mit schwarzen Wimpeln, um 4 Uhr Begräbnis des Piloten Zugsführer Hollmann auf dem Friedhof in Villach.

14. August – Großer Geschwader-Flug der Isonzo-Kompagnie nach Venedig. Von ca. 36 Flugzeugen sollen nur 10 hingekommen sein, von denen 2 oder 3 nicht zurückkehrten, darunter jenes mit dem Flieger-Stabsoffizier Oberst Nadherny! — Sofort als Antwort Bombardieren! — 12 feindliche Flugzeuge überflogen uns und verursachten einen großen Waldbrand, sonst wenig Schaden. Morgens schon hatten sie sich für 2 Uhr nun angekündigt, um 4 Uhr abermals, ebenso für 6 Uhr, hatten aber nur zweimal die Schneid gefunden. — 6924 Leutnant Guggenberger, Zugsführer Höllriegl, Start 1 Uhr 30 min, Dauer 42 min — wegen zu heftigen Gegenwindes umgekehrt.

Generaloberst Freiherr von Krobatin, Aufnahme vor dem Parkhotel Villach – Foto: onb

Als wichtigstes politisches Ereignis der letzten Tage zeigt sich die erfolgreiche Paß-Verweigerung der Regierungen Englands, Amerikas, Frankreichs und Italiens an die Sozialisten dieser Länder, welche an der sozialistischen Konferenz in Stockholm teilnehmen wollten. — Offen zeigt sich darin die Furcht, dieser Länder vor einem baldigen Verstehen des deutschen Standpunktes der Verteidigung und der daraus folgenden revolutionierenden Aufklärung der friedensbegierigen Massen ihrer Länder. Sie fürchten sich, daß dort schonungslos der Schleier ihrer imperialistischen Politik zerrissen wird. Ob sie diese Verweigerung nicht noch einmal reuen wird. Was müssen ihre Sozialisten dazu sagen? Was bis nun den deutschen Sozialisten gefehlt hat, die Klarheit, ist eingetreten.

Heute morgens bombardierte ein komponiertes Geschwader von Land und Seeflugzeugen das Seearsenal von Venedig. Drei Apparate (2 Land und 1 Seeflugzeug) werden vermißt. Unter den Vermißten befindet sich auch unser allverehrter schneidiger Oberst Nadherny, der es sich nicht hatte nehmen lassen am Angriffe als alter Stabsoffizier teilzunehmen und so durch Einsetzen seiner Person den besten Ansporn für die Jungen zu geben. — 1/8 Die Agenzia Stefani meldet, daß unser Oberst gefangen genommen wurde. — Friedensaktion des Papstes. — Die Blätter bringen die Nachrichten von einer bevorstehenden Friedensnote des Papstes. Das wäre eine Tat, eine notwendige Tat, denn das Schweigen der Kurie zur gesprächigen Rührigkeit der Sozialisten hat schon zu vielen verwunderten Fragen im Volke Anlaß gegeben.

Gleichzeitig meldet die New Yorker Börse einen Sturz infolge von Friedensgerüchten. Jedenfalls muß der Note eine entsprechende Fühlungsnahme bei den Regierungen vorausgegangen sein, die deren Absendung nicht unredlich erscheinen ließ. Hoffen wir das Beste.

16. August – Abends Zapfenstreich. Eine große Volksmenge begleitete den militärischen Zug. Vor dem Parkhotel brachte unter begeisterter Zustimmung der Menge seine Exzellenz der Herr Generaloberst Freiherr von Krobatin, ein Hoch auf den jungen Kaiser und König aus. Die wilden Lampions und die schwelenden Fackeln boten im nachträglichen Dunkel ein lange vermißtes Bild leuchtender Farben hervor.

17. August – 2976 Leutnant Guggenberger, Zugsführer. Höllriegl. — Auftrag: Detail-Artillerie-

Flugbesprechung

Aufklärung im Raume Ternovo–Žaga–Log Česoški und westlich Plužna. — Route: Žaga–Ternovo und zurück — Höhe: 3600 Meter — Flugzeit: 7 Uhr 27 min – 8 Uhr 42 min = 1 Stunde 15 Minuten — Begleitung: Offiziers-Stellvertreter Siegl mit Kampfapparaten.

Zu Mittag Festmahl anläßlich des Geburtstagsfestes der Majestät. Seine Exzellenz Freiherr von Krobatin hielt eine Rede, in der er hinwies auf die Kriegsursachen, die Kriegsziele, die Friedensbereitschaft unserer und die Gegnerschaft der Entete-Länder, und das bisherige Kriegsergebnis und die zwingende Notwendigkeit des Durchhaltens bis zum Frieden der Verständigung.

23. August – Heute kam vom Armee-Oberkommando die Entscheidung, daß ich zur Flieger-Kompagnie 50 abzugehen habe. — Hauptmann Stoisavljevic verabschiedete mich ungemein schmeichelhaft, indem er mir für „die wirklich hervorragenden Dien-

ste" dankte und sagte, ich sei sein bester Beobachter gewesen, seit er Flieger sei.

26. August – Nach einem kleinen Abschiedstrunk in der Messe gab mir Hauptmann Stoisavljevic mit den anwesenden Herren das Geleite zum Bahnhof.

27. August – 3 Uhr Nachmittag, Ankunft in Lebarn, wo mich mein Bräutchen erwartete. — Es wurde in diesen Tagen das Nähere für die Hochzeit festgestellt.

30. August – Besuch in Klosterneuburg.

31. August – Abschied. Meine Mizzi gab mir bis Wien das Geleit, 9 Uhr 45 abends Abfahrt vom Nordbahnhof.

1. September – Frühstück in Tarnov. Mittag Lemberg. Der Bahnhof wies noch Spuren der Beschießung auf. — Östlich Lemberg gemahnten nur einzelne Linien und Reste gesprengter Brücken an die vergangenen Tage. — Die Eisenbahnbrücken waren bereits neu hergestellt. Von Lemberg bis Kolomea war es eine langweilige Fahrt, denn wir kamen erst am 2. September um 5 Uhr früh hier an. Die Fahrt von Wien nach Kolomea dauerte insgesamt 31 Stunden.

Fahrt von Wien nach Kolomea

Kolomea

Eine reizlose Landstadt ohne viele charakteristische Bauten. Meist sind es einstöckige Häuser mit schmaler Vorderfront, aber großer Tiefe, ohne allen Schmuck sowohl in der Linienführung als auch im äußeren Aufputz. Die reichere Schicht bewohnt meist eine Art Landhaus, dessen einfache, alte Form ansprechend wirkt, daneben aber machen sich moderne Protzbauten der ersten Sezessionsperiode breit, die eine Beleidigung jedes guten Geschmackes bildet. Der Typ des alten Landhauses zeigt in der Grundform ein Rechteck mit zwei nur mäßig ausgesprochenen Seitentrakten, die durch einen söllerartigen Holzbau verbunden sind. Die Vorderseite ist geradlinig mit einer gedeckten Veranda als Vorbau. Aus dieser gelangt man in den Mittelraum des Hauses und aus diesem rechts und links in die Zimmer. Die Gebäude haben nur ein Erdgeschoß und sind mit einem Giebeldach gedeckt. Mehr oder minder gepflegte Luxusgärten verbinden das Haus mit der Straße. Vielfach sind noch kleine Wirtschaftsgebäude und Ställe bei den Häusern dabei. Die Einrichtung dieser vornehmen Häuser zeigt oft die seltsamsten Mischungen von Gediegenheit und Plunder. Auffällig ist die ungewöhnlich große Zahl von Klavieren. In jeder Wohnung ist eines, oft aber mehrere zu finden. — Am Marktplatz findet sich täglich die Landbevölkerung mit Naturalien ein. Die

Marktplatz von Kolomea – Foto: onb

Männer sind meist von schlankem, schönen Wuchse mit scharf geschnittenen Gesichtszügen, die Frauen hingegen klein und gedrungen, mit breiten Gesichtern, vollbusig, mit starken Armen und noch stärkeren Fesseln, die Füße bleiben in der Einwicklung auch niemals zurück. Schönheiten konnte ich bei aller Nachsicht nie finden. Nun einen Reiz haben viele von ihnen, das sind schöne, große Blauaugen von lichter Färbung.

Die Tracht der Männer sind weiße Leinenhosen, über die eine weiße Rockbluse fällt, darüber ein langer Mantel aus braunem Loden, im Schnitte genau wie die langen Röcke der Grödener, oder ein ärmelloser Pelzrock, wobei der Pelz nach innen getragen wird und das weiße Leder allerlei Verzierungen aus buntem Leder und mit Messingringeln aufweist. Als Kopfbedeckung tragen sie häufig gewöhnliche schwarze Hüte oder Strohhüte.

Die Frauen tragen ein langes, ärmelgestricktes Hemd, vorne und rückwärts je eine bunte Schürze und einen der oben beschriebenen Pelzröcke. Als Kopfbedeckung ein Tuch. — Unangenehm berührt die allgemeine Unreinlichkeit. — Die Preise waren noch sehr niedrig. Butter zu 8 Kronen, Eier zu 10 Heller, Fleisch zu 4–5 Kronen, Zwiebelkranz zu 2 Kronen etc. Ein Schwein zu ca. 80 kg Lebendgewicht kostete 240 Kronen. — Die Tätigkeit der Kompagnie wird auf Einrichtungsarbeiten beschränkt. — Da wir nur zwei 169er Apparate besaßen die für 200 PS Daimler gebaut, aber mit dem um 80 kg schweren 220 PS-Benz-Motor bestückt und daher übermäßig kopfschwer waren, kamen wir über Einfliegen, Neueinstellen, abermaliges Einfliegen, Einstellen nicht hinaus. Der Materialnachfluß war gleichfalls stokkend und so waren wir zu völliger Untätigkeit verurteilt. Wir sollten nach Isbas bei Kuty als Fernaufklärungskompanie kommen, allein plötzlich schlägt eines Tages Telegramm „Einwaggonieren und an die Isonzofront!" ein. — Und das gerade zu einer Zeit, wo es erst angenehm geworden wäre. Während unser ganzes Vergnügen früher im Kaffeehaus und im Kinobesuch bestanden hatte, lernen wir in den letzten Tagen eine Gutsherrin namens Frau von Rosi und Frau Ingenien kennen, reizende liebenswürdige Frauen von hervorragender Gastfreundschaft. Frau von Rosi hatte uns zu einer Wildschweinjagd eingeladen und dieselbe sollte am 17. des Morgens stattfinden, allein das Einlangen jenes Telegrammes brachte das Vorhaben zum Scheitern.

Traf auch wieder den Fotografen Pachleitner, welcher für die angepriesene Jagd nicht sein Gewehr, sondern seinen Fotoapparat mitnehmen wollte! — So also wurde das vorbereitete Spanferkel und die verschiedenen Süßigkeiten bei einem gemütlichen Abend verspeist. Nächsten Tag abermals Einladung zum Abendessen und um 9 Uhr endlich Abschied bis zur Stunde der Einwaggonierung. — Gegenüber meinem Zimmer hauste eine jüdische Familie. Die Tochter und deren Freundin verwickelte ich des öfteren in ein kurzes Gespräch und wir wurden allmählich ganz vertraute Nachbarn. Wir sprachen über Verschiedenes, viel über jüdische Sitten und Gebräuche, jüdisches Familienleben usw.

Ich lernte insbesondere in der einen ein charaktervolles Mädel kennen, das die Welt und die Menschen mit auffallend gesunder Urteilskraft betrachtet. Nichts von Frivolität war an ihr zu finden, wohl aber eine gesunde Heiterkeit.

19. September – Auf der Fahrt bewilligt mir Oberleutnant Reitefelder eine Absentierung bis 26. In Stryi nehme ich den Schnellzug nach Budapest–Wien–Tulbing. Unerwartetes Eintreffen und daher volle Überraschung Mizzis. — Besprechungen über die Hochzeit, deren Termin auf die Zeit von 10. bis 15. November festgesetzt wurde. — Die Beschaffung der Ausstattung stößt auf große Schwierigkeiten, da alle Leinwand vom Staate beschlagnahmt ist. Die Stoffpreise bewegen sich auf wahnsinniger Höhe, denn Mizzis Kleid kommt auf 400 Kronen zu stehen. — Meine liebe Kleine ängstigt sich ob meiner Kommandierung zur Isonzo-Armee. Ich muß meine ganze Kraft aufbieten, ihr die Sorgen zu zerstreuen, indem ich möglichst helle Bilder entwerfe und vollste Zuversicht und Sicherheit an den Tag lege.

Schon in einem Briefe aus Kolomea habe ich ihr meinen inneren Zustand geschildert, ihr gesagt, wie anders ich gerne der bin, wie sehr mich ein sinnliches Fieber gepackt und meine Denkungsweise beeinflußt hat. Sie aber sprach mit großer Klugheit linde Worte und suchte mein Selbstvertrauen, den Glauben an das Bessere in mir zu stärken. Und fürwahr, in ihrer Nähe erstirbt die Unruhe in mir, wird mir wohler und freier. Wie die Sonne die Nebel verzehrt und den Blick in das lachende Himmelsblau freigibt, so wirkt ihre Nähe reinigend, scheucht sie jene schmutzigen Schwaden von dannen, die sich auf Herz und Sinn gelegt haben. — Und ist dieses Goldmädel erst meine Frau, werde ich wohl wieder der Alte werden, aus

Haidenschaft – Foto: onb

Aufklärungsflug über Görz

den Irrungen und Wirrungen zurückfinden in den begnadeten Zustand seelischer Freiheit und Klarheit. — Eine gewisse Nachdenklichkeit fand ich an ihr. Das mag wohl die Nähe der Hochzeit machen.

25. September – Schnellzug versäumt, mit Personenzug.

27. September – 3 Uhr morgens Eintreffen in Haidenschaft, auf der Fahrt begegneten wir Transport auf Transport.

Ein Karststädtchen von italienischen Rauchcharakter, in einem Talkessel, der mit seinen reizend eingebetteten Ortschaften, Wiesen, Weingärten, Waldhängen ein entzückendes landschaftliches Bild bietet. Im Norden steigt der Karststock unvermittelt zu einem ausgedehnten Hochplateau auf, im Süden ein höherer Hügelzug, im Westen und Osten öffnet sich der Kessel.

Unser Flugfeld soll im Mia An erstehen — Vorläufig Biwak, die Offiziere sind als Gäste bei den Kompanien untergebracht, ich selbst bei der 19ten. — Kommandant Oberleutnant Hanzmaier — Beobachter Oberleutnant Hauser, Leutnant Dechant, Oberleutnant Gheradini, Leutnant Rudorfer, Leutnant Savjuk, Leutnant Hieke, Leutnant Papin, Leutnant Schäfer Wetterfrosch [später auf Wiener Wasserwarte), Pilot Leutnant Tahy.

Sonstige Kompanien: No 51, Jagdstaffel. Rittmeister Frohreich, No 55, Jagdstaffel. Oberleutnant Maier mit Oberleutnant Kenziau Haidenschaft: No 58 Oberleutnant Fekete, No 32 Hauptmann Hübner. — Zwei Staffeln deutscher Hauptflieger waren hier zu Besuch aus Veldes. Der Staffelführer sagte, daß insgesamt ca. 200 deutsche Apparate an den Isonzo kämen. Sonstige Truppen in der Stärke von 26 Divisionen. — Militärisches Leben herrscht hier! — Immerzu marschierte Regiment auf Regiment, gut ausgerüstet, wie man sieht, aber nur Österreich-Ungarn. — Artillerie, Mörser und mittlere, wollen täglich an die Front, dann die ungeheure Arbeit der Auto-Kolonnen, der Trains der Bahnen und Seilbahnen! — Es mutet wunderbar an, diesen Apparat arbeiten zu sehen, wo alles seine Bestimmung hat, wo man den Leuten den ordnenden höheren Willen nur herausfühlt. Die braven Gäule, oft recht gut, oft sehr schlecht genährt, zotteln vor vollbeladenen Wagen, Autos keuchen unverdrossen die steilen Gebirgsstraßen hinan, auf Wiesen, in den Ortschaften drängen sich Truppenlager und Parkplätze, in den Straßen schieben sich Soldaten und wieder Soldaten, und endlich mischen sich noch darunter einige Zivilpersonen, russische und rumänische Gefangene, die – meist nicht gerade allzu eifrig – die ausgefahrenen Straßen reinigen und schottern. — Schmutz gibt es reichlich auch, wohin man schaut. — Leutnant Tahiy schoß bei Canale einem Fesselballon aus 700 m Höhe ab, ein Korporal der Staffel Frohreich einen Nienport, die Deutschen 2 Caproni.

11. OKTOBER – Bora, Scirocco und Regenwetter seit einer Woche. Hangarbauten schreiten fort, zwei sind vollendet, drei in Bau. — Oberleutnant Weber bei Landung aus Marburg eine Kraxe gerissen, eine andere der Korporal. — Flugfeld muß planiert, Wasser abgeleitet, Gräben eingeschüttet werden etc. Meine Photobude ist fertig eingerichtet. — Gestern waren wir beim Korpskommando. — Ich fand noch kein so schäbig in ganz elenden Hütten untergebrachtes Kommando als hier. Mehr als puritanische Einfachheit. Und in diesem Verhältnis haust ein Fürst Schönburg als Kommandant.

21. OKTOBER – Ununterbrochen ziehen seit Tagen Regimenter, immer neue Regimenter, Artillerie und Trainkollonen zur Front. Der Himmel mit Wolken behangen, Regen, Regen.

22. OKTOBER – Es ist eine einzige, ununterbrochene Kolonne, die seit dem Morgen durch Haidenschaft marschiert. Frisch, zum größten Teile neu ausgerüstet oder zumindest in den Ruhestellungen herausgeputzt, machen die Leute einen ausgezeichneten Eindruck. Kaum ist es möglich, im Auto durchzukommen.

23. OKTOBER – Heute sind die Straßen wie ausgestorben. Nun muß es losgehen, diese Ruhe deutet daraufhin, daß der Aufmarsch beendet ist. — Wir waren bei Einbruch der Dämmerung gerade in der Fotobude, als Oberleutnant Breitenfelder mit den erlösenden Worten: — „Die Offensive geht los!" zu uns kam. — Um 2 Uhr nachts Beginn des Trommelfeuers, bei Morgengrauen erster Ansturm bei Tolmein. — Für die Flieger 6 Uhr Vormittag, 0 Uhr Vormittag und 1 Uhr Nachmittag Bombengeschwader-Flüge auf die Batterien bei K&K 711 – Krk, bzw. Brücken Görz Salena und Canale.

24. OKTOBER – Ein fürchterlicher Wolkenbruch überschwemmt Wiesen und Straßen. Ein einziges Wetterleuchten und Donnern tausender Geschütze rast von den Alpen bis zum Meere, die Stunde zorniger Abrechnung hat geschlagen. Endlich, endlich! Sollen auch wir diese schöne Stunde auskosten dürfen — Regen, Bora, wir Flieger müssen zuhause bleiben, gerade an diesem ersten Tage — Flitsch, Komo, Isonzotale, die erste Linie bei Tolmein, das Plateau von Heiligen Geist, bis zur Avee Schlucht ist genommen!

25. OKTOBER – Morgens gegen alle Voraussagen des Wetterfrosches schönstes Wetter. Erster Start 7 Uhr Vormittag, unsere Kompagnie kann nicht mit. 0 Uhr Start des zweiten Geschwaders Oberleutnant Breitenfelder mit mir, Oberleutnant Weber mit Leutnant Schenker, 1 Uhr Mittag dritter Start. Konnten nicht mit Geschwader mitkommen, daher Abwurf östlich Britof-Testla.

26. OKTOBER – Flugzeug 2930 mit mir und Feldwebel Tomazu Mittag um 1 Uhr 35 gestartet, Auftrag glücklich durchgeführt. Landung 3 Uhr 8 Minuten.

Görz genommen!

28. OKTOBER – Steininger und ich mit Lastauto soweit dorthin, Auto kam aber in Rosental nicht vorwärts. Gingen zu Fuß und kamen bei Dunkelheit an. Alle Geschäfte aufgebrochen, da Italiener 24 Stunden Plünderungszeit gegeben hatten. Daher nimmt jeder, was er braucht, Wein, Früchte, Wäsche etc.

Treffe den Fotografen Pachleitner wieder. Wir stoßen mit dem erbeuteten Wein auf unseren Sieg an. Er erzählt mir sich freiwillig für diese Schacht gemeldet zu haben. Das hätte ich dem kleinen Mann nicht zugetraut. Unzählige Ratten versuchen unser, wohl auch durch den guten Merlot unterhaltsames Gespräch zu stören, aber zwecklos für diese auch noch so zahlreichen Tiere. — Das zerstörte Gebäude in dem wir sind, ist komfortabler als die nassen Kavernen am Isonzo. — Ich erfahre viel über ihn, aber auch er über mich, da wir fast gleich alt sind, und auch sonst dasselbe, durch den Krieg geprägte Leben haben. — Pachleitner ist schon seit Ende 1915 verheiratet, bei mir und Mizzi wird es in zwei Wochen soweit sein. Von meinen Tagebüchern kann ich ihm nur erzählen, so wie er mir von seinen Bildern. — Wir haben unsere Kriegsdokumente gut und sicher zu Hause verstaut. — Es wurde eine unterhaltsame Kneiperei und wir schliefen auf alten

Nach der Einnahme durch die kaiserlichen Truppen wurden die Straßen mit Drahtverhauen gesichert.

Kotzen, im zerstörten Gebäude. — Von den Ratten ließen wir uns nicht stören.

29. Oktober – Um ca. 1 Uhr Einzug seiner Majestät des Kaisers Karl mit großem Stab im zerstörten Görz. Die arme Stadt ist gänzlich zerstört, man sieht kein Haus, das ohne Spuren blieb. Dabei eine geradezu fürchterliche Unordnung, Verwüstung, barbarische Plünderung, eingeschlagene Fenster, zerbrochene Türen, in den Geschäften, Stoffe, Lebensmittel, Flaschen wahllos zertreten auf dem Boden, jeder steigt darauf umher. Um ein Paar Schuhe zu finden, werden hunderte von aufpassenden Paaren herausgeworfen und zertreten. — Was die Welschen an Kaffee,

Hauptplatz von Görz

Kaiser Wilhelm in Udine – Foto: onb

Reis, Wein etc. zurückgelassen haben, ist Millionen wert. Wir fassen, was wir können. — Etwa 10 Zivilpersonen, Frauen, waren es, die als Einwohner den Kaiser empfingen. Welche Gefühle mögen ihn beherrscht haben, als er einzog in dieser heiß umstrittenen Stadt? — Kein Auto von uns kommt. Versuche abends, mit Rad nach Haidenschaft zu kommen. Regen. Im Rosental fährt ein Wagen übers Rad. Nächtigung auf Sitz eines Lasterautos.

30. Oktober – Zu Fuß Schönpaß – Cernizza, um telefonisch Verbindung zu erreichen. Nirgends. Mit Hilfswagen von 58 nach Görz retour.

Deutsche Platzmusik in Udine

31. Oktober bis 2. November – in Görz

2. November – Rückkehr nachts.

3. November – Übersiedlungsbefehl nach Oleis, mit Steininger als Quartiermacher vorausgeschickt. Bei Govanni fast verunglückt, da beinahe, im Dunkel der Nacht war wenig zu sehen, in den Bach gestürzt. Kaum 1 Meter vor dem Abgrund blieb das Anto stehen. Nächtigung Schloß Oleis.

4. November – Früh nach Udine Campoformido Fassung von Autobereifung in Schläuchen. zurück Oleis, nachdem alles eingeteilt. Nächtigung.

5. November – In der Früh kommt Breitenfelder selbst, nach Udine – Campoformido, bleiben schon dort über Nacht. Meldung bei Korps 2. — Langsam in den nächsten Tagen kommt alles nach. — Udine fast ausgestorben, die verlassenen Häuser, Geschäfte geplündert.

6 Uhr Nachmittag: Flieger, Offiziere, einfache Wehrmänner und auch wieder mein Freund der Fotograf sitzen unter den Arkaden und schauen zu, wie die Italiener ihre eigene Stadt bombardieren und zerstören, während wir uns von den erbeuteten Lebensmitteln laben und mit ihren Wein auf unseren Sieg anstoßen.

Die Italiener zerbombten ihre eigene Stadt während wir unter den Arkaden zuschauten.

6. NOVEMBER – Jeder requirierte, was er wollte und brauchte, leider dabei viel unsinnige, barbarische Verwüstung. Gekauft konnte nichts werden, weil fast die ganze Einwohnerschaft geflohen. — Dasselbe Bild der Verwüstung in Wohnung und Keller in Geschäften wie in Görz. Cividale [dei Friuli]. — Diese Lager an Leder, Monturen, Stoffen, Lebensmitteln! Millionen hätten vor dem Verderben bewahrt werden können, wäre der Bezug geregelt worden wie etwa in Belgrad oder Budapest.

14. NOVEMBER – Kaiser Wilhelm in Udine. — Parade auf der Piazza Vittorio Emanuele Militärisches Bild. Kraftvolle Aussprache für Majestät insbesonders an die 15. deutsche Division. — Deutsche Platzmusik spielt auf für den Kaiser, Pachleitner fotografiert auch mit. Feststimmung, und trotzdem, ich muß mir selbst eingestehen, ich bin kriegsmüde, warum kann nicht einfach nur Friede sein, weshalb die unnütze Einmischung der Amerikaner, die ganze Welt kämpft gegen uns! — Wer denkt dabei noch an das einfache Volk? Die Ärmsten müssen Hunger leiden, uns geht es Dank dem Erbeuteten gut, Essen, Wein, alles ist in der zerbombten Stadt zu haben, aber wie leben unsere Lieben im Heimatland?

15. NOVEMBER – Kaiser Karl in Udine. — Durch ein schütteres Spalier fuhr er ein in die Stadt. Zivilbevölkerung war nicht abgesperrt. — Keine Siegesstimmung in mir. Gespräch mit Pachleitner, ihm geht es genauso. Was müssen wir Soldaten noch alles ertragen für unser Heimatland? — Wie viele Kameraden werden noch dafür geopfert?

Eine gute Ansicht hat Pachleitner über unsere Aufzeichnungen: „Ich habe den Befehl des Kaisers zu gehorchen und werde weiter für ihn fotografieren, du aber kannst dein Tagebuch beenden wann immer du willst, …"

Damit enden auch die Aufzeichnungen von Leopold Guggenberger. Er wurde am 18. 4. 1918 abgeschossen. Leopold Guggenberger wurde aus dem brennenden Flugzeug geschleudert, und war sofort tot.

Franz Pachleitner wurde trauriger Zeuge des Abschusses und verewigte diesen mit seinem Fotoapparat. So wie uns Leopold Guggenberger (27. 11. 1889 bis 18.04. 1918) in seinen Tagebüchern ein lebendiges, wertvolles Stück Zeitgeschichte hinterließ.

Sie, Herr Leopold Guggenberger haben damit, ein großartiges Dokument für die Nachwelt hinterlassen! Im September 1918 kam sein Sohn, Leopold Guggenberger, Altbürgermeister von Klagenfurt, im Pfarrhof von Tulbing zur Welt.

Der Absturz

Eine Freundschaft wird durch
den Tod auseinandergerissen.

Guggenberger (2. von links) mit Fliegerkollegen

Absturzstelle

Begräbnis Guggenbergers

Worte für die Nachwelt von seinem Freund
Franz Pachleitner

Wenn Ihr unsere Bilder seht, denkt Ihr anders über uns.
Wir haben nur für die Heimat gelebt, und Euch, den
Jungen von heute, den Boden vorbereitet, daß es euch
allen einmal besser gehe.
GREIFT NIE EINE WAFFE AN, DIE ANDERS
DENKENDE MENSCHEN VERNICHTEN SOLL.
Das Leben ist viel zu kurz. Sucht das Schöne im Leben!

Ortsnamen

Name korrekt	Lokalisierung, heutige Entsprechung
Ampezzo	Stadt in der Provinz Udine
Ankogel	Gipfel in der Nähe von Bad Gastein
Baza di Modreja	Ort bei Tolmin
Belgrad	
Bergogna	Heut. Breginj in der Region Kobarid
Birnbaum	Dorf im Lesachtal
Bojanow	Kl. Dorf nordnordöstlich von Dzikowiec, von Raniszow die Straße entlang nördlich und dann westlich von der Straße, sehr abgelegen
Boka	Bach nördlich von Žaga, mündet bei Podnjivce in die Soča
Brest-Litovsk	
Britof	Ort nördlich von Kranj in Slowenien
Cadin	Dorf in der Provinz Belluno, Italien
Campoformido	Ort nahe Udine
Canale	Das Canale bei Piemont gemeint?
Casera Collinetta die Sopra	Gebirgskessel nahe Plöckenpass
Cellon (Frischenkofel)	Gipfel bei der Pötschen-Front!
Cernizza	Slow. Črniče, Dorf östlich von Nova Gorica
Česoča	Ortschaft südlich von Bovec
Cierpisz	Jägerhaus, Dorf nördlich von Sendiszow!
Cima Confine	Gipfel westlich des Rombon
Cima Val di Puartis	Berg östlich des Findenigkofels, südlich von Dellach
Cividale	Cividale del Friuli
Codroipo	Ort bei Udine
Col di Lana	Berg in den Dolomiten, bei Pieve
Colinetta di Sopra	
Črnelska Spica	Gipfel nördlich von Bovec, auf dem Rücken dieses Massivs liegt auch die oft erwähnte Hochebene Csuklja/Čukla!
Csaklyo	Dorf westnordwestlich von Varanno
Csuklja (Kote)	Heißt heute Cukla, Wegmarke auf 1770 m, auf Luftlinie zwischen Bovec und Rombon-Gipfel
Cuilar	Berg östlich von Paularo
Czarny	Kleines Dorf an der Bahnlinie östlich von Tarnow
Debica	
Deganotal	Degano Fluss in der Provinz Udine

Dellach	Dellach im Gailtal
Doberdó *[del Lago]*	Gebiet nördlich von Monfalcone
Dobraule	Slow. Dobravlje, größerer Ort östlich von Gorizia/Nova Gorica
Dogna	Dorf zwischen Pontebba und Chiusaforte, Provinz Udine, Italien
Dresenza (picco)	Slow. Drežnica, Dorf bei Kobarid
Dunajec	Fluss durch Tarnow
Durazzo	Heutiges Durrës an der albanischen Küste
Dvor	Ort südwestlich vor den Toren von Bovec
Dzikowiec	Dorf ostnordöstlich von Kolbuszow
Faak *[am See]*	
Feldkirchen	
Fella	Slow. Name Bela, Fluss im Nordosten Friauls
Fenyöhaza	
Findenigkofel	Berg direkt an der Grenze, Pötschen-Front
Flitsch	Heutiges Bovec in Slovenien, Soča-Tal
Floriz	Gipfel südlich der Hohen Warte
Flötsch	
Forcella Monumenz	Fort südöstlich des Gipfels der Hohen Warte
Freikofel	Berg nahe Plöckenpass
Frohn	Schmales Tal im Lesachtal
Frohntal	
Gail	
Gailtal	
Gailtaler Polinik	Angerkofel, südlich von Kötschach-Mauthen
Gerlitzen	
Glijun	
Golobar	
Goričica	
Gorlice	Stadt in Polen
Görz	Stadt, liegt heute direkt auf der Grenze zwischen Italien und Slowenien, westlicher Stadtteil heißt Gorizia, östlicher Teil Nova Gorica
Gran	Dann über Pressburg nach Österreich
Großer Pal	
Grüne Schneid	Gipfel zwischen Cellon und Kollinkofel
Hegidüsfalva	Slowakisch Huczovce, westlich von Homonna
Heidenschaft	Slowenisch Ajdovščina, Kleinstadt nahe Nova Gorica
Hinterbrettendorf	Brettendorf, heutiges Log pod Mangartom im Sočatal
Hochweißstein	Heutiger Monte Peralba, Gipfel in den Karnischen Alpen ca. 20 km westlich der Hohen Warte, Lesachtal
Homenau	Humenné
Homonna	Humenné
Hrabocz	

Hum	Ort bei Noca Gorica
Igló	Neudorf, südlich von Leutschach
Isbugya-Radvany	Das ganze Tal, das von Koskocz nach Norden geht heißt „Isbugya", dort in der Nähe verlief in diesen Zeitraum auch die Frontlinie.
Isonzo-Rachel	
Ivangorod	
Jablenca	Dorf südlich von Kal-Koritnica
Jablonka	Es geht wieder nach Süden
Jama Planina	Jama-Alm südlich von Jablenca
Jasło	Stadt in Polen
Javorscek	Heutiger Javoršček, Berg südöstlich von Bovec
Kal	Ortschaft östlich von Bovec
Karfreit	Heutiges Kobarid in Slowenien
Kaschau	Heutiges Košice in der Slowakei!
Kl. Pal	
Kl. Svinjak	
Köderhöhe	
Kolbuszow	Stadt nördl. von Sendiszow
Kollinkofel	Ital. Creta di Collina, Berg
Kolomea	Ukr. Kolomija, Stadt in der Westukraine am Fluss Prut
Koritnica	
Koškovce	
Kötschach	
Kovno	Kaunas in Litauen
Kra Colinetta	
Krakau-Oderberg	
Kraków	Stadt in Polen
Krasji Vrh	
Kremnitz	Weit nördlich von Budapest
Kreuzen	Gipfel nahe Kreuzleithöhe
Kreuzleithöhe	
Krk	Insel, heute kroatisch
Krn	Gipfel östlich von Kobarid
Krn Gruppe	Gebirgsmassiv östlich von Kobarid
Kronau	Heutiges Kranjska Gora
Kronhof	Ortschaft südlich von Weidenburg bei Dellach
Kuczin	Dorf zwischen Varanno und Sztara
Kuty	Dorf in der Westukraine, südlich von Kolomija
Laas	Dorf nördlich von Kötschach-Mauthen
Laborec	Laborec, Fluss, entspringt bei Borov nahe Mazdilaborce, fließt nach Süden, u. a. durch Humenné
Laibach	Heut Ljubljana in Slowenien

Langenlebarn	Station an der Bahnstrecke zwischen Tulln an der Donau und Wien
Lavareit	Gebiet südlich von Timau, Italien
Lebarn	
Lemberg	Das heutige L'viv in der Ukraine
Lepenjetal	Tal bei Duple Planina
Liesing	„Salcher" dürfte sich auf einen dortigen Hof beziehen
Liesing-St. Lorenzen	
Lind	
Lipnik	Gipfel südöstlich vom Javorscek
Log Česoški	Dorf nahe Žaga
Losoncs	Weit Nordnordöstlich von Budapest
Lovcen	Berg im heutigen Montenegro
Lugauertal	Seitental des Lesachtales
M. Canale	Gipfel nahe Sasso Nero
M. Chiadenis	Berg bei Sappada, Provinz Udine
M. Cimon	Berg bei Longarone, Provinz Belluno, Italien
M. Crostis	Berg, liegt nördlich von Udine, nahe heutiger italienisch-slowenischer Grenze
M. Cuar	Berg bei Trasaghis, Provinz Udine, Italien
M. Cullar	Berg bei Moggio Udinese, Provinz Udine
M. Dimon	Berg nördlich von Ligosullo, östlich des M. Paularo
M. Floriz	Berg südlich der Hohen Warte
M. Terzo	
M. Vas	Berg bei Lauco, Provinz Udine, Italien
Mangart	Gipfel nordöstlich des Predil-Passes
Maria Luggau	
Mauthen	
Mauthner Alm	
Maydan	Stadt nördlich von Kolbuszow
Mielec	Stadt nördl. von Debica
Miskolcz	Ostnordöstlich von Budapest
Mislina	Nordwestlich von Homonna
Mittagskofel	Berg südlich von St. Lorenzen im Lesachtal
Mittelbreth	Heutiges Log pod Mangartom, Dorf südöstlich vom Predil
Moggio Udinese	Dorf in der Provinz Udine
Mojstrovka	Gipfel südöstlich von Kranjska Gora und Passstraße
Monte Paularo	
Möslalm	Alm nahe Weißbriach
Možnica	Tal, das von Ort Možnica nach Westen hin geht
Navagiust	Gipfel nördlich von Forni Avoltri bzw. südlich von St. Lorenzen im Lesachtal
Neval	Gipfel südlich des M. Crostis

Nevea*[sattel]*	Passübergang in den julischen Alpen, ital. Sella Nevea
Niedergailertal	
Nisch	Das heutige Niš in Serbien
Nostra	Ort und gleichnamiger Berg im Lesachtal
Nostra-Birnbaum	
Oberdrauburg	
Oleis	Ort bei Udine
Opal-Graben	Jagdschloss in kleinem Tal westlich von Varanno
Oslavia	Dorf nordwestlich von Nova Gorica
Paluzza	Stadt bei Udine
Panzano	Bucht nahe Monfalcone, wo der Isonzo in die Adria mündet
Papina	
Paularo	Dorf und Berg südlich von Kötschach-Mauthen, bereits in Italien
Peralba	Dt. Hochweißstein, Berg in der Provinz Belluno, Italien
Pietratagliata	Dorf bei Pontebba
Pilzno	
Piran	Halbinsel südwestlich von Triest
Piz di Meda	
Pizzo di Timau	Berg nördlich von Timau, würde auch mit der Schussdistanz zusammenstimmen!
Planina Goričica	Alm südlich von Csuklij/Čukla
Plateau vom Heiligen Geist	Auch Bainsizza-Plateau, wichtiger Frontabschnitt im Karst
Plava	Slow. Plave, Dorf nördlich von Gorizia/Nova Gorica
Plöcken	
Plöckenpass	
Plužna	Dorf westlich von Bovec
Podklopca	Dorf an großer Straße südlich von Pluže
Podturo	Plateau westlich von Bovec, zudem Ort am Glijun-Bach
Polinik	
Poliniker Scharte	
Polovnik	Gipfel südwestlich von Bovec
Pontafel	Deutscher Name der italienischen Stadt Pontebba
Pontebba	
Portorož	An slow. Adriaküste
Predil	Pass, verbindet Tarvis/Raibl mit dem Sočatal (Bovec)
Prevala	Gipfel und Sattel westlich des Rombon
Prevala-Sattel	
Pribócz	Größeres Dorf, breites Tal, Straße zweigt hier nach Süden in Richtung Kemnitz ab
Promos	Dt. Blaustein, Berg östlich von Plöckenpass
Pustina	Dorf nördlich von Kal Koritnica
Rabelnik	

Raccolana-Tal	Tal in den julischen Alpen
Raibl	Heut. Cave del Predil, Ort im Seebachtal südlich von Tarvis
Rauchkofel	
Ravni Laz	Dorf nordöstlich von Bovec
Resiutta	Dorf in der Provinz Udine
Rifugio Marinelli	Schutzhütte nahe Paularo (seit 1901), heute noch Berghütte in der Nähe des Forcella Monumenz
Ročic	
Ročipa	Großer Bach Glijun, der im Süden in die Soča mündet, wird aus zwei Bächen gespeist: Glijun (von Westen) und Ročipa (Osten)
Rombon	Gipfel nördlich von Bovec, heut. Name „Veliki vrh"
Ropczyce	Westsüdwestlich von Sendziszow
Rosental	Tal im südlichen Kärnten
Sappada	Stadt in der Provinz Belluno
Sasso Nero	Gipfel südlich der Wolayer Alm
Scheibenkofel	Ital. Monte Lastroni, Berg bei Sappada, Provinz Belluno, Italien
Schönpass	Slow. Šempas, Dorf östlich von Nova Gorica
Sella Nevea	Ortschaft nordwestlich von Bovec
Sendziszow	Dürfte diese Station an der Eisenbahn östl. von Debica gemeint sein!
Slatenik	Tal mit gleichnamigem Bach an der Nordseite des Vrh-Massivs südlich von Bovec
Soča	Ort östlich von Bovec
St. Lorenzen im Lesachtal	
St. Luzia	Heut. Most na Soči, hieß dt. „St. Luzia" und ital. „Santa Lucia di Tolmino", slow. früher auch „Sveta Lucija ob Soči"
Stallonkopf	
Stazione per la Carnia	Eigentlich Stazione di Carnia, Bahnstation der Pontebba-Linie
Stol	Gpfel südlich von Žaga
Stryj	Stadt bei L'viv in der Ukraine
Sverzová	Kamm in Presovsky Kraj in der östlichen Slowakei, nördlich von Krivá Ol'ka, und dem Narodny park Poloniny
Svinjak	Berg östlich von Bovec
Tagliamento	Fluss in Friaul
Tarnow	Stadt in Polen
Tarondon	Gipfelgruppe östlich des M. Crostis
Tarvis	
Tavarna	Südwestlich von Hegidüsfalva
Ternovo	Slow. Tolmin
Timau	
Tolmein	Slow. Tolmin
Tolmeiner Becken	Slow. Tolmin, Becken mit gleichnamiger Stadt südöstlich von Kobarid
Tolmezzo	
Trentino	

Tulbing	Gemeinde westlich von Wien
Udine	
Ulaner	
Unterbrett	Heut. Spodnji Log, Dorf südwestlich von Log pod Mangartom
Untertilliach	Ort in Osttirol
Valona	Heut. Vlora in Südalbanien
Varanno	
Rogelj	Landmarke auf 1702 m
Villach	
Villaverla	Ort in der Provinz Vicenza, Italien
Virava	
Vršic	Vršic-Pass, führt von Norden ins Tal der Soča
Watschig	Ort bei Hermagor
Waag	Fluss südlich der Tatra, heißt heute Váh, offenbar fuhr er entlang der Bahnlinie an der „Weißen Waag"!
Wadecken	Südlich von Nostra
Weidenburg	Dorf nahe Dellach bei Kötschach-Mauthen
Wetzmann	Dorf nahe Kötschach-Mauthen
Wippach	Heut. Vipava in Slowenien
Wola	Wilcza Wola
Wolayer [Pass]	Passübergang westlich der Hohen Warte, Lesachtal
Wolayer Tal	
Wolayeralm	
Wolayerkogel	
Würmlach	Dorf nahe Kötschach-Mauthen
Würmlacher Alm	Nahe Dorf Würmlach, nahe Dolling
Wysloka	Fluss, fließt durch Debica
Za Verzeljnom	
Žaga	Dorf südwestlich von Bovec
Za-Verzeljnom	
Zollner Höhe	Berg in den Karnischen Alpen südlich von Dellach
Zsolcza	Vorort von Miskolcz
Zweisptz	Ital. Due pizzi, Berg bei Dogna